幼儿教师与家长沟通之道

（第二版）

晏 红／著

中国轻工业出版社

图书在版编目(CIP)数据

幼儿教师与家长沟通之道/晏红著.—2版.—北京：中国轻工业出版社，2018.8（2025.7重印）
ISBN 978-7-5184-1934-0

Ⅰ.①幼… Ⅱ.①晏… Ⅲ.①幼儿园－家长工作（教育） Ⅳ.①G616

中国版本图书馆CIP数据核字（2018）第071521号

保留所有权利。非经中国轻工业出版社"万千教育"书面授权，任何人不得以任何方式（包括但不限于电子、机械、手工或其他尚未被发明或应用的技术手段）复印、拍照、扫描、录音、朗读、存储、发表本书中任何部分或本书全部内容，以及其他附带的所有资料（包括但不限于光盘、音频、视频等）。中国轻工业出版社"万千教育"未授权任何机构提供源自本书内容的电子文件阅览、收听或下载服务。如有此类非法行为，查实必究。

责任编辑：王慧超　　责任终审：杜文勇
策划编辑：高　君　　责任校对：刘志颖　　责任监印：吴维斌

出版发行：中国轻工业出版社（北京鲁谷东街5号，邮编：100040）
印　　刷：三河市鑫金马印装有限公司
经　　销：各地新华书店
版　　次：2025年7月第2版第9次印刷
开　　本：710×1000　1/16　印张：16.5
字　　数：170千字
印　　数：59001—61000
书　　号：ISBN 978-7-5184-1934-0　　定价：46.00元
读者热线：010-65181109
发行电话：010-85119832　　010-85119912
网　　址：http://www.chlip.com.cn　　http://www.wqedu.com
电子信箱：1012305542@qq.com
版权所有　侵权必究
如发现图书残缺请拨打读者热线联系调换
251037Y1C209ZBW

第二版序言

家园沟通与合作将走向专业化与制度化

《幼儿教师与家长沟通之道》自2012年1月出版至今，已经累计印刷了12次，可见这个话题在实际工作中备受关注和欢迎。在学前教育国培计划中，这个话题也是我多次授课的专题。当我得知来自全国各地的国培学员多数阅读过此书时，那种未见其人先知其书的相知、相遇之情，让我深受鼓舞、备感欣慰。

时至今日，教师与家长沟通之道不仅是幼儿园工作的现实需要，而且已经上升为幼儿园教师和园长专业标准的重要地位。2012年2月，教育部颁布实施《幼儿园教师专业标准（试行）》，其中明确规定，"沟通与合作"是幼儿教师必备的"专业能力"之一，"与家长进行有效沟通合作，共同促进幼儿发展"是幼儿园教师专业标准之一。2015年1月，教育部又颁布实施了《幼儿园园长专业标准》，从"专业理解与认识""专业知识与方法""专业能力与行为"等三个维度，提出园长应"掌握幼儿园与家长、相关社会机构及部门有效沟通的策略与方法""指导教师了解幼儿家庭教育的基本情况，掌握家园共育的知识与方法"等十余条专业要求。可见，与家长沟通已经被纳入幼儿园园长与教师的专业素质结构，成为幼教工作者一项重要的基本功。

2016年3月，教育部颁布实施新的《幼儿园工作规程》（简称《规程》），家园沟通与合作再一次在制度上得到强化。新版《规程》第五十二条规定："幼儿园应当主动与幼儿家庭沟通合作。"旧版《规程》第四十八条则表述为："幼儿园应主动与幼儿家庭配合。"对于家园关系，新版《规程》把旧版《规程》中的"配合"调整为"沟通合作","沟通合作"比"配合"更能体现现代学校制度下更加具有建设性的、平等的家园关系。这种变化反映了在社会变迁过程中时代的发展与要求,以及幼儿教育的专业性与先进性。

新版《规程》与旧版《规程》颁布与实施相隔20年,幼儿教育事业的发展已经今非昔比。在这期间,幼儿园的功能发生了很大变化,已经由以往的为单位职工服务的"福利"功能以及为解决家长后顾之忧的"托管""保育"功能,转变为专业性和独立性较强的、促进幼儿发展的"教育"功能。与此同时,家长和社会对幼儿教育的需求越来越积极与主动,对幼儿教育的质量要求也越来越高,把儿童接受适宜的幼儿教育视为人的发展权益。因此,幼儿园与家庭的关系就不是有主次之分的"配合"关系,而是平等的"沟通合作"关系,并在促进儿童身心健康发展方面更具有专业性。由此来看,幼儿园教育应该对家庭教育发挥专业引领作用,促进家庭教育发挥正面的积极作用,帮助家庭教育走出误区,使家庭与幼儿园产生合作共育的效力,共同为幼儿一生的健康发展奠定良好的基础。

政策法规是实践工作的指南针。政策法规的不断完善,意味着家园沟通与合作需要进一步走向制度化与专业化,家园共育工作的督导与考核、研究与培训必将被纳入规范管理的轨道。长期以来,幼儿园家庭教育工作存在着在实践工作中不可缺少,但在继续教育体系中缺少专业培训的状态,幼儿园也很少能够提供正规的学习途径或者系列的教研活动,来帮助教师总结与梳理经验。因此,指导教师提高家园沟通合作共育的专业化水平迫在眉睫,本书希望为此做一点有意义的工作。

当年,本书第一版在第一次印刷时,就被《中国教育报》、中国教育新闻网评选为全国教师暑期阅读推荐书目,之后我不断收到大量读者的反馈——"条理很清楚,把幼儿教师与家长的沟通写得很详细,是理论+案例分析的一本好书。""这么多的家长,性格都各不相同,书里罗列了一些与不同类别家长沟通的策略,很实用!"……诸多来自当当网的读者评论精准地概括了本书的特色。鉴于读者对本书的高度认可,本书再版之时在保留绝大多数经典内容的基础之上，根据最近几年颁布的《幼儿园工作规程》《3—6岁儿童学习与发展指南》《幼儿园教师专业标准（试行）》《幼儿园园长专业标准》等权威政策文件精神，以及针对当今社会的新变化与新发展，增加与修改了部分章节的内容。我国实施二孩政策以来，二孩家庭教育指导任务很快就体现在幼儿园家长工作之中，因此在第三章"与不同类型的家长沟通"中，增加了"与二孩父母沟通的侧重点"内容。为顺应现代信息技术更新换代，对教师进行家园沟通提出的新要求，专门修订了第十章的"网络沟通"内容。其他相关修订内容也都体现了幼儿园教育和家庭教育指导工作的新精神。

酝酿第二版序言之时，恰逢中共中央国务院发布《关于全面深化新时代教师队伍建设改革的意见》（简称《意见》）。这是1949年以来党中央出台的第一个专门面向教师队伍建设的里程碑式的政策文件。《意见》提出教师队伍建设在2035年的目标任务是："教师综合素质、专业化水平和创新能力大幅提升，培养造就数以百万计的骨干教师、数以十万计的卓越教师、数以万计的教育家型教师。尊师重教蔚然成风，广大教师在岗位上有幸福感、事业上有成就感、社会上有荣誉感，教师成为让人羡慕的职业。"为实现这一目标，让我们共同努力！

晏红于清华园

2018年2月

目 录

第一章 沟通是家园共育的基础 …………………………………… 001
 一、沟通缺位的三个误区 ………………………………………… 004
 二、沟通越位的三大表现 ………………………………………… 010
 三、沟通到位的三个目标 ………………………………………… 015

第二章 与家长沟通的心理效应 …………………………………… 021
 一、首因效应：好的开端是成功的一半 ………………………… 023
 二、近因效应：前功一朝化烟云 ………………………………… 027
 三、超限效应：过度交流适得其反 ……………………………… 031
 四、投射效应：把自己的想法强加于他人 ……………………… 034
 五、罗森塔尔效应：用期望鼓舞家长 …………………………… 038

第三章 与不同类型的家长沟通 …………………………………… 043
 一、与妈妈沟通的侧重点 ………………………………………… 045
 二、与爸爸沟通的侧重点 ………………………………………… 050
 三、与祖辈家长沟通的侧重点 …………………………………… 057
 四、与保姆沟通的侧重点 ………………………………………… 062
 五、与二孩父母沟通的侧重点 …………………………………… 067

第四章 与不同性格的家长沟通 …………………………………… 077
 一、与敏感多疑的家长沟通 ……………………………………… 079

二、与攀比好强的家长沟通 …………………………………… 082

　　三、与孩子气的家长沟通 ……………………………………… 085

　　四、与容易冲动的家长沟通 …………………………………… 088

　　五、与不识大体的家长沟通 …………………………………… 090

　　六、与钻牛角尖的家长沟通 …………………………………… 093

第五章　与不同从业背景的家长沟通 ……………………………… 097

　　一、与从事经商活动的家长沟通 ……………………………… 099

　　二、与从事管理类工作的家长沟通 …………………………… 101

　　三、与外来打工的家长沟通 …………………………………… 104

　　四、与全职在家的家长沟通 …………………………………… 107

　　五、与具有海外工作经历的家长沟通 ………………………… 110

第六章　与存在不同教养误区的家长沟通 ………………………… 113

　　一、与包办代替的家长沟通 …………………………………… 115

　　二、与崇尚孩子自由的家长沟通 ……………………………… 118

　　三、与过度关注孩子的家长沟通 ……………………………… 121

　　四、与过度忽视孩子的家长沟通 ……………………………… 124

　　五、与在孩子面前缺乏威信的家长沟通 ……………………… 126

　　六、与过度表扬孩子的家长沟通 ……………………………… 129

　　七、与过度批评和惩罚孩子的家长沟通 ……………………… 132

第七章　与不同年级幼儿的家长沟通 ……………………………… 137

　　一、与亲子班幼儿的家长沟通 ………………………………… 139

　　二、与小班幼儿的家长沟通 …………………………………… 142

　　三、与中班幼儿的家长沟通 …………………………………… 146

　　四、与大班幼儿的家长沟通 …………………………………… 149

五、与学前班幼儿的家长沟通 ·· 156

第八章　与有特殊需求的幼儿的家长沟通 ·································· 163
　　一、与肥胖儿的家长沟通 ·· 165
　　二、与龋齿儿的家长沟通 ·· 167
　　三、与好动儿的家长沟通 ·· 170
　　四、与寄宿儿的家长沟通 ·· 173
　　五、与随班就读儿童所在班的家长沟通 ································ 176
　　六、与感统失调儿童的家长沟通 ··· 179
　　七、与留守儿童的家长沟通 ··· 182
　　八、与单亲儿童的家长沟通 ··· 185

第九章　与难以沟通的家长沟通 ·· 189
　　一、与偏执型的家长沟通 ·· 192
　　二、与冷漠型的家长沟通 ·· 194
　　三、与敷衍型的家长沟通 ·· 197
　　四、与易受影响型的家长沟通 ·· 199
　　五、与护短型的家长沟通 ·· 202
　　六、与自私型的家长沟通 ·· 205
　　七、与告状型的家长沟通 ·· 208
　　八、与积怨型的家长沟通 ·· 210

第十章　与家长沟通的多种途径 ·· 213
　　一、家访 ··· 215
　　二、家长会 ··· 219
　　三、家长开放日活动 ·· 223
　　四、书面沟通 ·· 227

五、网络沟通 ……………………………………………232
六、家长志愿者 …………………………………………242
七、环境沟通 ……………………………………………249

第一章

沟通是家园共育的基础

幼稚教育是一件很复杂的事情，不是家庭一方面可以单独胜任的，也不是幼稚园一方面可以单独胜任的，必定要两方面共同合作方能得到充分的功效。

——陈鹤琴

我国著名幼儿教育家陈鹤琴先生说:"幼稚教育是一件很复杂的事情,不是家庭一方面可以单独胜任的,也不是幼稚园一方面可以单独胜任的,必定要两方面共同合作方能得到充分的功效。"而良好的沟通与交流则是幼儿园和家庭合作共育的桥梁。

诚诚现在上幼儿园小班。他很聪明,主动表达的能力也比较强,但是受小班幼儿年龄发展特点的限制,他说的话常常真假参半。这天下午妈妈把他从幼儿园接回家后,他对妈妈说:"在英语课上,英语老师把我放在旮旯里,不让我学英语。"还说:"在户外活动的时候,老师不让我玩,老让我跳,老让我蹦。"妈妈并没有听信诚诚的一面之词,而是在第二天向老师了解了情况。原来,英语老师是幼儿园外请的,并不认识班里的小朋友,她教英语的时候是随便排的座位,碰巧把诚诚安排在边上了;而在户外活动的时候,诚诚作为超重儿童参加了幼儿园专门设计的训练课程,教师根据他的体质状况设计了专门的体能训练活动。所以,从现场描述的角度来说,诚诚说的话是事实;但是从教育情境的角度来说,他的话并非事实。听了诚诚的话,诚诚的家长之所以没有认为教师对自己的孩子有偏见,是因为诚诚的老师经常与家长沟通,而且教师与家长之间的关系非常融洽。

平时,利用接孩子离园的时间,诚诚的老师会及时地与诚诚的家长讲讲诚诚当天发生的事。比如,有一天,诚诚喝水的时候不小心把水洒在另外一个孩子身上,老师问他怎么回事,他说是保育员洒的。而当时,保育员正在活动室的另一个角落里打扫卫生。那天下午离园的时候,老师把这件事告诉了诚诚的家长,并对诚诚的家长说:"这孩子很聪明,他知道做什么是对的,做什么是错的。一旦犯错了,为了避免大人批评或者责备,他会把自己从错误中'摘'出来。"这种情况很正常,是这个年龄段孩子的发展特点。此外,他们还往往把假想的当成现实。所以,成人不要大惊小怪,要了解清楚情况,再慢慢引导孩子。

上述案例中,教师到位、得当的沟通让家长感受到了教师的爱心、了解到孩子的特点，所以家长才不会轻信孩子的一面之词，从而避免了种种误会的产生，为家园共育奠定了良好的基础。然而，很多教师与家长的沟通并不到位，导致出现了家园矛盾，如沟通不足造成的沟通缺位、沟通过度造成的沟通越位等。

一、沟通缺位的三个误区

与家长沟通是幼儿教师必不可少的一项工作，然而在日常工作中很容易出现沟通不到位的现象，其主要表现在三个方面：忽视沟通，即有的教师只顾认真带班，没有意识到与家长沟通的重要性；过度自卑，即有的教师认为自己的学历水平不高，缺乏与家长沟通的自信，因而不敢与家长沟通；过度自信，即有的教师认为自己有丰富的教育经验，因而不注意尊重和吸取家长的意见与建议。

（一）忽视沟通

张老师热爱幼教，对孩子也很负责任，但是她与家长沟通不多。她认为现在的家长工作都很忙，而自己平时的事情也很多，只要自己对孩子好，孩子在幼儿园不出事，家长就不会对教师有意见。可是，有一天，她说与家长的沟通给她带来了莫大的欣喜与快乐。那是在一次公交车上，张老师偶然碰到了她班上一位幼儿的家长，两人一路搭车，便有了充分的时间交流。这位家长说，孩子经常在家里表演在幼儿园学到的故事、歌曲和舞蹈，有时还冷不丁冒出一些很恰当的"大道理"，问孩子是怎么知道的，孩子自豪地说："是张老师教给我们的，张老师是我们小朋友的妈妈！"张老师听了家长的描述后非常感动，她没想到这些平凡的小事竟然能够得到小朋友和家长的认可，她的心中涌起一股从未有过的幸福感。她认识到，不能只在孩子有问题需要解决时才与家长沟通，沟通还是提高教师自我认识、增强教师职业幸福感的重要途径。

确实如张老师的感悟，沟通的价值不仅在于和家长一起解决孩子的问题，它还有更重要的意义。

1. 有利于发挥家园共育的最大效果

案例中的张老师忽视沟通，实际上是在思想意识上割裂了幼儿园教育与家庭教育的有机联系，认为幼儿园与家庭各行其是就够了。事实上，幼儿园教育与家庭教育各有不同的优势，在孩子健康成长的过程中不可以相互替代。通过沟通，家长与教师能够达成一致的教育目标，统一协调好各自的教育方法，促使家园共育发挥最大的教育效果。

2. 有助于解决幼儿成长中遇到的烦恼

孩子的成长不可能总是一帆风顺的。很多问题发生在孩子身上，但根源在外部环境和成人身上，找出根源才能更好地帮助孩子成长。不过，仅仅发现根源是不够的，教师除了反省自身外，还要与幼儿家长深度交流，根据家长提供的情况，具体分析家长的教育观念、亲子关系和家庭关系等因素对孩子健康成长的影响。比如，有的家长教育观念很科学，但是不会与孩子交流，不会做亲子游戏，教育行为具有成人化倾向。教师只有与家长频繁地进行沟通，才能有效地帮助家长及其孩子。

3. 是对"可怜天下父母心"的理解与宽慰

学前儿童的身心发展水平低，当家长把孩子交给教师的时候，他们仍然会有这样或那样的牵挂与担心。即使孩子在幼儿园一切都很好，家长还是希望知道当自己不在身边的时候，孩子在幼儿园到底是怎么样的。这种心情并非不信任教师，而是父母之心、人之常情。针对这种情况，有的幼儿园会采用视频录像的方式与家长沟通，这种方式固然开放透明，但是这种"人机沟通"并不能代替教师与家长之间的"人际沟通"。真正的家园沟通是教育观念的共识、教育责任的共同担当、教育烦恼的相互理解以及教育方法的相互配合。

4. 有利于提高教师的自我认识

教师的专业化成长离不开清晰的自我认识：自己工作做得怎么样、怎样做才最佳、自己的能力如何等，这些都是教师在个人成长过程中经常要面对的问题，其答案并非靠苦思冥想就能获得，而要通过与他人交流来得到反馈。离开与他人的沟通与交流，教师就很难多角度地、客观准确地把握自我。当然，如果是积极的沟通，教师就可能获得如张老师一样的自我价值感；如果是消极的沟通，教师则难免会出现难过、郁闷等不良情绪，但是要勇敢地、开放地面对冲突与困惑，这恰恰是自我成长的契机。

（二）过度自卑

朱老师从幼师毕业参加工作到现在，已经有5年时间了，但是她在与家长沟通时一直存在心理上的障碍。她所在的幼儿园家长文化水平普遍比较高，虽然后来她自己又读了大专、续读了本科，但还是觉得现在的家长能说会道，了解的知识与信息比自己广泛，所以她在与家长沟通的时候不是很自信。她说："我们班有几个家长太难'对付'了，你说一句，他能说上十句，还一套一套的，我不知道怎么说、怎么做才能取得他们的信任。"于是，当孩子和家长有问题时，她觉得自己很难说服家长，所以家长说怎样就怎样，自己也就不再深度交流了。

朱老师的困惑是当今大多数幼儿教师在家长工作方面面临的一个现实问题。一方面，由于国家高等教育的迅速发展，幼儿家长的学历层次越来越高。而高学历家长通常有较长并且较成功的受教育经历，有的家长还直接从事与教育密切相关的研究或者教学工作，对教育的体验和感悟也很多。再加上现在的孩子多为独生子女，导致家长更加关注自己孩子的健康成长。另一方面，由于幼儿教育体制和历史文化的原因，幼儿教师的学历进修和素质提升速度远不如社会其他行业发展得快。在这种背景下，幼儿教师在与家长沟通时确实面临着较大的挑战，但是同时也蕴含着高效沟通的机遇。面对这种情况，幼儿教师应该怎么做呢？

1. 拓展知识范畴，树立幼儿教育的专业自信

幼儿教师在家长面前不自信，也与其自身的知识结构和信息广度有关。有的幼儿教师虽然教育教学技能很强，管理班级幼儿很有经验，发表的教研论文也不少，但这些都属于幼儿园教育范畴。广义的幼儿教育不仅包括幼儿园教育，还包括家庭教育、社区教育以及大众传媒教育。教师的知识和信息主要集中在幼儿园教育范畴，而家长的知识和信息主要集中在家庭教育和大众传媒教育的范畴。如果教师与家长的知识结构交叉较少，不了解家长的知识内容，就很可能不知道家长是怎么想的，与家长沟通时没有共同的话题。因此，为了避免这种情况发生，教师除了钻研幼儿园教育的知识外，还要关注家庭教育的科普趋势，了解幼儿经常看的读物和电视，对一些流行的家庭教育观念和做法进行分析和判断，就家长关注的焦点问题与他们进行对话，逐渐成为家长认可的"行家里手"。

2. 引导家长树立科学的早期教育观念

现在的家长学习早教知识的热情很高，但是很多家长的教育知识并不主要来源于系统的、科学的学习，而是通过看电视和阅读书籍、报刊获得的。这种方式使得他们接触的"新观点"虽然很多，但缺乏系统的分析和内在的联系，导致他们在行动上存在盲目性。比如，有的家长看了很多育儿书籍后，这种理念试试，那种理念试试，结果发现教育孩子的成效并不理想；有的家长发现各种育儿观念是"公说公有理，婆说婆有理"，不知道应该坚持哪种做法。在多元观念并存的时代背景下，缺乏系统的专业知识和辩证的思维方式，是驾驭不了众说纷纭的、零散的理论的，而任何偏激的教育观念与方法都可能给孩子带来不良影响。比如，能不能批评孩子？该不该打孩子？自由重要还是规则重要？尊重孩子是不是就应该放纵孩子？早点学英语好，还是晚点学英语好？是多教孩子还是多让他自己探索？要不要给孩子报兴趣班？要不要对孩子进行挫折教育……这些问题往往让家长纠结不清。可见，高学历家长的早教观念也是需要引导的。而幼儿教师接受过专门的、系统的幼儿教育训练，了解幼儿教育的规律，掌握科学的幼儿教育知识，在这方面能够给家长提供一些有益的建议。

3. 挖掘高学历家长的教育资源

作为和孩子最亲密、最了解孩子的成人，家长对孩子的教育最有发言权，尤其是一些高学历的家长，他们在教育孩子方面很有自己的想法和方法。虽然他们不直接从事幼儿教育工作，但是他们对幼儿教育并不存在"隔行如隔山"的"鸿沟"，反而感觉到很多"隔行不隔理"的共性，这是因为教育专业不像医学或者电子信息等专业有那么多不易被外人知晓的技术密码。所以，这些家长对幼儿园来说是很难得的资源，可以把他们发展成为沟通层次比较高的幼儿园教育的合作伙伴。对于幼儿园来说，这样的家长越多，越有利于家园之间的对话和沟通，越有利于幼儿园全面地了解和教育幼儿。

（三）过度自信

一天，田园长收到一位家长的来信，说他的孩子所在班的班主任老师做事精干利落，但是听不进别人的意见，总认为自己是对的，不重视家长提的建议。随信，这位家长还画了一幅画，画中的教师和家长背对背抱手站着，并在旁边写了一行字："特意给老师画了一个大大的嘴巴，寓意是在当今的幼儿园教育中，幼儿教师拥有绝对的话语权。"

家长的来信和绘画反映了该教师在与幼儿家长沟通中存在的问题，表达了这位家长想与教师沟通的愿望。

1. 克服经验优越感带来的自负心理

幼儿教师经验丰富有助于做好教育工作，为分析和解决教育问题积累了一个策略方法库，但是如果因此产生经验优越感，则可能给工作带来不利的影响。优越感是自视高人一等的自负心理，容易给家长一种刚愎自用的感觉，进而使家长产生敬而远之的心理，造成家园之间的沟通障碍。幼儿教师工作时间长了，如有着10年以上教龄的教师，难免会或多或少地存在经验优越感，尤其是面对初为父母的年轻家长或者观念显得有点过时的祖辈家长，这种优越感更为强烈。但是明白了经验优越感的不当之处，努力在客观的优越中减少和避免滋生主观的优越感，是完全可以做到的。

2. 以平和的态度与家长沟通

年复一年，教师面对的许多早教问题大致相同，然而在教师看来是常见的问题，对于家长来说则可能是第一次遇到。所以教师要保持平和的态度与家长沟通，这样才能逐渐建立良好的合作伙伴关系。教师与家长沟通的时候，不要带着理论上的条条框框，简单地否定或者批评家长的早期教育观念、方式，而要与家长深入交流，与家长一起分析他们的教育观念和教育方法与孩子成长之间的关系，引导家长逐渐提高分析教育问题的能力，而不是直接向家长灌输理论知识。在平和的沟通过程中，教师的措辞要诚恳、礼貌、客气，用词不绝对，态度不强硬，尊重家长的成人身份与角色，这样才能与家长建立持续、频繁、充满信任感的沟通关系。

3. 沟通不仅要说，更要倾听

沟通不仅要把自己认为好的观念和做法说给家长听，还要倾听家长的个性化需求。在与家长的沟通中，教师只有充分了解和理解家长，才能为家长提供针对性比较强的指导和有益的帮助。而了解和理解家长的前提就是在沟通中养成良好的倾听习惯。倾听，不是不动脑筋地、随随便便地听，而是全神贯注地、用心地听。在倾听的过程中，不要随便打断家长的话语，不要随意插入自己的见解；要用点头、微笑、目光注视以及"哦""嗯""是的""然后呢"等非语言或简单的言语方式，表达对家长谈话内容的兴趣、专注和认真的态度，支持和鼓励家长把自己所遇到的教育现象与教育问题描述清楚，这将为教师与家长深层次的沟通和对家长深层次的指导打下基础。

4. 定期收集家长的书面意见和建议

教师的经验优越感和过度自信是在长期的工作实践中形成的，而且有的教师的个性本来就有这方面的倾向，不是一朝一夕能矫正过来的。为了尽快改善与家长的沟通关系，教师可以定期收集家长的书面意见和建议，这有助于教师避免口头交流的惯性。书面交流可以是实名的，也可以是匿名的。把书面意见或者建议收集上来之后，教师有充分的时间进行反思和调整，然后再以适当的形式反馈给家长，以提高家园沟通的深度与效率。

二、沟通越位的三大表现

很多幼儿教师都非常重视与幼儿家长的沟通，但是在日常工作中容易出现沟通越位的现象，其主要表现在三个方面：距离越位，即没有正确掌握人际沟通的空间距离；话题越位，即没有正确掌握与幼儿家长沟通的话题和内容；权限越位，即没有正确把握与幼儿家长沟通的范围，混淆了"公事"与"私事"之间的关系。

（一）距离越位

李老师文文静静，为教育好孩子、服务好家长付出了很多努力，但有的家长在私下里说，不太习惯与李老师沟通。因为李老师说话的时候与家长离得比较近，如果家长默默地往后撤出一点空间，李老师为了让家长听得清楚，就会不自觉地向前靠近，而家长又不好意思打断她，于是只能暂时忍着。

与此同时，幼儿园里还有一位白老师，也不太注意与家长之间保持交流距离。她有时会压低声音以说悄悄话的形式跟家长交流，其实说话内容也没有什么不适宜公开的，可能是她觉得应该对其他人有所回避，才采取这种耳语的说话姿势，但是这种姿势并不雅观。

1. 人际沟通需要适宜的距离

人与人之间沟通需要保持一定的空间距离，这样的沟通才会更加礼貌和文明，也更容易被人接受。沟通双方人际关系的亲疏决定了空间距离的远近。人类学家划分了四种距离，每种距离都应与沟通双方的关系相称，否则就是不礼貌的，甚至会引起沟通一方的反感。15厘米之内为亲密距离，适宜亲人和亲密的朋友之间，表现为挽臂执手或促膝谈心；46～122厘米为个人距离，适宜熟人之间，表现为能够相互亲切握手，沟通时比较具有分寸感，与陌生人之间的沟通更靠近 122 厘米一端；122～370 厘米为社交距离，适用于面试、讲座等更加正式的交往关系；370～760 厘米为公众距离，这是公开演讲的距离。教师与家长之间的沟通适宜采取 46～122 厘米的个人距离，以至少不让对方感觉到自己说话时的呼吸为宜。

2. 与家长沟通属于公共场合中的正式沟通

根据沟通发生的场合，可以把沟通分为公共场合中的正式沟通和私人场合中的非正式沟通。正式沟通是指在工作系统内，依据一定的工作原则所进行的信息传递与交流，比较正规。与家长的沟通属于幼儿园工作内容，是公共场合中的正式沟通，要求教师的沟通言行大方得体。耳语是凑近别人耳朵小声说话，已经达到亲密距离，属于私人场合中的非正式沟通方式，不适宜教师与家长之间的沟通。如果有在场的其他人不宜知道的交流内容，可以选择人少安静的场所或者另选时间交流。

3. 非言语沟通姿态要符合教师身份

人们在言语沟通过程中通常会伴随一些非言语沟通方式，如面部表情、目光接触、动作手势和身体姿态等，这些肢体语言具有浓厚的个人色彩，反映了一个人的文化修养和职业习惯。幼儿教育要求教师具有既活泼又认真、既放松又严谨的综合素质，并通过文雅的非言语沟通姿势表现出来。即使在长期的家园共育中，教师与家长已经建立了友好、融洽的沟通关系，也要与普通的私人交往有所区别。不是说关系好了就没必要重视这些"形式"。因为虽然正在与教师沟通的家长只有一个人，但是看见教师在沟通的家长有很多人，所以教师要注意保持自己的仪表和仪态，维护好教师形象。

（二）话题越位

在接待家长的时间，园长听见王老师正在与一位家长说一家新开业的商场促销打折的事情。当问及王老师怎么与家长聊起这件事的时候，王老师说是家长提起的，自己不好意思不接茬儿。

同样是在接待家长的时间，年轻的郑老师在与家长聊孩子在幼儿园的表现时，聊着聊着就转移话题了。这位家长说："我家孩子挺喜欢你的，我也觉得你性格脾气好，你有没有对象啊？你想要什么条件的？我可以帮你介绍一个。"诸如此类的现象在幼儿园并不少见。

1. 与家长沟通的首要动机应该是成就动机

与家长沟通是一种人际交往活动，人际沟通与交往有三大基本动机：亲和动机、赞许动机和成就动机。亲和动机是指通过沟通，希望获得家长的理解、关心与好感的愿望；赞许动机是指通过沟通希望获得家长的认可、肯定、称赞和嘉许的愿望；成就动机是指通过沟通追求工作优异、事业成功的愿望。不同的沟通动机对提高家长工作都是有益的：与家长拉家常、聊一些与孩子和幼教无关的事情有利于融洽与家长的情感；向家长展示孩子的进步与自己的能力，有利于增强家长的自信心。但是，幼儿园教育的最终目的是使工作顺利开展、孩子快乐发展、教师专业获得成长，所以与家长沟通的首要动机应该是成就动机。

2. 注意与女性家长之间的交往与沟通

幼儿园以女性教师为主，经常到幼儿园接送孩子的家长也以妈妈和奶奶等女性家长为主，因此，幼儿园是女性之间交往与沟通的集中地带。女性之间的沟通比较热情、随和、细腻、生活化，除了工作和孩子的事情以外，大家很容易聊起衣着、购物、美容、保健、瘦身、旅游、婚姻等方方面面的话题。而且，家长都有与教师拉近关系的朴素愿望。一些家长会主动向教师提及生活、休闲和情感的话题，家长的心思是可以理解的，教师不宜一口回绝或者闭口不谈这些内容。但是，应该注意沟通的时间、场所与程度，不宜在接待家长和带班的工作时间以及幼儿园工作场所交流这些话题。如果家长主动提及，教师可以礼貌地应承几句，然后说还要接待其他家长，等以后有机会再聊。

3. 适度把握与家长从工作关系发展为朋友关系的原则

教师与家长之间的基本关系是工作关系，但是交往久了，在观念、性格、脾气和爱好上比较投缘的教师和家长，就会从工作关系发展为朋友关系。很多孩子因为升班或者上小学之后离开了原来的教师，但是孩子及其家长仍然与教师保持着密切的联系，并在生活上互相帮助。但是，要记住，与家长发展为朋友关系的前提是无功利、无取巧、无偏袒的。一心一意、公平无私地对待所有的孩子，是教师人格魅力之所在，是赢得家长的信任和尊重、与家长建立真正纯洁友谊的基石。

（三）权限越位

一个星期天，钟老师与未婚夫在建材装饰城遇见了成成的妈妈，原来成成的妈妈是做家庭装修的。她得知钟老师就要结婚了，需要装修新房，就说安排自己的工人给钟老师装修。钟老师认为这样不合适，成成的妈妈说："为谁装修不是装修啊？你平时工作那么忙，哪有那么多时间看建材、做监工，你就放心把新房交给我吧。"家长非常热情，钟老师盛情难却就答应了。可是不久，成成无意中跟其他小朋友说："你知道吗？钟老师就要当新娘子了，你给老师送个什么礼物？"小朋友问他送什么，他说妈妈送给老师"一间大房子"，这个"大礼物"就在小朋友和家长中间传开了，钟老师"辟谣"也没用，因为虽然没有送"大房子"，但是确实在帮忙"装修"。钟老师说装修费是自己出的，但她没办法让别人相信自己是"全额自费"的，总之很苦恼，装修风波闹得她非常不愉快。

1. 与家长沟通的权限应服务于教育任务

2016年，教育部颁布的《幼儿园工作规程》赋予幼儿教师与家长沟通的职责是："与家长保持经常联系，了解幼儿家庭的教育环境，商讨符合幼儿特点的教育措施，相互配合共同完成教育任务。"可见，教师与家长沟通的由来源于教育的需要，并且目的是为了教育幼儿。逾越教育范围的事情均属沟通权限越位，年轻教师尤其要有这种职业敏感性，把握沟通的分寸，切忌与家长合作私事，不给其他家长、幼儿和教师留下产生误解的隐患，为自己营造一个单纯、安心、没有纷扰的班级工作氛围。

2. 成熟的为人处世之道是人际沟通的必修课

与家长沟通是出于工作需要，但是由于各种原因，常常容易涉及工作以外的事情，断然打断或者拒绝家长又显得不礼貌，所以教师要不断地、有意识地总结处事经验，提高沟通技巧。前文案例中，如果钟老师保持一定的职业敏感性，把握好说话的分寸，那么当时就可以婉言谢绝家长的好意。比如，不要一股脑儿地跟家长说很多关于结婚细节的事情；如果家长要帮助自己装修，可以说自己先看看、逛逛建材城，需要的时候再与家长联系；家长再问的时候，就说已经开始装修了；如果家长继续问装修的细节，可以说是由未婚夫安排的，自己不清楚。

幼儿教师不但要学会做工作，还要学会做人处事。做人处事的经验是一本无字之书，需要教师用心去感悟。成熟的为人处世之道是人际沟通的必修课。

3. "充分利用"但不是"过度利用"家长资源

时常听教师说"充分利用家长资源……"，但在现实生活中，有的家长感觉被"过度利用"。比如，很多幼儿园都在做主题教育，需要收集很多资料，于是教师经常给家长布置作业，收集新主题的图片、视频或者实物，而且时间紧张，说要就要，使得家长下了班就赶紧上网查资料、去书店买资料或者做手工。事实上，教师可能并没有要求每个家长都要做，但是孩子会攀比，如果教师表扬其他小朋友给班级做这事、做那事，自己却没有做，那么幼儿就会感觉比较失落，于是闹着家长必须做。这种情形会造成家长与教师的误会。

《幼儿园教育指导纲要（试行）》指出："家庭是幼儿园重要的合作伙伴。应本着尊重、平等、合作的原则，争取家长的理解、支持和主动参与，并积极支持、帮助家长提高教育能力。"虽然教师的目的是家园共育，但家庭之间的差异是很大的，并不是每个家长都有充裕的时间或者丰富的物质资源，支持教师的教育教学工作。教师应对此给予理解，妥善安排家园共育的内容，有限利用家长资源，不要过度宣传家长志愿者的工作，不要在幼儿面前过度表扬为班级服务的幼儿家长，以免使幼儿产生攀比心理，给其他家长造成压力。

三、沟通到位的三个目标

有效沟通需要达到一定的目标才能实现，而沟通目标是因人而异、因时而异的，因为人们彼此间在性格和生活阅历方面存在很大差异。比如，教师与一些家长沟通时很快就能产生信任感并愉快地合作，而与另外一些家长沟通时则一直停留在增进理解与信任方面。与家长沟通是一个循序渐进的过程，教师与家长之间从相互理解到彼此信任再到携手合作，是教师在沟通过程中应该遵循的普遍规律。

（一）理解

张女士因为自己的女儿"不被教师重视"感到很苦恼。她说了两件事：一次，电视台来幼儿园录像，有将近一半的孩子上了镜头，而自己的女儿却没上。孩子从幼儿园回来后不吃饭，总是哭闹。从这件事可以看出，幼儿园不能平等地对待每个孩子，伤害了孩子的自尊心；还有一次，班级墙壁上的集体生活照片中，有一张是女儿站在昏暗里的，还有一张正好女儿闭上了眼睛。张女士认为老师对自己的女儿缺乏关注、缺乏爱心，她心里很不舒服，为此还向幼儿园领导反映了这些情况。教师则觉得张女士不应该向领导告状，所以张女士与教师之间的关系一直是疙疙瘩瘩的。

1. 相互理解是家园沟通的第一个目标

现在的家长对孩子的期望和对教师与幼儿园的期望都很高，再加上有的家长是完美主义者或者是以自我为中心的性格类型，所以孩子、教师和幼儿园在某些方面不如自己所愿，这类家长就会很失望，难以理解幼儿园教育的一些理念、规则和做法。因此，帮助这些家长逐渐理解科学的幼儿园教育，与他们在家园共育方面达成共识，是教师与家长沟通的第一个目标，而且教师具有实现这一目标的优势。因为在沟通的经验方面，教师与家长是不对等的。幼儿园是家长与教育机构产生正式沟通关系的第一站，而教师年复一年地接触一届又一届的幼儿家长，积累了丰富的沟通经验，所以，教师要以理解为基础开展家长工作。托班或者小班作为家长了解幼儿园的第一个窗口，承担了实现第一个沟通目标的重要任务。

2. 理解偏差是站位视角差异造成的

家长对教师产生误解并不像幼儿那样是由于认知水平较低造成的，而主要是因为站位视角差异造成的。就像一把椅子，站在一个角度看有两条腿，换个角度看可能是三条腿或者四条腿。家长主要是从个体角度看教育，教师主要是从集体角度看教育，在个体家庭范围内正确的观念和做法，在幼儿园则可能是不适宜的甚至不正确的，所以教师的主要任务是帮助家长调整看待幼儿教育的视角。比如，上述案例中，孩子在家庭相册里永远都是中心和主角，但是在幼儿园集体照片里总有孩子站在中央，有孩子站在边缘，而且孩子能够坦然接受自己在集体环境中存在非中心、非主角的现实，恰恰是他们成长和成熟的表现。理解教师，是家长需要调整的主要视角。

3. 相互理解需要教师先接纳再引导

正是因为家长的误解不是由于认知水平低，而是因为视角差异产生的，所以家长很容易产生"我理解，但是难以接受……"的心理。因此，教师的工作不能停留在讲道理的层次，对于家长来说，不是听不懂道理，而是难以接受现实。所以，教师要理解并接纳家长的这种心理状态，以宽容的态度配合家长的需求，在无损原则、无伤大雅的情况下，先满足家长的个性化需求，因为得到理解的家长更容易理解教师。以这种沟通交流为基础，然后再引导家长的需求，就更容易被家长所接受，家园沟通再深入到一个新的层次才更有可能。

（二）信任

程奶奶退休前做过30年的幼儿教师，她的孙女现在上小班。因为程奶奶，小班的齐老师遇到了前所未有的沟通挑战。入园第一天，程奶奶就对孙女所在的床位不满意，要求老师调换；入园第五天，程奶奶晚上接孙女的时候，发现孩子头上梳着两个小辫，就责问老师为什么不是早上的四个小辫；又一天早上，程奶奶劈头盖脸地责问老师为什么在其他家长面前说她的坏话，齐老师觉得非常委屈，因为这件事纯属子虚乌有。齐老师不知道程奶奶为什么对自己有这么大偏见？更难以理解的是程奶奶自己做过幼儿园老师，为什么还这么不配合老师？

1. 信任需要理解，但理解不等于信任

程奶奶曾经长年从事幼儿教育工作，对幼儿园工作是非常了解的，但是这并不必然产生信任。据了解，程奶奶在退休前曾遭遇过不公平待遇，所以她形成了相信自己却怀疑甚至敌视外界环境的惯性思维，她觉得别人是不可信的。这种情况由来已久，在短时间内很难改变，与这类家长沟通难度比较大。还有的家长能够理解幼教工作的细致与复杂，但不信任教师，是因为他们觉得教师年轻，工作经验不足，与这类家长沟通难度要小一些，经过一段时间的家园共育，他们能较快建立对教师的信任。

2. 理解侧重理性沟通，信任侧重情感沟通

由此可见，教师在与家长沟通中不要以为自己说清楚了、家长听明白了，就必然建立了信任。其原因在于理解侧重于了解、认知和理性沟通，而信任侧重于情感沟通。信任是"相信而敢于托付"的意思，既有理性成分又有感性成分。对于家长来说，把自己的孩子托付给幼儿园进行保育和教育，说明家长的信任感是建立在对幼儿园教育的理性认识基础之上的；至于托付的教师是否值得信任，这取决于家长的情感状态，而情感的建立远比理性认识来得慢。所以，教师要一分为二地看待家长的信任问题，既不要对自己丧失信

心,也不要把它简单化了,要用自己的爱心与耐心赢得家长的信任。

3. 孩子对教师的情感是赢得家长信任的基础

与不信任自己的家长沟通是一项富有挑战性的工作,有的年轻老师干脆望而却步,而有些经验丰富的教师却很有"招数"。有的教师总结说:"家长越是不信任我,我越对他的孩子好,结果孩子见到我就想让我抱,时间久了,家长就不得不信任我。"这个成功经验说明孩子对教师的情感是赢得家长信任的基础。家长的一切思维和情感都为孩子所系,尽管他可能对幼儿园有这样那样的不满,但是只要孩子喜欢上幼儿园、喜欢教师、喜欢小朋友,家长的一切担忧都会释然;只要孩子爱教师,家长对教师的信任感就会逐渐建立起来。

(三)合作

小班有一个男孩儿叫天天,长得白白胖胖的,身体健康,动作敏捷。一天,他在从自己的座位跑向另一个小朋友的座位时,被椅子腿绊倒了,把右眼眶磕破了。老师赶紧带天天到医务室包扎,之后马上给天天的父母打电话,表示对此事感到非常抱歉。家长不但没有埋怨,反而安慰老师说:"没关系,你们对孩子照顾得挺仔细的,但是孩子也得学会照顾自己。我家孩子动作快,很容易磕碰,受点伤不要紧,下回他自己就知道注意了。"老师非常感谢家长的宽宏大量。回家之后,家长看着孩子脸上"挂彩"了,把心疼藏在心里。问他是怎么摔的、疼不疼,孩子就表演了是怎么摔的、怎么哭的、医生怎么包的,很乐观地接受了这次挫伤。在家长的教育和引导下,天天逢人询问就说:"是我自己不小心摔的,以后不能那么着急。"

1. 幼儿园教育离不开家庭教育的合作

天天的话实际上是一种自我教育,提醒自己以后走路跑步时要小心、不慌张,一听就知道这是家长的叮咛与嘱咐。遇到孩子在幼儿园发生磕碰事件的时候,家长放松的态度以及对孩子的预警教育,比教师的教育效果要好。

我国家教经典著作《颜氏家训》说："夫同言而信，信其所亲；同命而行，行其所服。"意思是说，同样的言行指导，孩子更愿意听从父母亲人的教导。父母是孩子来到这个陌生世界的第一位亲人，也是第一任启蒙老师。父母给他们带来了生命，满足了他们的基本需求，为他们创造了生命之初的安全感，所以他们热爱、信任父母，也更乐意接受父母的教导。从这个角度来说，家庭教育的功效是幼儿园教育不可替代的。

2. 每个家长的合作意识不同，教师需要因人而异

合作意味着对外在事物保持积极的关注和开放的态度。性格外向、开朗、直爽的人容易合作，性格内向、谨小慎微的人不容易合作。家长的性格不同，合作意识也会有所不同。此外，有的家长还认为孩子在幼儿园归老师管，在家庭归家长管，彼此做好各自的事情，孩子就健康安全了。如果孩子在幼儿园出了事，就是教师的责任，所以这类家长不会像天天的父母那样理解和信任教师，并配合教师做好孩子的安全教育工作。所以，如果家长不愿意合作，教师要具体调查和分析原因，是家长的性格问题、观念问题，还是其他原因，然后有针对性地与家长沟通。

3. 合作是家园沟通最理想的目标

家庭和幼儿园是影响孩子早期发展的两大场域，它们对孩子的教育有很大差异。幼儿园是一个集体生活环境，小朋友之间的关系是平等的，玩玩具、做游戏都需要小朋友有分享、等待、谦让、合作的意识，小朋友之间有了矛盾，要学会使用文明的方式解决冲突。此外，还要培养孩子在集体环境中清晰、大方、大胆表达自己的能力。然而这些能力和习惯的培养，单靠幼儿园的教育是不够的。如果家长与教师的要求不一致，不但幼儿园的教育效果会受到影响，而且不利于孩子学习社会行为规范和锻炼人际交往能力，进而影响孩子的社会性发展。所以，家园合作共育是最理想的状态。正如苏联著名教育家苏霍姆林斯基所说："若只有学校而没有家庭，或只有家庭而没有学校，都不能单独地承担塑造人的细致的、复杂的任务。"

第二章
与家长沟通的心理效应

教师谙熟与家长沟通中所产生的种种心理效应,会明白沟通过程中产生的许多因果反应或连锁反应,对于提高自己的认识、态度与沟通效率都有重要的指导意义。

心理效应是在沟通过程中自然产生的心理现象和规律，具有积极与消极两方面的影响。人们不能根据自己的主观愿望取消某种心理效应，却可以通过自己的主观努力使之发挥积极作用，减少或避免消极作用。教师谙熟与家长沟通中所产生的种种心理效应，会明白沟通过程中产生的许多因果反应或连锁反应，对于提高自己的认识、态度与沟通效率都有重要的指导意义。

一、首因效应：好的开端是成功的一半

新学年开始了，李老师担任中班班主任，她满腔热忱地投入到新的班级工作中。可是不久她就接到家长反映，说她对孩子要求严格、比较厉害，孩子害怕她、不喜欢她，这让李老师感到很郁闷。开学以来，孩子在园生活得好好的，与家长的沟通也没问题，那么这些意见从哪里来的呢？原来问题就出在与个别家长的交流过程中。班里有三个孩子自理能力差，还让老师喂饭，而中班幼儿的发展目标是学习使用筷子且能自己吃饭。于是，开学之初，李老师就在班里按照发展目标要求这三个孩子，并跟这三个孩子的家长说在家里不要惯着孩子、不要答应孩子不合理的要求、要培养孩子自己的事情自己做的习惯。这些话虽然都在理，但这些家长认为还是去年的小班老师和蔼可亲，孩子们喜欢。现在因为孩子不愿意在幼儿园自己吃饭，都不想上幼儿园了。孩子不喜欢新老师，那以后在新班级能快乐吗？

（一）首因效应产生的三大原因

家长与教师初次接触，最关心的往往不是教师说了什么，而是教师说话的态度。他们会观察教师是否亲切，是否受孩子喜欢。李老师给家长的印象就是要求高、较严厉，让家长担心孩子以后是否能适应新老师。所以，教师要注意自己在家长心目中留下的"初次印象分"。在人际交往中，初次给人留下的印象会对以后的交往产生深刻的影响，这就是首因效应，也叫优先效应或第一印象效应，是由美国心理学家洛钦斯经过实验证实并提出的。

首因效应产生的原因主要有以下三个方面：

1. 陌生、新奇的信息影响强烈

初次交往的时候，在没有其他信息参考的情况下，人们只能凭借第一印象获得的信息来认识和了解一个人，并成为以后认识和了解一个人的重要参考，这便形成了人际交往中的首因效应。

2. 第一印象被优先加工

第一印象很重要是一个基本的常识，人们在职业场合一般都很在意自己给他人留下的第一印象。既然如此，人们普遍形成一种认识：这么重要的第一印象尚且如此，以后还能好到哪里？所以，第一印象被人们优先加工，而先入为主的信息得到了更多的注意，进而形成难忘的记忆，对以后的认知发挥首因效应。

3. 对重要他人渴望了解

并不是所有的交往都会产生首因效应，很多情况下的初次交往可能并没有给自己留下清晰的印象，主要是因为交往对象对自己而言不是重要他人。重要他人是指对自己具有重要影响的人物，常见的重要他人有父母长辈、兄弟姐妹、老师同学、上级领导等。毫无疑问，老师是孩子的重要他人，而家长很重视孩子是不是喜欢新老师和新环境，渴望了解老师的性格脾气是否容易被自己的孩子所接受，因此，首因效应对孩子及其家长的影响尤为明显。

（二）首因效应产生的双面影响

首因效应既可能产生积极的影响，也可能产生消极的影响。如果第一印象被他人所认可与接受，那么就为以后的沟通与交往奠定了良好的基础；如果给他人留下的第一印象不佳，那么人们可能很长时间都难以抹去它所产生的消极影响，对于孩子及其家长来说更是如此。孩子年龄小，尚未达到全面了解一个人的认知水平，因此教师给他的第一印象就决定了教师的整体形象，容易让他们产生以偏概全的错误判断。而且孩子主动调节自己以适应新环境的能力也不够成熟，教师在他们心目中又有很高的威信，如果第一印象让孩子产生害怕或者不喜欢的感觉，那么他们在很长一段时间里都将难以适应新环境和新老师。而孩子出现这些现象很快就会被家长所察觉，家长不知不觉地就会用孩子的表现来印证自己的观察，进而产生不良的首因效应。

（三）首因效应趋利避害的方法

首因效应的重要性决定了教师要加强印象管理意识，提高印象管理能力，不要因为自己的工作很普通、很平凡而忽略了人际交往的心理效应，应该主动想办法给他人留下良好的第一印象，发挥首因效应的积极影响。

1. 注重言谈、举止、衣着等外在形象

由于初次交往对他人的了解并不深入，所以对他人的第一印象主要集中在年龄、衣着、相貌、神态、姿势、说话态度等外部特征，并不是对一个人内在品质与性格的认知。可见，首因效应并不完全可靠，甚至还可能出现差错和误解，但是，绝大多数人还是会下意识地跟着首因效应的感觉走。因此，教师要重视首因效应对自己的影响，注重塑造自己的形象，穿衣打扮端庄大方，符合教师身份；言谈举止坦率真诚，值得家长信任；神情态度温和有礼，让孩子容易接受。

2. 给他人的第一印象并非包装的结果

给他人的第一印象需要特别注意，但绝不是突击包装的结果，也不是纯粹的方法、策略和形式问题。一般情况下，一个人的衣着、打扮、谈吐、神情、体态等都在一定程度上反映了这个人的内在素养和个性特征，刻意修饰和装扮自己总会在不经意间"露出马脚"，因为文化的浸染是装不出来的。教师与家长的交往是一个长期的过程，除了第一印象要好外，还需要继续保持第一印象给他人留下的良好状态，仅仅"新官上任三把火"是不够的，还需要以热忱和耐力使积极的首因效应持续不衰。所以教师平时需要注意提升自己的素养，养成沟通交流的好习惯，不能为了第一印象而做暂时的表面文章，否则，第一印象犹如昙花一现，仍然难以帮助教师在孩子及家长心目中建立起信任与威望。

3. 发挥"日久见人心"的作用

第一印象难以改变，但并不是不可以改变。中国有句俗语："路遥知马力，日久见人心。"最初给他人留下的误会与偏见会随着真诚交往而逐渐淡化直至消失，进而在对方心目中重新塑造自己的形象。有三类教师需要特别注意利用"日久见人心"的功效来消除首因效应的不良影响：性格内向的教师、表情严肃的教师和性情急躁的教师。内向、严肃和急躁是一个人长期以来逐渐形成的个性特征，容易给他人留下冷淡、不耐烦的印象，但是具有这些性格的教师并非不热爱幼教和孩子，并非不爱岗敬业，因此这些教师最初在做家长工作时会经历一段"曲折"，需要经过一段时间的相处，才能改变最初的不良印象。因此，为了提高工作效率，教师应该加强反思，逐渐调整自己的言谈举止方式，缩短与家长沟通的"磨合期"。

4. 最初的教育行为不要太过急切

李老师的问题在于急于让孩子达到中班的发展目标，没有给自理能力差的孩子及其家长预留缓冲空间，以致让孩子和家长感到害怕、紧张。李老师的用心是好的，但是教育之弦绷得过紧，给人留下了严厉的印象，实属没有把握好教育的节奏。新学年初期，教师的主要工作任务是了解孩子及其家长的现状，让他们接受和信任自己，在此基础之上再提高要求，开展深入的教育活动，促进孩子达到发展目标。

5. 通过家长培养师生感情

孩子观察和认知事物的能力有限，如果他们害怕教师，则容易受首因效应的影响而对教师保持警惕和距离，不利于建立融洽的师生关系。而家长作为成人，有透过表面现象认识本质的能力，他们能通过对教师的进一步观察，并参考其他家长的看法而控制首因效应的消极影响，调整自己避免依据教师的一些表面的、非本质的特征而做出评价，并在以后的进一步交往中不断修正自己的认知，进而对教师建立起信任感。所以，如果教师发现个别孩子因为首因效应而不愿意接近自己，可以主动地与家长坦率沟通，发动家长带动孩子克服首因效应带来的不良影响。为了孩子，家长一般都乐意配合教师。

家长是孩子最信任的人，为了培养良好的师生关系，教师要注意发挥家长的积极作用。

二、近因效应：前功一朝化烟云

森森是一个聪明的孩子，老师很喜欢她，经常跟其家长交流孩子做的好事、说的趣话，其家长也对老师的印象很好，觉得自己的孩子很幸运，能遇到这么好的一位老师。可是，这种良好的感觉因为一件事而烟消云散。森森在户外活动的时候把牙齿碰掉了，老师赶紧带孩子去医院，处理完之后通知了家长，并诉说了事发的整个过程。森森妈妈来后一脸的不高兴，当着老师和全班同学的面问了森森很多问题：是谁撞着你的？怎么撞的？老师什么时候送你去的医院？你是怎么去医院的？医生说了什么？等等，盘问的过程让老师感觉森森妈妈完全不信任自己。然后，森森妈妈又责问老师为什么不阻止孩子相撞。老师说户外活动的时候，即使看到孩子们要撞上了，但因为距离远，要阻止也是来不及的，何况森森的牙齿本来就松动了。森森妈妈说孩子自己掉牙和被撞掉牙是性质不同的事件。老师与森森妈妈交谈了很长时间，但森森妈妈始终不接受老师的解释和道歉，坚持要求给森森换老师或者换班。面对森森妈妈的态度，老师感到非常伤心：自己平时很喜欢森森，经常给孩子锻炼发展的机会，却因这一件事"前功尽弃"，使森森妈妈全盘否定了自己对孩子平时的关心和爱护。

（一）近因效应产生的三大原因

心理学研究表明，外界信息输入大脑时的顺序，会对认知效果产生重要影响，最先输入的信息作用很大，形成首因效应；最后输入的信息也起很大作用，形成近因效应，近因效应会对首因效应产生抵消作用。是否产生近因效应是由以下三方面因素决定的：

1. 信息间隔时间

首因效应给人留下深刻的印象，但是随着时间的推移，有些印象开始逐渐变得模糊，从而使最近出现的信息变得清晰。尤其是如果前后两次得到的信息不同，那么后面的信息更容易印刻在近期的短时记忆里，第一印象的影响因此削弱，近因效应明显增强。

2. 是否与最初的期望相反

第一印象形成以后，人们对交往对象产生了相应的态度与期望，如果最近发生的事情与最初的判断和期望相反，那么很多人更愿意相信眼前发生的事情，并改变当初的态度与期望，尤其是幼儿作为弱势群体，家长更容易注重孩子眼前的反应与行为，从而形成近因效应。

3. 性格特点

有的人容易形成首因效应，有的人则容易形成近因效应，这与每个人的个性特点有关。一般情况下，性格外向、开朗、认知结构简单的人容易受近因效应的影响；而性格内向、稳定、认知结构复杂的人更容易受首因效应的影响。

（二）近因效应产生的双面影响

近因效应既可能产生积极的影响，也可能产生消极的影响，这主要取决于新近信息的性质。如果最近发生的事情是积极和愉快的，那么就会削弱甚至改变第一印象留下的不良影响，为教师与家长之间的沟通开辟新天地；如果最近发生的事情是消极和不愉快的，那么首因效应留下的美好印象就很容易成为泡影，为教师与家长之间的交往和沟通制造一定程度的障碍。因此，教师要注意避免近因效应产生的消极作用，尽力发挥它的积极作用。

（三）近因效应趋利避害的方法

既然近因效应可能产生积极的影响，也可能产生消极的影响，那么教师就要尊重近因效应的客观规律，在实际工作中注意趋利避害。

1. 与家长沟通时注意语句排列的顺序

近因效应导致排列在后的语句对人的记忆和理解产生的影响更加深刻，所以教师在与家长沟通中要注意自己所说的最后一句话。比如，关于孩子独立生活能力的话题，教师有两种说法。一种是对家长说："平常应注意要求孩子自己的事情自己做，应该没有什么问题吧！尽管您工作比较忙，没时间管孩子。"另一种说法是："尽管您工作比较忙，没时间管孩子，不过平时还是要尽量要求孩子自己的事情自己做，应该没有什么问题吧！"很明显，前者对家长用的是一种怀疑的语气，后者则对家长充满了希望。再如，在向家长阐述培养孩子独立能力的重要性时，有的教师会说："平常要求孩子自己的事情自己做非常重要，不是吗？"与其这样说，倒不如换一种说法："平常要求孩子自己的事情自己做非常重要，是吧？"因为前者可能会让某些家长感到不高兴，因为"不是吗"是一种质疑的语气，而后者则一般不会引起家长的反感，因为"是吧"表达的是一种教师委婉征求家长意见的态度。

2. 用近因效应弥补首因效应的不良影响

心理学研究表明，人与人交往的初期还处于生疏阶段，首因效应的影响很大；而在交往进入熟悉阶段后，近因效应的影响则越来越大。由于不少教师缺乏心理效应的知识，对于与家长沟通中出现的现象难以做出正确的解释，所以遇到问题时容易困惑不解和手足无措。尤其是上岗不久的年轻教师，不知道怎样渡过日常工作中方方面面的"第一关"，以致没有给家长、同事或者领导留下最佳印象。如果教师明白了近因效应对人的心理影响，就知道即使自己最初做得并不太好，但是在以后的工作和生活中也有很多机会使别人重新认识自己，从而树立"只要想做好，永远都不晚"的信念，促使自己在漫长的幼教职业生涯中不断得到锻炼与成长。

3. 善始善终地做好保教与家长工作

"前功一朝化烟云"，这句话虽然反映了近因效应可能给教师带来的烦恼，但是也说明日常工作不是一劳永逸的，不能满足于以往成功的经验基础而不思进取。心理学家研究发现：无论一件事的开头或结尾好与差，都能抹杀中间过程70%的效果。这是因为人的注意力一般呈马鞍型,开头和结尾时注意力较为集中,中间时段则相对分散。可见,"首尾两端"的工作具有特别重要的意义。因此,幼儿教育需要教师持之以恒地做好保教与家长工作,把"善始善终""永不懈怠"当成一种工作习惯,培养一种在职业生涯追求中享受工作乐趣的心理素养。做到这一点,不但对日常工作有积极的促进作用,而且对个人身心健康以及人生价值的实现也能产生促进作用。

4. 放松心态面对近因效应的不良影响

就像某些教师所感慨的一样:"千好万好不如眼前好,不管平时对待孩子有多好,只要发生一件事,有的家长就不依不饶的。"这就是近因效应对一些性格敏感、认知结构简单的家长所产生的不良影响,使他们过分看重新近信息,并以此为依据对教师做出消极判断,忽略以往信息的参考价值,妨碍家长全面、客观、历史地看待问题,给教师的工作热情和自信心带来一定程度的挫败感。既然近因效应是不可避免的,家长的性格也是教师无法改变的,而教师在日常工作中又难免会出现一些失误,所以从客观上来讲,教师要放松心态面对近因效应的不良影响,主动调适自己的心理压力与情绪,使自己尽快恢复正常的工作状态,掌握建构和谐家园关系的主动权。

5. 同事之间相互帮助与家长沟通

班级家长工作不是教师孤军奋战就可以做好的,需要班里其他教师甚至其他班级教师的帮助。因为,教师作为当事人存在有些话不便说、有些事不便做的情况,这时同事作为一个旁观者就可以出面帮助解围或者解释。很多教师都有同感:有些家长看不见平时教师对孩子的关心与爱护,却很在意某一件不如人意的小事,他们特别容易受近因效应的负面影响。如果教师出面解释却往往被家长当作是在为自己辩护,造成沟通障碍。这时,另一位带班教师或者相关同事就可以主动与家长沟通:先是耐心倾听家长的倾诉,对家长的意见和态度保持中立,等家长的情绪稳定下来后,再跟家长谈谈自己在幼儿园对当事教师和孩子之间良好师生关系的所见所闻,为家长了解教师和孩子平时的真实情况提供信息渠道。这种做法有助于安抚家长的激动情绪,促使他们冷静思考，进而能够心平气和地与教师沟通。

三、超限效应：过度交流适得其反

京京比较淘气，也很任性，做了错事不知道害怕，对于教师的批评也无所谓，经常在班里影响教师的教育活动和其他小朋友的游戏。教师把情况反映给京京妈妈，最初京京妈妈承认自己的儿子确实难以管教，不停地给老师道歉，还给老师看自己的胳膊被儿子咬得红一块儿、紫一块儿的"惨状"。可是，京京几乎每天都会制造一些麻烦，于是教师不停地向家长反映孩子的情况。时间久了，京京妈妈除了说"给老师添麻烦了"，就不再谈孩子的事情了，京京的爸爸也不怎么听孩子的"事迹"，总是说："回去我好好收拾他，他在幼儿园淘气，你们就揍他。"教师说："我们可不能打孩子。"京京爸爸说："没关系，我们不怪你们。"渐渐地，教师发现与京京的家长没有什么可交流的了，京京的情况也是一成不变，怎么办呢？

（一）超限效应产生的三大原因

在沟通的过程中，京京的父母出现了超限效应，这是一种由于刺激过多、过强或作用时间过久，从而引起不耐烦、麻木或逆反心理的现象。有一则马克·吐温关于超限效应的故事广为流传。据说有一天，马克·吐温听牧师演讲，最初感觉牧师讲得很感人并打算捐出身上所有的钱；10分钟后，牧师还没讲完，他就不耐烦了，决定只捐些零钱；又过了10分钟，牧师还一直继续着他的演讲，唾沫横飞，马克·吐温厌恶至极，于是改变初衷，决定不捐了；最后，等到牧师结束他冗长的演讲开始募捐时，气愤的马克·吐温不仅分文未捐，还从盘子里拿走了2美元善款。

超限效应通常是由"三过"引起的：

1. 刺激过多

人的心理活动需要适当的刺激才能激活，但是过多的刺激则容易使人产生不以为然的习惯反应：啰唆唠叨、老调重弹，这就是超限效应的心理作用。上述案例中京京的问题不是暂时性的，而是他长期以来形成的不良行为习惯，教师总是向家长"告状"而不提出有益的建议，家长对孩子的问题也没辙，只能得过且过，教师因此遭遇了家长的超限反应。

2. 刺激过强

心理学研究表明，中等强度的刺激所产生的功效最大，过弱的刺激不能引起人的注意，而过强的刺激则容易使人产生紧张亢奋、焦虑厌烦的心理，进而出现低效、无效甚至相反效果的状态。比如，过高分贝的音响如同噪音容易使人产生听觉疲劳，过于严厉的惩罚则可能让人产生"破罐子破摔"的心理，过于频繁的表扬也会消磨人的进取之心。京京的问题就出在"超限惩罚"上。本来孩子都是怕挨打的，而爸爸说"回去我好好收拾他"，还鼓励教师打孩子，说明孩子已经被打得"无所畏惧"了，所以出现"做了错事不知道害怕，对于教师的批评也无所谓"的现象。

3. 刺激过久

人脑活动的过程分为兴奋和抑制两种活动，刺激过久就会产生疲劳，人脑出于自我保护的需要，为脑细胞免受损伤，会自动由兴奋转为抑制，因此产生超限效应。所以，即便是美妙的歌声，也不能一天到晚地听，要给耳朵安静的机会；即便是自己钟爱的电视连续剧，也不能一集接一集地连续看，要给眼睛休息的机会；即便是关于孩子"问题行为"的忠告和建议，也不能翻来覆去地讲，要给家长放松心情的机会。

（二）超限效应产生的消极影响

超限效应反映了物极必反、过犹不及的道理，在儿童世界和成人世界都广泛存在。比如，在吃饭的时候，家长不停地催促孩子吃多点、吃快点，结果孩子依旧边吃边玩或者只吃不嚼、只嚼不咽，一顿饭需要吃很长时间；教师和家长反复告诫孩子游戏结束时要收拾好自己的玩具，孩子却把大人的话当作耳旁风，依然我行我素，到处乱放玩具……而在成人世界，这种效应则表现得更加复杂一些。比如，当对方"苦口婆心"、不停劝说的时候，倾听的一方则会想办法隐藏自己的心理活动，采取"顾左右而言他"的方式转移话题，或者找个借口离开沟通现场，或者采取表面配合、实则厌烦的敷衍态度……

超限效应给人的心理体验是："我本来不想这样，可……让我实在难以忍受，最后忍不住……"这就导致本来准备虚心接受批评的人，由于无法忍受无休止的唠叨，最终情绪失控，与他人产生冲突，以致自己陷入故意逃避甚至错上加错的被动处境。

总之，超限效应无法产生积极效果，因为凡事皆有度。正如古希腊哲学家德谟克利特说过的一句名言："当人过度的时候，最适宜的东西也变会成最不适宜的东西。"

（三）避免产生超限效应的方法

人际沟通是有客观规律的。教师在与幼儿家长沟通的时候，只要注意把握好沟通的时间与互动方式，就能有效避免超限效应的产生。

1. 从人的倾听时间限度确定沟通持续的时间

沟通有倾听做基础才会有效。"倾听"是有目的、有选择、有自我控制性地"听"，需要调动人的有意注意，而每个人的有意注意时间是有限的，对于自己不喜欢的话题尤其如此。有意注意的时间长短受身体机能的限制，不能无限延长。一般情况下，成人是 40 分钟左右。即使是专门以谈话为职业的心理咨询师，一次也不超过 1 小时。时间长了，人们就会不自觉地产生听觉疲劳，再有用的话对谈话对象来说也可能是废话了。所以，教师与家长沟通时要注意把握好时间，不宜过长。

2. 从人的肢体语言判断沟通收场的时机

当成人出现超限效应的时候，出于礼貌的需要，一般不会直接打断对方的谈话，但是会通过肢体语言表现出来，教师要善于察觉这些信号，适时中止交流。比如，家长出现看表的行为，有可能是希望停止谈话的信号；家长出现双手交叉抱在胸前的行为，也可能反映了他们面对教师时的拒绝或者退缩；有的家长不时地东张西望，表示他有可能已经分神……可见，与家长沟通的时候，教师不要只顾自己说话而不管谈话效果，要对家长自觉或者不自觉地给出的超限反应信息保持敏感。

3. 从说话转为对话使沟通成为双向交流

教师通常是与家长沟通的主动发起者，但这并不意味着一场沟通只是教师在不停地说话，家长却没有说话的机会。有效沟通不是说话而是对话。"说话"是单声道的，把自己想表达的内容组织起来，并传递给对方就可以了；但是"对话"是双声道的，要根据对方的应答和反应，组织和调整自己的语言，使得双方把交流持续下去。如果一方只顾"说话"，却不注意"对话"，那么会让另一方变得渐渐疲倦起来。因此，教师一次说话的段落不宜过长——最长不宜超过10句话，要有意识地停顿一下，可以用"不知道孩子的这些情况你是否了解"来观察和判断家长是否听进去了或者听明白了，并给家长反馈和交流的机会，使沟通成为具有互动性的双向沟通。

4. 从多个角度反映孩子的成长与变化

如果总是向家长反映同一性质的问题，尤其是孩子的不良表现，那么家长就会因同一刺激过强而产生超限反应。实际上，从纵向看，孩子是不断成长变化的；从横向看，孩子的表现也是多方面的。因此，教师要从多个角度观察孩子，反映孩子多方面的变化与进步，不要总是用一成不变的眼光看待孩子。一些行为习惯不好的孩子确实会给教师制造一些事端，但是任何人都有其闪光点，教师可以采取"扬长促短"的教育方法，即善于抓住孩子的长处并鼓励孩子改正自己的短处，然后及时向家长反馈孩子的进步信息，这样既有助于增强家长的教育信心，也有助于调动家长与教师沟通的积极性。

四、投射效应：把自己的想法强加于他人

徐老师被家长告到园长那儿了，原因是她要求家长购买芦荟驱蚊霜。徐老师感觉很委屈，说自己并没要求家长都买，只是因为自己的孩子使用效果

不错才向家长推荐的。园长说："那你为什么让家长在你那里买？"徐老师说："现在的家长工作都挺忙的，市面上各种品牌的驱蚊产品良莠不齐，年轻的妈妈经验又少，所以我就多买了几瓶，有需要的家长不用再花时间去买，直接从我这里买不是更加省心省力吗？我有收据，又没有多收她们的钱。"园长说："不是钱的问题，这样容易被家长认为不从你手里买就会得罪你。"徐老师生气地说："那是她们的事，我可没有那么想，驱蚊是她们家的事，以后我再也不为家长做这些额外的事了，好心没得好报！"说完，她气鼓鼓地走了。

（一）投射效应产生的两大原因

徐老师的好心被误解是投射效应作用的结果。投射效应就是"以己之心度他人之腹"，也就是自己具有某种愿望、观念、态度、情感与好恶，就认为他人也会有与自己相同的愿望、观念、态度、情感与好恶，最终产生把自己的想法强加于他人的结果。之所以会产生投射效应，主要有以下两方面的原因：

1. 忽视了人与人之间的差异性

人与人之间并非截然不同的，或多或少都会有一些共同的愿望、观念与喜好，于是容易给人造成一种误解，认为自己的想法就是别人的想法。事实上，人与人之间的想法未必完全相同，但如果当事人意识不到这种差异性，片面夸大共性，就容易产生投射效应。保护孩子的健康，帮助孩子夏天免受蚊虫叮咬，这是教师与家长的共同愿望，然而每个家长实现愿望的方法可能是不同的：有的家长相信芦荟的驱蚊效果，有的家长则相信其他产品和方法。教师如果忽视了这一点，就会产生强加于他人的做法。

2. 以自我为中心的推理倾向

认识他人离不开对他人的推理，而推理的起点往往是自我。不管他人的行为与自己是否相同，人们常常以自己的愿望和思想为标准来推测他人。中国古代"疑人偷斧"的故事就反映了投射效应。故事讲的是一个人丢了斧子，他怀疑是隔壁邻居偷了斧子，于是看邻居走路的样子像偷斧子的，看邻居说话的样子也像偷斧子的。后来，这个人在家里发现了自己的斧子。这个时候，他再看邻居说话和走路的样子怎么也不像偷斧子的。实际上，知觉对象始终未变，变化的只是"疑人"的主观意愿。同样的道理，因为很多家长知道社会上存在推销产品有回扣的现象，所以有的家长自然就会将这种现象投射到教师身上，以致对教师产生误解。

（二）投射效应产生的双面影响

投射效应既可能产生积极的影响，也可能产生消极的影响。从积极方面来说，投射效应能帮助人们彼此理解。俗话说："物以类聚，人以群分。"如果对方的年龄、性别、职业、愿望等方面与自己相同，自己就更能准确地理解对方，从而使沟通更加顺畅。投射效应还能给人们带来自我慰藉。当自己犯错、内疚、尴尬、失败的时候，心理会产生压力，可能一时难以走出消极的心境。此时，如果发现与自己能力相同甚至比自己优秀的人也会有相同的经历，就会感觉放松多了，这就是由投射效应产生的自我保护作用。

从消极方面来说，投射效应也会使人们产生误解。"世界上没有两片完全相同的树叶"，每个人都可能会有自己的想法或做事情的方法，而这些想法或做法未必完全为外人所知，所以过度投射就会产生很多误解。此外，过度投射所产生的自我保护作用，即用"虽然自己不行，但是别人也不怎么样"来取得心理平衡，也容易使人缺乏进取之心。

（三）投射效应趋利避害的方法

教师经常反思自己不要过度自信，并加强换位思考，是避免投射效应产生消极影响的有效方法。

1. 对自己的经验不要过度自信

投射效应普遍存在，使人的主观意愿影响了对他人的客观认知，导致我们对他人的知觉失真。因此，我们自己认为是好的经验，对他人来说未必如此。一个好的经验是否适用于他人，还要看对方是否认可它、是否有适宜操作的环境、适用对象是否适宜……总之，有很多因素会影响甚至决定其实施后的效果。幼儿教师现在面临的是信息社会，面对的大多是"80后"的父母，年轻的家长可以通过多种渠道获得丰富的、适合自己家庭的信息，所以教师不要一味地因为好心而侵犯了家长自主尝试的空间。比如，徐老师所说的芦荟驱蚊霜对自己的孩子适用，但是是否适合其他孩子的皮肤、其他产品是否可能更适合其他孩子、家庭是否有其他驱蚊方法，等等，对于这些问题，教师未必完全清楚，而家长不接受教师的建议也是可以理解的。

2. 对家长的建议要适度

教师对家长的建议初衷是好的，但如果这种善意是家长不愿意接受的，也会给家长带来压力。而教师由于投射效应的作用很容易忽略这种压力，进而产生困惑："我好心向你推荐，你为什么不接受呢？"感受到压力的家长也由于投射效应的作用，反过来可能对教师产生误会。比如，在不愿意购买芦荟驱蚊霜的家长中，有的家长可能怀疑徐老师有谋私利的动机，有的家长则担心自己不购买的话会得罪老师。可见，建议不适度会带来负面的投射效应，为家园沟通制造障碍。从表面上看，徐老师不强迫家长购买，但是因为她已经把驱蚊霜给大家买回来了，所以不愿意购买的家长就会感到很有压力。如果徐老师拿出一瓶驱蚊霜让家长看看，愿意尝试的家长自己购买；或者根据家长的签名再去购买，那么其他家长就不会有压力和担心了。

3. 一视同仁对待所有家长

投射效应使得人们会不由自主地喜欢和接近与自己的观念、兴趣和性格相近的人，而与那些在这些方面彼此差异较大的人保持一定的距离。这是人之常情，是可以理解的。但是作为幼儿教师，我们应该主动克服人性的弱点，发扬人性的光辉，为了孩子的健康成长要一视同仁地对待所有家长。越是难以应对的家长，我们越要鞭策自己动脑筋，提高沟通的艺术，越要关注他的孩子的健康成长，这才是一个幼教从业者所应具备的胸怀和境界！

4. 发生误会多做换位思考

投射效应会影响教师和家长对彼此的客观评价。当教师和家长产生沟通障碍时，当彼此产生误解时，教师要考虑到投射效应，要学会调适心理、协调矛盾。教师要先行家长一步进行换位思考，站在家长的立场上思考问题，为增进理解奠定基础。如果家长的想法或者做法是错误的，那么教师仍然要将换位思考进行到底，要学会站在家长的角度想办法，寻找适合家长理解和改进的沟通方式与策略。

五、罗森塔尔效应：用期望鼓舞家长

　　白女士的儿子长得白白胖胖的，在班里也很老实，但是他在各方面的发展水平都低于同龄的孩子：他已经5岁多了，还不会用筷子、不会拍皮球、不会跳绳，画画也还处在涂鸦水平。教师建议白女士带孩子到儿童医院心理科做个检查，发现问题可以早干预、早治疗。可是白女士认为自己和丈夫都是大学生，孩子不会有问题。每当与教师交流的时候，她总是说类似的话："我看小白有进步了，他一定会赶上其他小朋友的。"教师实事求是地说孩子还应该在哪些方面再锻炼，并经常叮嘱家长在家里培养孩子的基本技能。教师苦口婆心、真诚以待，却发现家长渐渐地回避与自己交流，让教师颇感失落。

（一）罗森塔尔效应的鼓舞作用

　　不管是孩子还是成人，通常得到鼓舞都会产生更大的动力；受到否定和打击就容易降低甚至放弃自己的努力，罗森塔尔效应证明了人际沟通的这个特点。

　　1968年，美国心理学家罗森塔尔在一所学校进行了一次煞有介事的"发展测验"，他以欣赏的口吻将有"优异发展潜能"的学生名单告知相关教师。8个月后，他对这些学生进行了测试，结果发现他们的成绩都有了显著的进步，而且他们的情感更加积极了，性格更为开朗了，求知欲更强了，敢于发表意见，与教师的关系也变得非常融洽。实际上，罗森塔尔提供的名单是随机抽取的，但是因为教师得到了权威专家的暗示，于是对名单上的学生充满信心，并通过眼神、表情、音调、特别关注等方式，向这些学生传达老师的信任与期望，学生潜移默化地受到影响，从而变得更加自信，在行动上也不知不觉地更加努力，最终取得了很大的进步。这种现象后来被称之为"罗森塔尔效应"，也被称为"期望效应"或"皮格马利翁效应"。

罗森塔尔效应反映了人际交往的一个基本规律：肯定、信任与期待能够给人以支持和鼓励，增强人的自尊与自信，使人们从中获得积极向上的动力，具有促进人们改进行为、融洽人际关系的积极力量。

（二）心理暗示是罗森塔尔效应产生的原因

人际交往与沟通除了通过直截了当的方式进行以外，还存在大量非直接的暗示现象。罗森塔尔效应体现的正是暗示作用。暗示作用往往会使他人不自觉地按照一定的方式行动，或者不加批判地接受一定的意见或信念。我们每个人都会或多或少地受到他人心理暗示的影响，这是因为我们每个人都不可能完全独立于他人而存在，在情感与观念方面都会不同程度地受到他人下意识的影响。研究发现，儿童比成人更容易接受暗示，女性比男性更容易接受暗示，性格敏感、个性幼稚的人比性格成熟的人更容易接受暗示。

幼儿教师平时主要与女性家长沟通和交流，更要注意发挥罗森塔尔效应所产生的积极暗示作用。

（三）发挥罗森塔尔效应的方法

教师应妥善把握罗森塔尔效应对幼儿家长的积极暗示作用，以便使彼此间的沟通产生事半功倍的效果。

1. 敏感地觉察家长渴望得到鼓舞的心理需求

白女士与教师渐渐疏远，是因为她渴望得到鼓舞的心理需要没有得到关注与满足。虽然家长是成人，但是他们在教育孩子的时候也会有遭遇挫折甚至无能为力的情况，特别需要教师给予理解和鼓励。当然，家长一般不会直接向教师表达这种需求，只会通过自己的言行间接地反映出来。如果教师对此不敏感，甚至忽略这种自然的心理需求，就会在无形中造成家长与教师之间的心理隔阂。

可见，教师对孩子的成长与进步不要急于求成，也不要以为只有孩子出现了明显进步，与家长的沟通才有价值。即使暂时看不见明显的效果，教师也要肯定家长的付出和孩子的努力，保护家长的自信心与沟通热情，与家长一起抱着积极的态度等待孩子的成长。

2. 倾听和肯定家长已经付出的努力

罗森塔尔效应在儿童和成人身上都适用，但是发生作用的方式有所不同。对于儿童来说，赞美、表扬、摸头、拥抱都会产生积极的暗示，但对于成人来说，就不宜采用这些直白的方式，因为这会让人感觉不自在。家长需要既真诚又含蓄的心理暗示。教师可以从耐心倾听家长教育孩子的愿望与心得做起，因为即使孩子存在这样或那样的问题，家长的主观愿望都是想把孩子教育好，并且也为孩子付出了许多智慧和努力，所以即使家长的努力可能存在一些方法上的问题，教师也要先肯定家长的付出。教师的倾听与肯定向家长传递了理解与尊重，在这个基础之上，家长才愿意敞开心扉与教师进行深度沟通。

3. 在教育孩子的具体方法上给予支持和帮助

教师主动与家长沟通孩子的发展问题，出发点是善意的，但是不能总以提要求、布置任务的方式提醒家长应该注意孩子的这个问题或者那个问题，这会给家长一种消极的暗示："孩子的问题我已经跟你说了，我已经尽到了责任，你得注意好好教育孩子了，孩子出现问题都是因为你们的教育方法不当造成的。"教师要善于分析家长的家庭教育现象，把握家长在教育过程中遇到的实际难题，多从教育孩子的具体方法上给予支持、建议和帮助，真正地关心家长在日常生活中的教育细节，这样家长获得的才是积极的暗示与帮助。

4. 不要总是盯着家长的教育误区

家长在教育孩子方面出现误区是正常的。教师不要操之过急，不要总是盯着家长的教育误区，以免让家长产生心理压力，妨碍与他们的进一步沟通。教师可以介绍其他家长的教育方法，促进家长进行比较和反思，给家长调整自己的教育方法预留一定的心理空间和时间。

第三章
与不同类型的家长沟通

做了父亲和做了母亲,这是人的第二次降生。

——苏霍姆林斯基

孩子越小，照顾他的家长可能就越多，除了爸爸、妈妈、爷爷、奶奶、姥姥、姥爷外，个别家庭还会请保姆帮忙照看孩子。他们在年龄、性别、文化背景、个性特点、生活习惯以及家庭中的身份角色和责任义务等方面都存在着很大的差异，进而对孩子的教育态度、教育观念与方法都会有所不同。了解家长的这些特点及其对教育孩子的影响，可以帮助幼儿教师针对不同的家长采取不同的沟通策略，提高幼儿教师与家长沟通的针对性与效率。

一、与妈妈沟通的侧重点

张老师刚刚大学毕业，对幼儿教育工作充满了热情，可是她很害怕与孩子的妈妈沟通教育问题，尤其是在与她们交流孩子的具体行为表现和心理发展特点时，张老师更加紧张。因为她发现现在的妈妈们育儿水平都很高，知道很多幼教知识，说起孩子的教育问题一套一套的，而自己所学的理论与实践结合得不紧密，还没有充分把握孩子的年龄特点。因此，她总是回避与妈妈们的沟通。她也知道这样做是不合适的，但又把握不好与她们沟通的方法，她迫切地想尽早摆脱这种尴尬局面。

作为初入职教师，张老师遇到的困惑是可以理解的。要想尽快走出与幼儿的妈妈沟通的尴尬局面，教师需要加强自身的学习与思考，观察和分析当代年轻妈妈的基本特点，并把握与她们沟通的基本站位与策略。

（一）当代年轻妈妈的特点

理解当代年轻妈妈的社会背景，把握她们的生活习惯、行为习惯和思维方式，有助于增强与她们沟通的针对性。当代年轻妈妈有五个新特点：

1. 以第一代独生子女为主体

我国第一代独生子女成为当今幼儿家长的主体。他们成长在改革开放的新时代，具有生活条件优越、文化学历水平高、眼界开阔、思维灵活的优势，也是追赶时尚潮流的新生代。很多年轻父母对早教具有浓厚的兴趣和参与愿望，他们自学水平高，会主动通过书籍、报刊、电视、网络等了解大量的早教信息和知识，他们不再是一味顺从教师意见的传统家长，他们希望与教师建立平等、开放的沟通关系。

2. 涌现出很多"网络达人"

在互联网铺天盖地的影响下，年轻妈妈们以极大的热情参与到网络育儿的潮流中。早教论坛、亲子日记、妈妈博客、父母群……各种网络途径使年轻的妈妈们获得了丰富的育儿知识与信息。遇到育儿难题时，她们通过网上发帖，足不出户，就能与其他家长充分交流早教经验。因此，网络媒体已经成为年轻的妈妈们获取育儿知识最常用的渠道。但是网络上传播的个人育儿经验并不都是科学的，有些是似是而非的道理，有些甚至是伪科学，如果没有系统和牢固的专业知识与理论对之进行分析与辨别，会给科学的早期教育带来混乱。可见，育儿知识和经验网络化既有利也有弊，引导幼儿家长趋利避害是新时代背景下教师与幼儿家长沟通的新课题。

3. 有追求个性化育儿的倾向

在当今社会，人的个性发展得到鼓励和支持，很多年轻的妈妈们也注重对自己的孩子进行个性化教育。但这需要家长们对个性有正确的认识与理解，妥善处理好个性与社会性发展之间的辩证关系。实际上，不少家长忽视社会性发展对孩子个性形成的重要性，有的家长还把个性片面地看成与众不同或者另类，对孩子的"个性"抱有不切实际的幻想，这就使得个性化教育容易出现顾此失彼、矫枉过正的局面。而幼儿园属于集体环境，需要培养孩子形成一致的生活规律、游戏规则和学习习惯，如果孩子过分自由、过度以自我为中心，就不容易适应集体生活环境。有的家长认识不到孩子这种"个性"的缺点并且不配合教师的教育与建议，就会给科学的个性教育带来难题。

4. 与祖辈家长的教养观念和方法明显不一致

在我国，上班族妈妈产假结束之后，照顾孩子的重任大部分都由孩子的祖辈家长承担。很多妈妈对祖辈家长带养孩子既有依赖心理又不满意，她们一方面找不到比祖辈家长更合适的人选，另一方面又觉得祖辈家长按照传统经验带养孩子，与现代社会所提倡的一些教养观念和方法不一致，于是与他们产生了教育冲突和矛盾。事实上，并不是说老年人的观念都是落后于时代的，年轻人的观念都是紧跟时代发展潮流的。很多传统的价值观与家庭美德还是需要发扬光大的，因此从这个角度来说，年轻的妈妈要尊重老年人，学习他们的一些教育观念。直接在孩子面前"批判"祖辈家长，一方面不利于孩子良好习惯的养成和对孩子的家庭伦理教育；另一方面闲置了老年人的教育资源，使很多家庭美德得不到传承。

5. 与保姆的关系会对孩子的成长产生影响

我国女性就业率达到70%以上，远远高出美国和日本。此外，在就业的年龄段方面，我国女性的就业年龄曲线为A形，即年龄轻和年龄老时就业率低，中青年时就业率高。而美国和日本的女性就业年龄曲线则呈现M形，即在生育期内有一段时间退出职业岗位。A形就业年龄曲线导致年轻妈妈要承受养育子女和工作上的双重负担。为了确保有一份稳定的工作、可观的收入、有限的升职和进修的机会，雇佣保姆是很多职业女性产假结束之后的选择，这样一来能否与保姆建立良好的关系，成为影响孩子健康成长的一个重要因素。对于家长来说，保姆是否来得突然、走得突然或者换得频繁，对他们的影响似乎无足轻重。但是正在成长中的孩子对周围环境具有很强的吸收性，与保姆曾经相处的时光会成为他们成长历程中的一个重要体验。如果家长与保姆相处不融洽，可能会导致保姆对待孩子的态度不好，进而影响孩子的性格和心理的健康发展。

（二）与年轻妈妈沟通的侧重点

当代年轻妈妈出现的新特点，是教师分析她们的家庭教育问题的重要依据，为教师选择适宜的沟通内容与沟通方式提供了重要参考。与年轻妈妈沟通有以下五个侧重点：

1. 建立平等、开放、智慧的沟通交流关系

教师需要培养自己开放的心态，开阔自己的眼界，通过熟练地使用现代化传媒手段，关注年轻妈妈的育儿时尚和流行话题，要尊重她们已有的经验和观念，以平和的态度与她们平等地沟通，建立知无不言、言无不尽的交流关系。同时，教师还需要不断锻炼和提高与家长交流的艺术，以良好的修养和扎实的专业知识赢得家长的信任。这样教师才能在家长工作中做到引导与服务相结合，交流与合作相结合，充分发挥家长工作的多种功能。

2. 坚持主流教育思想，积极引导非主流教育观念

家长是一个没有组织机构的松散群体，因而许多年轻妈妈们的教育观念和教育行为呈现出朴素、自发、芜杂的原始样态，其中既有科学成分，也有准科学、非科学、伪科学成分，这样就需要专业机构和专业化的教师为家长提供去伪存真、去粗取精的帮助，即以《幼儿园教育指导纲要（试行）》为指南，以幼儿教育学和幼儿心理学为主要思想武器，坚持主流教育思想，积极引导家长群体中存在的各种非主流教育观念。

非主流教育观念并非完全错误的理念形态，主要是基于个人经验产生的、缺乏专业思辨的、似是而非的教育观念，它对家长教育行为的影响有时是积极的，有时是消极的，但总的来说具有误导作用。根据实践观察与调研访谈，当前家长的非主流教育观念主要涉及的范畴有：不能准确地把握幼儿的年龄特点；对家庭教育与幼儿园的集体教育两者之间的关系缺乏正确的理解；以家长为本位或者以儿童为中心的片面价值观，以及片面推崇西方的自由主义或自然主义教育等。这些范畴表现出来的具体问题包括：认为孩子是不会说谎的；赏识教育过度；把特色教育等同于特长教育；给孩子报兴趣班等于培养孩子的兴趣；片面追求知识教育；认为自由是孩子的第一需要，等等。这些问题让许多年轻的妈妈们纠结不清，是教师与家长需要关注和解决的深层次问题。

3. 引导年轻妈妈把个性化教育与社会性教育相结合

总体来说，年轻的妈妈们追求个性化教育符合科学幼教的导向，但是教师需要帮助家长把个性化教育与社会性教育有机地结合起来。教师在日常带班的过程中，不但要严格履行岗位职责，做好教研活动，而且要注意观察孩子的具体言行，了解孩子的年龄特点，并把孩子的具体表现和在幼儿园发生的具体事件与其家长进行沟通。这样做会让家长从中体会到教师的用心，进一步了解到孩子在集体环境中的具体表现是其在家里不曾出现或者很少出现的，从而为家长全面了解孩子的表现，尤其是社会性表现提供真实的参考，这将有利于引导家长把个性化教育与社会性教育相结合。

4.提醒妈妈与祖辈家长平等地探讨教养观念和方法

父母和祖父母两代人在家庭教育观念上存在差异是很正常的，这也是社会发展的表现。哪些传统的家庭美德需要我们向孩子传授、怎样传授，以及哪些新的育儿观念和做法需要我们学习、怎样学习等，这些问题需要两代家长平等地商讨，谁都不能把自己的看法当作绝对正确的标准。所以，爷爷、奶奶和爸爸、妈妈两代人，要善于吸取对方的可取之处，给孩子最好的教育。

两代家长在沟通时还需要相互尊重。一些古训是千锤百炼出来的精品，如"明着敬老，暗着爱小""当面教子，背后教妻""当面教子，背后劝老"等，这些经典的沟通经验具有调节家庭关系的功效。由于隔代教育涉及的家庭成员比较多，如果彼此心理上存在隔阂，则不利于对孩子实施一致的家庭教育。所以，做好隔代家庭教育需要以"家和万事兴"为基础，整个家庭温馨、和谐的氛围是搞好家庭教育的前提和基础。

5.提醒妈妈与保姆建立对孩子产生积极影响的关系

保姆与雇主本来是一种互惠互利的关系，为解决彼此的现实困难互帮互助。但是由于一些不良的社会、心理和观念因素，两者之间会或多或少地产生一些摩擦。从孩子是正在成长中的受教育者来说，年轻父母要特别加强教育意识，积极地化解与保姆的矛盾，而不是激化矛盾，努力变消极因素为积极因素，以促进孩子的健康成长。有一位妈妈平时工作非常繁忙，家里请了保姆帮忙照顾孩子，但她们约定的是小时工服务关系，即妈妈下班一回家，保姆就可以离开了，即使有点家务活没有做完，要么妈妈接着做，要么保姆第二天来做。其实，家里的房间很宽裕，那么为什么没让保姆住在家里呢？这位妈妈说："如果我在家，必然会指使保姆做这事、做那事，这对孩子的影响不好。如果孩子学会了理所当然地对别人发号施令，就显得没有教养了。"年轻妈妈主动与保姆营造良好的关系，会让孩子的早期教育环境更加积极有益，而与保姆关系不和、频繁地更换保姆则不利于孩子的成长。

保姆作为孩子的"临时家长"或者"代理家长"，年轻父母一方面要积极帮助保姆履行她的"家长角色"，另一方面也不能忽视自己承担的家长角色。在孩子的早期生活经验中，良好的亲子关系是其他任何家庭关系所不能替代的，是孩子形成健康心理与性格的基础。年轻父母不要以为既然花钱雇佣了保姆，就把孩子交给保姆不管了，这会导致亲子关系的缺失，进而会对孩子的健康发展产生不良的影响。

二、与爸爸沟通的侧重点

在一次教师座谈会上，薛老师说她的班里有一位"超级奶爸"，对孩子的生活照顾得无微不至，也非常关心早教，对教师的要求很高，孩子受一点小小的委屈，他都会责怪教师对孩子不够关爱。马老师说自己班里也有一位非常细心的爸爸，天天给女儿梳小辫，但还不至于像"超级奶爸"那么难以合作。其他教师则说自己班里的情况正好相反，大部分关心早教的家长是孩子的妈妈或者奶奶，孩子的爸爸很少来接送孩子，也很少参加家长开放日活动。她们特别希望孩子的爸爸能积极地参与到孩子的教育活动中来。

从上述案例可以看出，幼儿的爸爸群体的差异也很大。那么怎样有针对性地与不同幼儿的爸爸加强沟通，提高家园共育的效果呢？

（一）当代年轻爸爸群体的主要类型

父亲参与家庭教育，对孩子健康成长的积极影响是毋庸置疑的。但是由于每个家庭的具体情况不同，每位父亲的角色意识不同，所以年轻爸爸群体呈现出各具特色的类型。

1. 不管型爸爸

不管型爸爸只注重为孩子提供充足的物质与经济保障，认为养育孩子主要是妈妈的事，自己则不管不问；也有的爸爸因为工作繁忙，无暇顾及孩子。因此，诸如家长会或者家长开放日之类的事情，这些爸爸很少参加，即使有时他们与妈妈一起来，也主要是旁观者。平时有关幼儿园的事情，教师也很少能够与"不管型爸爸"进行沟通，这样的爸爸基本上"淡出"了孩子的早期教育。

2. 严管型爸爸

严管型爸爸属于传统权威型家长，对孩子的要求以规则、教条和家长的意志为主，比较严厉、较少宽容，不太顾及年幼孩子的内心感受，不懂得尊重孩子的年龄特点。这样的爸爸对孩子表扬少、批评多，尤其是孩子犯了错误时，容易采取指责、恐吓甚至惩罚等负面教育的手段，孩子也比较敬畏他们。事实上，严管型爸爸也很爱孩子，只是爱的方式难以被孩子接受。

3. 溺爱型爸爸

溺爱型爸爸性格温和，比较有耐心，在生活起居方面对孩子的关注与爱护很周到，对孩子比较宽容，不给孩子提过高的要求，容易迁就孩子的各种需要，并相信"树大自然直"。这样的爸爸如果存在"重男轻女"的思想，就会对男孩子特别疼爱；如果存在"女孩富养"的观念，就会对女孩子特别疼爱。还有的爸爸溺爱孩子是因为补偿心理，觉得自己平时与孩子相处时间短，所以就对孩子百依百顺。

4. 伙伴型爸爸

伙伴型爸爸属于新型的好爸爸，他们的家庭责任感强，乐于担当父亲的角色。这类爸爸往往性格开朗，有活力、有童心、会游戏、爱运动，喜欢带领孩子一起玩耍嬉戏，而且尊重孩子的想法与意愿，常常发挥想象力和幽默感，逗得孩子哈哈大笑，父子（女）关系自然放松，同时对孩子爱而不溺、娇而不纵。教育孩子时有自己的底线与原则，同时注重管教的态度与方法不伤害孩子，容易被孩子所接受。

（二）与年轻爸爸沟通的侧重点

每一类型的年轻爸爸对家庭的重视程度和对孩子的教育方式各不相同，所以教师与他们沟通交流时需要因人而异。

1. 向不管型爸爸宣传父亲参与早教的意义

不管型爸爸首先在观念上对父亲参与早教的意义认识不足，需要教师加强宣讲，使这类爸爸意识到自己的责任和对孩子早期成长的意义。大量的研究表明：父亲对孩子的积极影响是非常重要的和不容忽视的。著名心理学家格尔迪说："父亲的出现是一个独特的存在，对培养孩子有一种独特的力量。"由于母亲具有过度保护、喜爱整洁、好静不好动等特点，孩子的许多"恶作剧"和动作幅度较大的活动就会被禁止，如爬树、堆沙、玩泥巴、踢球、与同龄儿童追逐打闹等，他们只被允许玩一些动作小、范围小、比较安静的游戏，这对孩子，尤其是男孩子的身体发育和性情培养是极为不利的。父亲通常鼓励孩子冒险、探索，玩一些动作幅度比较大的游戏，这对孩子的身体素质和热情、开朗性格的培养都是很有益处的。孩子入学之后，母亲关心的往往是孩子的分数和在班里的名次，父亲关心的则是孩子的学习过程和学习状态。孩子考试不理想时，母亲的常见反应是脾气急躁，缩减孩子游戏活动的时间，让其将精力更多地投入到功课上来；父亲则建议孩子暂时通过游戏和远足来释放自己的沮丧心理。亲近父亲的孩子还容易获得诸如适度沉默、幽默诙谐、尊重他人隐私、抗挫折能力强等优秀品质，这对孩子的交友及社会性发展将产生重要影响。

父爱不可替代与工作比较忙碌确实是当下父亲遇到的难题，但是教育效果并不是完全由时间长短和距离远近决定的，高品质的父爱是最关键的。

（1）父亲的教育要用心。如果父亲把孩子的事情排在自己的日程表里，他总会抽出时间与孩子进行亲密接触。即使在外出差应酬，也可以见缝插针与孩子沟通谈话,给孩子说心里话的机会,并交代孩子照顾好自己、照顾好妈妈,让孩子感受一家人相亲相爱的温暖。对于孩子来说,深厚的父爱蕴藏在他们心里会产生积极的成长力量。

(2)*父爱的榜样力量*。作为父亲,在生活的许多细节中都可以展示其独特的魅力。比如,在家里多分担一些体力活,并给孩子提供当小助手的机会,培养孩子的责任感;带头照顾好家人,第一个进门为家人开灯,最后一个出门检查门窗,并告诉孩子为什么要这么做,提高孩子的认知水平;出门主动让座、排队等候,开车礼让行人,堵车不骂人等。榜样会对孩子发挥行胜于言、潜移默化的教育力量。

(3)*尽量来园接送孩子、参加幼儿园的活动*。爸爸要尽量参加幼儿园的家长开放日或者其他重要活动。爸爸出现在幼儿园会让孩子感觉非常快乐与自豪!

苏联著名教育家苏霍姆林斯基说:"做了父亲和做了母亲,这是人的第二次降生。"即这是一次父亲意识与母亲意识的降生。在孩子的早期生活中,母爱和父爱应该同时到位,任何一方都不要迟到,更不要缺席。

2. 帮助严管型爸爸树立亲和的父亲形象

严管型爸爸有一个认识误区,认为"严厉"的言行对管教孩子有效。孩子调皮捣蛋的时候,对孩子采取严厉的态度,可以立即阻止孩子的行为,还可以引起孩子的重视,加深孩子的记忆,省得家长啰唆唠叨,起到事半功倍的效果。实际上,有效的教育方法未必就是科学的方法。比如,打骂、恐吓、欺骗、物质诱惑等教育方法,对于阻止孩子出现家长不愿意接受的行为或者引发家长期望的某种行为,有时会起到立竿见影的效果,但是对于孩子的健康成长来说,以上教育方法对孩子都是负面示范。一方面,孩子可能会模仿这些方式与他人交往;另一方面,出于自我保护的本能,为了避免家长的严厉批评或打骂惩罚,或者为了得到眼前的利益,孩子可能会采取逃避、假装、撒谎等方式来应对家长,并因此养成许多不良的习惯。

教师要帮助严管型爸爸正确认识和对待孩子所犯的错误。犯错误是孩子成长过程中不可避免的，家长首先应该给予理解与宽容，接着给予帮助与引导，这样才能促进孩子把"失败变为成功之母"，积累成长经验。有的家长认为孩子无意犯错是可以原谅和接受的，但是很多情况下孩子是有意犯错、故意对抗，这时家长就难以忍受了。事实上，孩子越是有意犯错，越说明他们积累了很多心理困惑，而且没有找到表达自我的正确渠道，也没有找到解决问题的合理办法。过于严厉与故意犯错有着密切的因果循环关系，家长越严厉，孩子越难以放松地表达自我，越有可能通过其他不合理的渠道发泄消极情绪，这种消极情绪又进一步引发了家长的严厉态度。

帮助严管型家长澄清认识误区是改进其教育方法的思想基础。但是仅仅指出家长的误区是不够的，长期依赖严厉手段的家长往往教育方法单一，教师还要帮助这类家长学习并掌握替代严厉手段的其他教育方法，如直率地表达自己对孩子的爱等。严厉型爸爸可能认为自己的爱藏于心底，不愿意表达出来，而对于幼儿来说，没有表达出来的爱就不是爱，让孩子去体验曲折的、深藏不露的爱是困难的。所以，爸爸要直接对孩子说"爸爸爱你""你是爸爸最亲的宝贝"，并经常拥抱、亲吻、抚摸孩子。爸爸要放下心中可能存在的长辈威严意识，注意和孩子建立平等的亲子关系，注意抽出时间与孩子一起做游戏，让孩子切实感受到爸爸对自己的爱。

3. 帮助溺爱型爸爸尊重儿童的独立性

在日常生活中，溺爱孩子最容易发生在祖辈身上。事实上，由于家长性格和家庭环境的差异，以及现代社会男女平等的文化背景，越来越多的父亲参与到家务活动和孩子的早期教育过程中，溺爱现象也会发生在爸爸身上。有的爸爸比妈妈更细心、更有耐心，比妈妈更宽容甚至纵容孩子。

宁宁，4岁，她的爸爸妈妈都是大学教师，他们的家庭是与传统的"严父慈母"类型恰恰相反的"严母慈父"型。爸爸慈爱宽容，妈妈理性严格，他们对宁宁的教育方式也同样有这样的差别。爸爸的教学科研任务很重，但自从有了宁宁以后，工作再忙，他也要抽出时间照顾宁宁，与她一起做游戏，无论宁宁提出什么要求他都满足。只要他在女儿身边，他就不让宁宁哭一声。

而宁宁的妈妈并不是不温柔，也不是对孩子不好，而是觉得对孩子应该有所要求，不能孩子想怎么样就让她怎么样。于是，夫妻俩在教育孩子的时候总会出现矛盾。一天，宁宁又发脾气了，她一脚把小椅子踢翻了，妈妈让宁宁扶起小椅子，宁宁不干，妈妈就嚷她，她就大声哭。爸爸听见了赶紧从书房里出来，知道是怎么回事后，就对宁宁妈妈说："不就是一把小椅子吗？！顺手扶起来就得了，至于让孩子哭成这样嘛！"说着就去哄宁宁了。妈妈见爸爸总是这么迁就孩子，觉得女儿变得越来越不好管教了。她与宁宁的爸爸沟通了很多次，他总是说："小女孩娇气点是正常的，长大慢慢就好了。"

针对溺爱型爸爸，教师除了宣讲培养孩子独立性的重要意义以外，还要帮助这类爸爸明确迁就溺爱在日常生活中的主要表现形式，为他们自己避免溺爱孩子提个醒。

（1）*放纵孩子*。学龄前阶段的孩子年龄小，理应得到家长的特殊照顾，但是孩子也应该学会承担一份责任，学会感恩与分享等。比如，妈妈帮助自己了要学会说"谢谢"、自己做错了事情要知道说"对不起"、别人惹自己不高兴了要学会原谅、好吃的食物要与大家一起分享、在爸爸妈妈打电话时要保持安静、乐意配合家长对自己的管教，等等。这些行为都有助于培养孩子平等、宽容、感恩的意识与平和的性情。

（2）*对孩子百依百顺*。有的家长总是担心不满足孩子就会惹孩子不高兴，甚至会伤害孩子，所以轻易满足孩子的各种需求，甚至孩子要什么就给什么，结果导致孩子形成不珍惜物品、不体贴他人的不良习惯。实际上，拒绝孩子的不合理要求固然会惹孩子不高兴，但不会妨碍孩子的健康成长，真正伤害孩子的是对他们百依百顺。

（3）*祈求哄劝孩子*。人的欲望是无止境的，即使家长迁就溺爱孩子，也不可能满足孩子的所有需求。当需求得不到满足时，最初孩子只是用噘嘴、生气、轻微哭泣的方式表达不满，随后见"软的不行，就来硬的"，用大声哭闹、长时间对抗、拒绝吃饭、摔撕东西、就地打滚等手段要挟家长。有的家长"坚持不住"了，就开始祈求孩子，孩子迫使家长满足自己的手段因此"升级"，家长的教育威信也大大降低。因此，家长以祈求、哄劝、投降、依从等方式换得孩子的欢心与家庭的和平是不可取的。

（4）对孩子过度保护。家长溺爱孩子的一个心理动机是不想让孩子受一点委屈，心理上忍受不了孩子有所疼痛、有所委屈，家长的这种心态会让他们特别担心孩子出危险，于是采取过度保护的养育方式。这属于家长的心理调适问题，需要家长客观认识和重新评价危险存在的意义。危险时时处处都可能存在，有时是躲不开的，我们要教会孩子紧急应对和自我保护的方法。比如，两个小朋友同样是没坐稳从小椅子上摔了下来，一个小朋友爬起来就没事了，另一个小朋友却摔成了骨折。孩子的发育成长规律就是这样：越保护越缺钙，越锻炼越结实。过度保护会降低孩子抵抗危险的能力。

（5）偏袒孩子。"金无足赤，人无完人。"孩子也是一样，会有缺点和短处。而迁就溺爱孩子的家长往往对孩子的错误采取视而不见的态度，偏袒孩子。比如，孩子欺负人了，家长若无其事地放任孩子；被欺负的孩子及其家长找来了，家长不但不正面教育孩子，反而袒护自己的孩子。有时妈妈管孩子，爸爸就护着："不要太严了，孩子还小呢。"或者说："你小的时候还不如他呢，孩子大了自然会好。"这些"避难所"和"保护伞"都会助长孩子的不良性格。

4. 让伙伴型爸爸发挥榜样示范作用

伙伴型爸爸具有"孩子王"的特点，是孩子的"玩伴"，他们与孩子在一起的时候无拘无束，是孩子快乐而又放松的依恋对象。伙伴型爸爸通常还是"幽默型老爸"，很容易把孩子逗得开怀大笑，不仅能够使孩子从中感受到幸福，而且也在孩子心中树立了一个良好的学习榜样。

伙伴型爸爸会接纳孩子的个性特点，但是并不纵容孩子，而是在与孩子的生活互动和游戏玩耍中建立规则与自律意识。如果孩子提出了不合理的愿望或者做错了事情，伙伴型爸爸会明确地告诉孩子"不可以"，同时开导孩子，讲明道理，既不吓唬孩子，也不贿赂孩子，培养孩子坦然面对现实的态度与勇气。这样的亲子关系让孩子自然放松又自律独立。

伙伴型爸爸是现代社会提倡的好爸爸，教师要敏锐地发现这样的家长，并组织相关的活动在全班幼儿的家长面前发挥他们的榜样示范作用。

（1）*组织班级家长参与"我是一个好爸爸"的征文活动*。开展这个活动的目的就是为了唤起和鼓励父亲参与早教的意识。教师把征文打印出来，做成展板，给家长提供广泛交流的机会。孩子的爸爸们在关注和参与征文活动的过程中，会了解其他父亲的想法和做法，从而反思自己的父亲角色。其中，"好爸爸"形象的自然涌现，会成为家长们的学习榜样。

（2）*利用多媒体宣传伙伴型爸爸与孩子的亲子游戏*。征文活动有利于培养家长的新观念，但是仅仅有新观念是不够的，还要有与之搭配的好方法，而且方法要具有可操作性。文字叙述不如视频文件生动形象、便于模仿，因此，教师可以主动与伙伴型爸爸沟通，把他们平常与孩子在一起的亲子活动拍成DV（Digital Video的缩写，即数字视频），然后利用家长会的时间播放给家长看，方便家长直接模仿学习具体的父子（女）游戏方法。

（3）*专门设计父亲参与的家长开放日活动*。家长开放日活动可以分类进行，分别针对母亲、父亲、祖辈家长或者保姆开展，强化父亲参与幼儿园活动的积极性。教师还可以专门与伙伴型爸爸沟通，让他们在开放日活动中承担助教或者志愿者的角色，提升父亲参与幼儿园活动的深度与水平。如果有的父亲确实来不了，教师一方面要做好孩子的思想工作，让他理解爸爸工作繁忙的处境；另一方面可以把现场的活动拍成DV，让孩子拿回家给爸爸看，促进爸爸在自己的日程表里安排参加孩子幼儿园活动的时间，争取在孩子珍贵的童年生活中多多留下爸爸的参与足迹。

三、与祖辈家长沟通的侧重点

新学期开学了，教师发现孩子的生活自理意识下降了，上学期会自己吃饭、自己穿衣服的小朋友现在一动不动地等着老师喂饭、穿衣。原因是在假期里爸爸妈妈要上班，请爷爷奶奶在家里照顾孩子。为了让孩子多吃一口饭，爷爷奶奶追着孩子喂；穿衣、脱衣也是一样，还没等孩子动手，爷爷奶奶就帮助孩子把事情做完了。教师发现这是一种普遍的现象，即祖辈家长照顾孩子容易包办代替，这给教师培养孩子的生活常规、巩固孩子的自理能力带来了烦恼。那么怎样帮助祖辈家长减少对孩子的包办代替呢？

（一）祖辈家长带养孩子的三大特点

祖辈家长帮助年轻的父母带养孩子，是中国家庭的一道特殊的风景线。祖辈家长带养孩子既有利也有弊，教师对此要有一分为二的客观态度，以便提高自己对隔代教育特点的认识与分析水平。

1. 给家庭和孩子带来很多益处

由于现代生活节奏加快，竞争日趋激烈，很多上班族父母没有充足的时间和精力来带养孩子，再加上令人满意的保姆比较难寻，所以为了孩子的健康成长，许多祖辈家长义无反顾，帮助照看和教育孙子、孙女。隔代养育解放了年轻的父母，让他们没有后顾之忧，专心干事业，这是中国进入老龄化社会以后出现的一道特殊的风景线。"家有一老，如有一宝"是现代许多双职工家庭发出的感慨！

隔代养育还有利于老年人的身心健康。由于现代社会人们的退休年龄相对提前，退休以后老人们往往会不适应突然清闲下来的生活，容易生病。含饴弄孙给老年人增添了生活的乐趣，让他们重新体会到自己的价值，有利于他们的身心健康。

隔代养育还有利于孩子形成一些良好的品质。和忙碌的父母相比，祖辈家长照顾孩子的生活更加细致周到，有更充足的时间倾听孩子，更有耐心与孩子沟通，情绪更加安详平和，这些优势有利于满足孩子的合理需要，安抚孩子的情绪，帮助孩子建立安全感、归属感和信任感，让孩子的身心健康发展得到最基本的保障。

2. 隔代养育的矛盾比较突出

因为祖辈家长和父辈家长各有各的生活年代、文化背景和性格特点，这些差异不可避免地会导致两代人在日常生活习惯、教育观念和方法等方面产生矛盾与冲突。比如，有的妈妈对孩子说："别听奶奶的，她的观念过时了。"有的奶奶对孩子说："别听妈妈的，你爸爸小时候就是奶奶教的，奶奶都是为了你好。"两代人对孩子的要求不一致会造成一些孩子有"两面派"的倾向，不利于孩子形成明确的规则意识和稳定的行为习惯。

3. 在教育上处于比较被动的地位

隔代养育的矛盾是自然产生的，遇到这种情况时，有的年轻父母会说："老人把孩子带得健康安全就可以了，其他就不用管了。"有的妈妈直接对老人说："您管生活，我管教育。"有的老人则"甘居二线"，常听他们说："毕竟是人家的孩子，咱们只管把孩子照顾好就可以了，别管人家的家务事。"因此，很多情况下，祖辈对孙辈的教育和干预处于"话到嘴边又咽回去"的尴尬境地。祖辈主动放弃教育的权利，使教师在家园合作方面也增加了困难。如果遇到幼儿园开家长会或者教师要与家长商量事情，教师常常叮嘱孩子："爷爷奶奶不管事，让你爸爸妈妈来。"这些现象都反映了祖辈家长在教育孩子方面所处的被动地位。

（二）与祖辈家长沟通的侧重点

由于很多祖辈家长年事已高，学习能力有限，所以幼儿教师与他们沟通的时候态度要礼貌、亲切，指导教育方法时要具体、形象、到位、可操作，较少抽象和空洞的说教。

1. 向祖辈家长宣传"生活即教育"的教养观念

在有些祖辈家长的潜意识里，生活是生活，教育是教育，生活与教育是完全割裂的，因此他们认为孩子的吃、喝、拉、撒、睡等生活环节不需要教育，只要把孩子照顾好就可以了，缺乏寓教育于生活之中的教育观念。祖辈家长作为学龄前幼儿的主要看护群体，教师要向他们宣传"生活即教育"的教养观念。比如，饮食习惯不仅关系到孩子的健康与营养问题，也关系到孩子的自理能力、行为习惯、自我意识以及交往态度的形成。不少孩子的任性行为就是被"喂"出来的。再如，为了让孩子多吃一口饭，有些祖父母总是许诺"吃了这口饭，就给你买玩具"，使孩子下意识地将"吃饭"作为一种要挟家长的手段。结果孩子可能吃了不少饭，可性格也变得更加任性了。即使孩子以后能自觉吃饭了，早期养成的不良心理和习惯可能依然存在。此外，教师还可以向祖辈家长宣传"教孩子学习自己端碗、拿筷、进食等简单的技能，有助于他们大脑的发育"。科学家研究表明，用筷子夹食物，牵涉肩部、胳膊、手掌、手指等30多个大小关节和50多块肌肉的运动。而人的大脑皮质和手指相关联的神经所占面积最广泛，大拇指运动区相当于大腿运动区的10倍，而肌肉活动刺激脑细胞，有助于大脑的发育。苏联著名教育学家苏霍姆林斯基说："儿童的智慧在手指头上。"

除了吃饭以外，喝水、按时睡觉与起床、穿脱衣服、收拾玩具等生活环节都蕴含着深刻的教育内容，教师可以根据祖辈家长带养孩子的具体情况，分别诠释其中的教育意义，帮助祖辈家长掌握"养中有教、教中有养"的教养观念与方法。

2. 传授培养孩子独立性的具体操作方法

家长教育孩子也有一定的惯性，容易沿袭孩子小时候的教养态度与方式。事实上，孩子每天都在悄悄地成长，只要家长敢于放手让孩子自己尝试，他们的能力通常都能得到锻炼与增强；但是如果家长一直把孩子当作长不大的"小宝宝""小婴儿"，那么孩子的发展就被束缚了。教师通过向祖辈家长传授培养孩子独立性的具体操作方法，能有效地避免家长只是在观念上到位、在方法上却不到位的问题。

（1）**鼓励孩子自己动手做事**。持续的锻炼会促进孩子动手能力的提高。实际上，孩子天生就喜欢自己动手做事，但是因为通常在他们动手之前家长已经为他们完全准备到位，如果孩子坚持自己尝试，有的家长还会阻止甚至批评孩子，孩子自己动手做事的积极主动性因此受到打击，渐渐地就变得被动,等待家长包办代替了。因此,家长不要怕麻烦,不要嫌孩子做不好、不熟练、帮倒忙,要充满热情地鼓励孩子动手操作,逐渐地,孩子会蕴积强大的自主成长的内在力量。

(2)*经常启发孩子"试一试""想一想"*。孩子经常会求助家长,家长不要拒绝孩子的求助,也不要代替孩子动手动脑,要经常启发孩子:"动手试一试吧,看看有什么新发现?"或者"动脑想一想吧,你是一个爱动脑的好孩子!"家长要始终视孩子为成长的主人,视自己为孩子成长的有益助手,这样会极大地促进孩子的自信心和独立性。

(3)*家长做一半,为孩子留一半*。孩子在生活中的许多技能的习得需要家长手把手地教导,但这不意味着家长可以完全替代孩子。家长可以先做一遍,然后让孩子模仿自己做;如果孩子不能完全独立模仿,家长可以先做一半,为孩子留一半,使孩子处于半独立模仿状态。比如,穿衣服、扣扣子、系鞋带等都可以家长做一半,孩子做一半。要积极地为孩子营造一个从依赖到半独立再到独立的过渡空间,这将极大地促进孩子的心智成长。

(4)*勤快的家长有时要巧妙地装懒*。俗话说:"懒人是勤快人培养出来的。一个懒人和一个勤快人,懒人更懒,勤快人更勤快。"这种情况在家庭生活中很常见。一个懒丈夫背后通常有一个勤快的妻子。同样的道理,一个不爱动手的懒宝贝背后通常有一个勤快的家长。所以,手脚麻利的家长有时可以装懒,"支使"孩子为爸爸妈妈递个东西、打个下手,培养孩子快乐地助人与合作意识。

3. *为祖辈家长开设"隔代养育聊吧",拓展他们的教育视野*

孩子的年龄越小,与祖辈家长在一起生活的比例就越高,因此祖辈家长成为影响年幼孩子的行为习惯与性格特征的重要人物之一。祖辈家长由于年事已高,不便读书,同时生活圈子又很狭窄,教育视野受限,所以关注和提升隔代教育的水平是家园共育的重要工作之一。教师除了与祖辈家长进行个别沟通以外,还可以开设"隔代养育聊吧",为祖辈家长群体交流育儿经验与困惑搭建平台。

教师需要调查和收集祖辈家长的主要育儿难题，然后对问题进行整理，找出共性的话题供集体交流，至于个别的话题可以进行个别交流，也可以拿到祖辈家长会上供大家共同讨论、想办法。最后，将祖辈家长会的讨论结果打印出来，张贴在教室外面的家园联系栏，让广大父母也知晓祖辈家长进行隔代教育的酸甜苦辣，唤起幼儿父母对祖辈家长的理解与尊重，构建和谐的家庭教育环境。

四、与保姆沟通的侧重点

每天放学后，都是保姆接平平回家。最近天气渐渐暖和起来，天黑得也晚了。幼儿园放学早，放学后平平不愿意回家，想在幼儿园多玩一会儿，可是回家晚了会耽误做晚饭，于是保姆就跟平平说："如果你现在跟阿姨回家，阿姨口袋里有好吃的东西给你。"平平见有零食吃，就高兴地答应了阿姨的要求。久而久之，好吃的东西成了阿姨管教平平的"法宝"。教师心里有些疑惑，便主动与阿姨沟通："你对孩子挺好的，还自己花钱给平平买东西吃。"阿姨轻松地说："只要平平听话就行，花不了多少钱。"还拿出一粒彩色糖果让教师看，教师一看就知道是小摊上卖的非正规厂家生产的小零食，便告诉保姆这种不健康的食品对孩子身体的危害。保姆开始担心起来："老师，我以后不给孩子买了，你千万别把这件事告诉平平的妈妈，否则我的工作就没了。"说完又"唉"了一声。教师问怎么了，她说："不给孩子买东西，她就不听话，我又不能打她骂她，哄她又不听，怎么办呢？"教师这时意识到保姆在教育孩子的具体方法上需要自己的帮助，应该找时间与保姆进行深入的沟通。

（一）当代保姆的三大特点

虽然保姆是孩子的辅助教育者，但她们对孩子的影响是客观存在的，所以教师要掌握保姆的基本特点，重视与保姆的沟通。这样一方面有助于孩子的健康成长，另一方面也对保姆的个人成长有积极的促进作用。当前，保姆在教育孩子方面存在这样三个特点：

1. 文化与学历水平有限，教育孩子不自信

目前，我国的家政服务行业普遍门槛比较低，从业人员文化层次和学历水平不高，虽然有些保姆经过短期培训具备儿童护理的一些常识，但是还远远满足不了孩子发展的需要。同时保姆对自己也不够自信，再加上有些雇主不够尊重和信任保姆，会加剧保姆的自卑感。自卑会束缚保姆的思维与手脚，使他们不敢尝试有益的行为，在教育方法上保守、呆板，难以适应孩子快速成长的节奏。同自卑相比，自信则是一种健康的心态，会在潜移默化中对孩子产生积极的影响。自信的保姆会为孩子提供更加主动和有益的教养环境。

2. 健康与安全责任压力大，教育意识薄弱

在为孩子聘请保姆的时候，很多家长认为保姆只要把孩子的生活照顾好，让孩子吃饱、穿暖、睡好，别磕着碰着就行了。平时孩子稍微有些闪失，家长就容易认为保姆没有尽到自己的基本职责，因此保姆的责任压力很大，很容易对孩子过度保护。事实上，对任何人来说，一旦产生责任压力，就会在情绪、认知和行为上不自觉地做出适应性的反应。比如，在情绪上反应为紧张、焦虑、倦怠、沮丧、悲观等；在认知上反应为感觉迟钝、注意力狭窄、思维僵化等；在行为上则反应为刻板、重复、缩手缩脚。当保姆处于这种状态时，她们容易产生"不求有功，但求无过"的保守心态，导致保育的压力大于教育压力，因而教育意识薄弱。

3. 知识与经验不足，教育方法不够科学

有的家长认为保姆只管孩子的生活，不用管孩子的教育，这种观念是错误的。一方面是因为孩子的生活与教育是分不开的，良好的早期教育就是融合在点点滴滴的日常生活之中的；另一方面，每个人根据自己的成长经验都有一定的教育心得，教育水平也可以在不断地反思、商讨和尝试中获得提高。保姆在接触孩子的具体过程中会不断地积累积极的教育经验，闲置保姆的教育资源对与之朝夕相处的孩子来说是一种损失。在现实生活中，也有一些保姆其保育经验丰富、有一定的教育意识，雇主又比较信任保姆，这些保姆在照看孩子的时候会努力做到保育与教育相结合，但是可能在教育观念与方法上需要教师提供进一步的帮助。比如，案例中平平的保姆积极想办法解决孩子贪玩不回家的问题，然而方法欠妥，当知道自己的方法不科学以后，她陷入不知所措的困境，这时需要教师给予具体的指导。

（二）与保姆沟通的侧重点

由于大多数保姆的知识和阅历有限，所以教师与保姆的沟通侧重点应放在激发保姆的教育意识和教育信心，并向她们传授实用的教育知识与方法上。

1. 树立与保姆沟通的责任意识

对于正在成长中的孩子而言，与保姆曾经相处的时光成为他成长历程中一项重要的体验。本来是三口之家，偶尔有爷爷奶奶或者亲戚出现，孩子已经熟悉了这样的家庭环境，但是现在来的这个人是谁？她有什么特点？她在家里要做的事情是什么？怎样与之相处？爸爸妈妈待她与我待她有什么相同和不同之处？这些都是孩子将要面临的现实问题，对这些问题的体验，影响着孩子的观念、态度、心理和行为习惯的形成，影响着孩子的健康成长状况。因此，既然保姆成为孩子家庭生活中的一名成员，成为与幼儿园发生关系的一个重要群体，教师与保姆的有效沟通对孩子的健康成长具有积极的影响作用。

从另一个角度来说，没有任何一种职业比保姆更直接、更实际、更便捷地学习怎样教养孩子了。教师与年轻的保姆保持和谐、友好、有知性、有修养的关系，不但造福保姆所服务的家庭和孩子，而且这些保姆将来也要做妈妈，还将造福她们的家庭和孩子，可以帮助今天的"小姐姐"变成明天的"好妈妈"。如此一来，教师与保姆的沟通就更有意义了。

2. 尊重保姆，增强保姆的自尊心与自信心

人人都有自尊的需要。由于种种原因，有的保姆在雇主家里得不到足够的尊重，即使保姆没有明显地表现出自己的不满，但是自尊心与自信心也会受到挫伤。如果教师尊重保姆，对保姆平等相待、以诚相待，像对待普通家

长一样主动关心和帮助保姆，那么就会极大地满足保姆的自尊需求，有利于促进保姆的心灵成长。主动与保姆沟通，让保姆心态放松、自然交流，教师也可以从中了解许多关于孩子的家庭成长环境的信息，为进行针对性的指导打下基础。

有一位教师发现她所在班的一个孩子每次都是由保姆接送，家长开放日也很少见其父母前来。但是保姆不爱说话，也不积极参与亲子活动，孩子也很胆小，总是旁观。于是，教师主动邀请保姆与孩子参加活动，保姆就问孩子："你去不去？"孩子抱着保姆的腿不动，不跟老师游戏。保姆尴尬地笑着说："这孩子认生……"观察了一段时间以后，教师尝试与保姆交流。先和保姆聊了一会儿家常，接着话题转入孩子的家庭成长环境。保姆说："孩子的父母平时工作太忙，下班回家以后挺累的，与孩子在一起的时间不多。有时，还有一些工作需要在家完成，很少与孩子一起玩。如果孩子哭闹起来，她的父母就会责怪我没有把孩子哄好，或者无条件地对孩子做出妥协，他们对我的要求是只要别让孩子磕着、碰着，不哭不闹就行。"教师问："那您是怎么想的呢？"保姆说："我没有什么想法，别人让我照顾好孩子，我只要尽力就行了。"教师高兴地说："有您这句话就好办了。既然每次都是您带孩子来幼儿园，您就把我当成是你的朋友，怎么样？"保姆高兴地说："可以！谢谢老师！"教师与保姆渐渐熟悉以后，保姆变得大方自然了许多，愿意带领孩子一起参加游戏，孩子的旁观与胆怯状况也减少了，开始大胆参加班级的各项活动。

3. 帮助保姆履行"代理家长"的角色

有的父母工作繁忙，与孩子相处时间短，到幼儿园了解孩子的机会也不多，保姆成为孩子的"代理家长"，教师与保姆的有效沟通成为家园共育的重要途径。但是在家园联系的过程中，很多保姆处于辅助地位，只是做一个"传话筒"，把教师的要求和交代原封不动地传给家长。从父母作为孩子的主要监护人的角度来说，保姆的"传话筒"角色具有一定的必要性，但只是简单地对教师的要求进行"传话"、对孩子的情况进行"告状",结果很容易造成孩子与保姆之间关系的紧张。同时,当保姆也察觉到教师只是把自己作为"传话筒"之后,主动教育孩子的意识也会下降,"代理家长"的作用就无法充分发挥出来。不要以为保姆文化水平低就不懂家庭教育。事实上,文化水平与家教水平并不能直接画等号,有的保姆对教育孩子很有见地,有的保姆比较聪明,善于总结教育经验。因此,教师除了让保姆传递信息以外,还要直接关注保姆照顾孩子的言行,以亲切的口吻和平等的态度指导保姆履行"代理家长"的角色。教师要帮助和支持保姆成为家庭教育的有心人,与此同时,教师与保姆之间的关系将变得更加真诚和深厚。

4. 提高保姆的阅读水平,帮助保姆增长育儿知识

有的保姆上学时间较短,文化知识水平不高,有的保姆甚至与某些中、大班幼儿的识字和阅读水平相当。教师可以利用保姆的这一特点,鼓励幼儿当保姆的"小老师",保姆当孩子的"小学生"或者"小同学",营造融洽的互帮互学氛围。如果幼儿的家庭比较配合,教师还可以发动家庭成员帮助保姆学习一些常用的字词,日常生活中的图书、商标、报纸、杂志、广告等都可以成为保姆的识字教材。保姆成为一个有上进心、渴望学习知识的人,对孩子的好学、乐学精神会有积极的带动作用。

也有一些保姆上过初中和高中,识字不成问题,但是没有养成阅读的好习惯。教师可以给这类保姆推荐班级书架上的儿童图书或者家教类图书,每过一段时间,问问保姆看了书的哪一部分,有什么心得体会,这样一方面对保姆阅读起到敦促的作用,另一方面可以为保姆阅读指点迷津,帮助保姆增长育儿知识。

5. 为保姆传授生活中的教育小窍门

虽然保姆文化水平较低,但是其学习能力和思维能力已经比较成熟,经由教师手把手的传授,她们所缺乏的教育常识和教育技能可以很快得到弥补。根据保姆照顾孩子安全责任压力较大的实际情况,教师可以跟保姆细致地讲解日常穿衣、吃饭、睡眠、如厕等生活环节的卫生、保健和护理知识,还需要向保姆讲解户外活动和游戏锻炼的重要性，不能因为担心孩子的安全问题而放弃户外活动的机会，并教给保姆一些操作性、实用性较强的体育游戏和亲子游戏。教师也可以教给保姆如何指导孩子的绘画和手工活动，引导保姆回家与孩子做一些美术活动，既能丰富孩子的家庭生活，也能丰富保姆的教育方法。

五、与二孩父母沟通的侧重点

新学期开学，大班张老师发现大林开始吃手，以前他没有这种习惯。张老师给大林讲不能吃手的道理，虽然他听明白了，但还是控制不住自己。于是，张老师约谈了大林的妈妈，想与她沟通一下这个问题。妈妈说，她最近也发现大林有吃手的毛病，但是不知道是什么原因。之后，大林妈妈说起自从老二出生以后，自己有多么忙碌，大林也不省心，非但不能像大哥哥一样照顾弟弟，反而还与弟弟争抢、打架，家里乱糟糟的。张老师了解了情况之后，与她分析说，大林之所以吃手，很可能与妈妈过度关注弟弟、忽视了大林有关。大林吃手是一种行为退缩现象，可以理解为大林希望得到家长的鼓励与爱等正面关注方式，而不是家长的过高要求、严厉批评等负面关注方式。

自从生了老二之后，大林妈妈对老二关注更多，认为大林都快是小学生了，应该不再纠缠家长了。但是，大林妈妈没有意识到自己对大林的要求过高，即用一个成人独立自主的标准来要求一个年仅5岁的孩子。过高的要求对孩子而言是不公平的，导致家长在事实上与孩子建立了不平等的亲子关系，也在两个孩子之间建立了不平等的关系。

（一）"一碗水端平"是二孩家庭所面临的最大挑战

很多人都把生育二孩的压力放在谁来看护孩子以及养育成本上，其实养育二孩最重要的问题是正确处理两个孩子之间的关系，真正做到"一碗水端平"。

"一碗水端平"微言大义，易说难做。对于家长而言，"手心手背都是肉"，所有家长都认为自己应该"一碗水端平"，但实际情况是家长有时候很难做到这一点，结果不仅给大孩子带来消极感受，也让家长纠结不堪。如果家长没有做好充分的心理准备，不能公平处理两个孩子之间的矛盾，让大孩子感觉爸爸妈妈不像以前那样爱自己了，那么会让大孩子失去安全感与自信心。有的孩子还会把家中新添的小宝宝视为"情敌"，认为就是这个"小东西"夺走了爸爸妈妈对自己的爱，因而对小宝宝心存妒忌、怨气，甚至憎恶之情。而许多家长并不理解大孩子复杂的心理，而是以"大的应该谦让小的"来要求大孩子；如果大孩子接受不了这种现实，难以控制自己"争宠夺爱"的心理需求，与小宝宝发生冲突，那么就会招致家长更加严厉的批评教育。长此以往，大孩子心理失衡，其行为方式乃至性格、个性都将受到一定程度的不良影响。教师要指导家长认识到，童年时期，父母对每个孩子的态度是否公平会影响孩子一生的发展。

（二）与二孩父母沟通的侧重点

根据二孩家庭存在的关键问题，教师可以围绕二孩的家庭排行对教育方式的影响以及如何分别教育老大和老二与家长进行沟通，指导他们针对不同的情况实施公平教育。

1. 根据二孩家庭的不同组合与家长沟通适宜的教育方式

根据两个孩子的性别进行组合，二孩家庭能够出现"一个男孩，一个女孩""两个男孩""两个女孩"三种组合状况。在此基础之上再按照排行进行组合，就会出现"兄妹关系""姐弟关系""兄弟关系""姊妹关系"四种兄弟姐妹关系。无论是哪种组合的二孩家庭，家长应主要处理好三种关系：一种是孩子之间的关系，一种是母子（女）关系，另一种是父子（女）关系。

（1）"两个男孩"的二孩家庭。在有两个儿子的家庭中，孩子们在家庭地位上的竞争会相对突出，孩子的年龄差距越小，这种竞争就越激烈。因为无论是东方文化体系还是西方文化体系，都有男性继承家庭价值观和发展家业的社会传统。加上有的父母防范问题发生的能力有限，在孩子出现问题的时候协调能力不足，最后导致两个孩子成年之后发生激烈竞争。因此，教育两个男孩学会兄友弟恭、公平竞争是非常重要的。在竞争中学会合作与共处应该是"两个男孩"的二孩家庭进行教育与引导的重点。

两个男孩之间长期相处，会体验到很多与同性同伴的交往之道，与异性同伴相处的经验则比较缺失，因此，这种家庭的母子关系非常有意义。对于两个孩子而言，母子关系不仅是亲密的亲子关系，而且是孩子们学会与女性相处的"启蒙学校"。在"恋母情结"的影响下，两个孩子会天然地依恋母亲，从中体验与理解母爱的温暖、包容与无私。同时，母亲又不要溺爱与纵容孩子过度调皮捣蛋，要引导孩子们尊重规则、尊重他人，尤其是要尊重女性。当两个孩子出现矛盾的时候，母亲要引导他们学会自己解决问题，而不要过度卷入他们的纷争。

母亲在家庭中的地位和丈夫对待妻子的态度，在"两个男孩"的二孩家庭里也非常重要。母亲的身份与地位不仅让孩子们理解了母亲的角色，而且让他们感知到与女性相处的基本原则。如果在家庭中，母亲得不到父亲的尊重，经常与父亲发生争执，甚至被粗暴对待，那么孩子不但饱尝家庭不和所带来的痛苦，而且无法在家庭中习得与女性相处的正确方式。孩子长大以后，如果在学校教育和社会教育过程中没有机会补偿家庭教育造成的缺失，那么童年时代的家庭不和就会给他留下深刻的烙印，这样就会大大增加他未来构建幸福家庭的风险。

（2）"*两个女孩*"*的二孩家庭*。与"两个男孩"相比，"两个女孩"在家庭地位上的竞争会表现出不同的倾向。她们在家庭价值观和发展家业方面的竞争未必激烈，但是在生活条件和亲子情感上的竞争会突出一些，这也与人类历史文化传统有关。比如，如果家中是两个男孩，那么弟弟穿哥哥小时候的旧衣服，弟弟就不会太在意，其他家族成员和社区邻居也较少会对此做出评价，因此男孩子在这方面的比较与竞争就不明显。如果家中是两个女孩，那么妹妹穿姐姐小时候的旧衣服，妹妹可能就会在意，而且年龄越大越在意，其他家族成员和社区邻居有可能有意或者无意地对此做出评价，因此女孩子在这方面的比较与竞争就会明显一些。可见，在"两个女孩"的二孩家庭，家长要在生活细节方面关心孩子们的细致感受，在生活环境和家庭关系上让她们体会到同等的爱与关照。

父亲在"两个女孩"的二孩家庭中至关重要。在"恋父情结"的影响下，两个孩子会天然地依恋父亲，从中体验与理解父亲的宠爱与力量，这对女孩的健康成长是必不可少的精神营养。同时，父亲要注意培养女孩的自尊、自立与自信。在大多数家庭中，父亲都会把女儿当作童话世界中的公主一样疼爱，这让女儿非常享受，也容易让女儿产生依赖心理，对男性的精神世界产生模式化的认识与期待。也就是说，女孩子在心理上希望自己未来的丈夫也像父亲一样宠爱自己，否则幸福感就会大大降低。事实上，丈夫与自己是同龄人，父亲则是自己的长辈，他们的角色与精神世界差异很大，所以女孩子对丈夫与父亲应该持有不同的期望。因此，在女孩子的成长过程中，父亲对她们既要慈爱，又要锻炼她们的生活能力与心理素质，引领她们学会爱护自己、学会自立自强。与此同时，母亲在家庭中的角色也起到示范作用。母亲应该为女儿树立自尊、自爱、自立的学习榜样。如果母亲没有独立的精神世界，过于依附丈夫提供的生活空间，又得不到丈夫的尊重，那么孩子们的精神成长就会受到不良影响。

（3）"一个男孩，一个女孩"的二孩家庭。在二孩家庭中，一个男孩与一个女孩之间的竞争相对是最弱的，尤其当两个孩子的年龄差距越大时，他们之前的竞争就越小。两个孩子虽然同在一个家庭，却各穿各的衣服，各玩各的玩具，各有各的爱好，异性之间的差异使两个孩子感觉他们在很多方面都没有可比性，他们俩通常更容易和睦相处。父母对待两个孩子的教育也会有性别差异，会按照普遍的性别标准教育男孩子与女孩子。如果父母给两个孩子同等的待遇和机会，那么他俩都会具有"老大"的心理特征，即一个是排行老大的男孩，一个是排行老大的女孩。

如果两个孩子的年龄相差 3 岁以上，那么家庭中容易出现"合作加强版"的异性关爱局面。如果女孩是老大，那么弟弟通常会得到妈妈与姐姐的双重关爱，犹如得到"两个母亲"的宠爱。如果男孩是老大，那么妹妹通常会得到爸爸与哥哥的双重关爱，犹如得到"两个父亲"的宠爱。这种"双重宠爱"通常会让弟弟（或者妹妹）度过一个安好的童年，但是对孩子成年之后的爱情与婚姻未必完全具有正面影响，这主要取决于弟弟（或者妹妹）是否能娶到（或者嫁给）一个犹如当年姐姐（或者哥哥）一样爱护自己的妻子（或者丈夫）。所以，一项研究得出结论，在幸福婚姻的匹配度上，相同排行的两个孩子的婚姻通常不如不同排行的两个孩子的婚姻幸福。由此可见，"双重宠爱"现象会造就一个幸福的童年，但是对成年后的生活可能存在一定的负面影响，这种推理提醒家长，要给孩子预留一定的独立成长空间，减少孩子的过度依赖，促进孩子自主人格的形成。

2. 与家长沟通教育老大的关键策略

教育老大的基本原则，要根据"老大"这个排行在家庭文化传统中所具有的共同规律。一般情况下，"老大"会面临两方面的压力，一方面是父母对老大所寄予的"完美主义"期待，另一方面是老二所带来的"退居二线"危机。

家长会认为老大需要明白自己的基本责任与义务，应该更好地理解与贯彻父母的意图，为弟弟妹妹树立良好的学习榜样。因此，家长往往对老大要求比较严格，希望老大成为中规中矩的人。这种"完美主义"养育态度既造就了很多家庭老大长大之后成为有责任与有成就的人，也在童年时期给老大带来一定的心理压力，老大需要调动较多的心理能量，尽量满足父母所寄予的角色期待。可见，对老大既要有一定的要求，又不要要求过高，是家长首先应该把握的一个原则。

对于老二即将到来给老大带来的"退居二线"危机，很多家长都有一定的认识，并为此做了一些准备工作。比如，说尽好话，让老大接纳老二的到来；承诺会一如既往地爱他，等等。即便如此，老大仍然会准确地察觉到老二的到来使自己真切地失去了父母的宠爱，而且自己争宠吃醋会背负道德的压力，"割舍"与"忍让"成为自己不得不接受的美德。当然，有的老大会直接挑战这种实实在在的损失，质问父母："你们是不是不爱我了？""我是不是一个多余的人？"有的老大可能会用破坏性行为或者自暴自弃的行为迫使家长重新关注自己，或者以更加激烈的方式去要挟家长对自己言听计从。可见，孩子毕竟年幼，需要成人的及时关注与理解支持；帮助他调动心理能量去平衡自己的内心，才有利于他的健康成长。因此，对老大既要进行心理关怀，又要让他真切地体会到父母对自己的爱，是家长应该把握的另外一个不可缺少的原则。

因此，在日常生活中，家长可以从生活、物质和心理等多方面，给予老大实实在在的关照与积极的正面引导。

◎ 通过边观察边对话让老大了解到，老二不会说话、不会走路、不会吃饭，让老大认识到老二需要特殊的照顾，并逐步体验父母和自己有责任和义务一起帮助老二。

◎ 让老大为老二提供力所能及的帮助，而且每次都要征求老大的意见。如果他不愿意中断自己的游戏，或者不愿意动手，那么家长要表示理解，并且不训斥老大怠慢或者懒散。

◎ 指导老大掌握正确帮助老二的方法，不指责老大不当的助人方式。

◎ 鼓励老大带着老二玩，但是也尊重老大愿意自己玩更高水平游戏的愿望。

◎ 经常通过肢体动作给予老大关爱。不要以为只有老二才需要抚摸、拥抱和亲吻，只要是孩子，就渴望父母给予肢体上的关爱，而且永远都不嫌多。

◎ 抽出时间与老大单独相处，如讲故事、说话、散步、旅行等，并让老大相信，虽然你与他单独相处的时间减少了，但是绝对不会舍弃与他相处的机会。

◎ 给老大合理的特殊照顾。在物质层面，可以为他准备一些特殊的礼物，比如他喜欢的玩具、图书、食品、衣物或者相对较多的零花钱等，在固定的特殊日子送给他，如生日、新年或者儿童节等。在精神层面，可以让老大有相对自由的安排，如适当晚睡，与家长一起购物、出行等。

◎ 培养孩子之间的情感，让老大与家长一起为老二选择玩具，可以在商店购买新玩具，也可以请老大把自己的旧玩具送给老二。鼓励老大与老二一起玩玩具，并帮助老大理解老二与自己不同的游戏行为与游戏方式。

◎ 不要总是刻意地要求老大为老二树立榜样，也不要经常贿赂老大"谦让"老二，更不要动不动就说"你是哥哥（姐姐），你应该……"。要允许老大做事不完美，允许他有自己的小私心，给予老大以自己的方式进行探索或者试误的机会。当老大做错事时，应就事论事，正面指导，不把"老大"这一标签作为批评或者指责的理由。

◎ 在给予老大特殊照顾的同时，防止老大形成唯我独尊的思维方式，养成处处都想得到特殊照顾的行为习惯。

◎ 当家长误解孩子或者做事不妥时，要坦诚地向老大道歉，并得到他的谅解，为孩子树立诚恳道歉、正面减压的行为方式。

3. 与家长沟通教育老二的关键策略

教育老二的基本原则，要遵循"老小"这个排行在家庭文化传统中所具有的共同规律。一般情况下，"老小"主要面临来自父母与老大所带来的压力，一方面老小得到较多的保护与宠爱，他需要学会遵守规则与关心他人；另一方面，完美的父母和能干的老大在他面前树立的权威，让他有一种"小不点""长不大"的成长压力。

"老小"因为是家庭中最柔弱的后来者，天然就享有集宠爱于一身的各种特权。因为家人主动照顾他较多，老小容易不知不觉地养成被动等待照顾的习惯；因为家人主动承让他较多，老小容易不知不觉地形成根据个人主观愿望行事的习惯。所以，在很多家庭里，老大通常是中规中矩的，老小通常是挑战规则的。如果老小的愿望无法实现，有的孩子会以发脾气或者其他激烈的方式，直接向父母或老大索要权力；有的孩子则会"婉转"地采取"耍小聪明"的策略以成功逃脱各种限制。面对各种挑衅，很多家庭并不总是采取一致的压制或者纵容的态度，而是有时压制、有时纵容，这就更加刺激了老小见机行事的好奇心与冒险闯关的好胜心。对于以上种种可能性，如果家长的应对方式过于粗枝大叶，那么将无益于老小形成良好的行为习惯与健康的性格、个性。

老小在受到百般宠爱与特殊关照的同时，也会经常受到父母与老大的多方教导，这些教导通常是针对他的不当行为的，这会让他感觉自己处处受到限制。加之当父母与老大在管教老小的时候，老小会有一定程度的对抗，所以父母与老大有时难免会以自己的身份对老小施压，这时老小会更加强烈地感受到"人微言轻"的无奈与失落。有的孩子因此会更加叛逆，经常出现挑衅行为，这既是家庭过度以他为中心的结果，也是老小以此证明自己有力量的体现。所以，在两个孩子之间的关系上，老小通常既崇拜老大、依赖老大，又总是伺机挑战老大，这也导致老大对老小存在着既爱护又压制的双重行为。

因此，在日常生活中，家长需要在生活、物质和心理等多方面对老大和老小进行既统一又有所区别的教育。

◎ 培养老二自己的事情自己做的独立自主意识和能力，平时敦促他做自己力所能及的事情，不能养成等待别人为他做事的习惯。

◎ 让老二明白别人帮助他不是一种义务，所以他有义务感谢别人的帮助，并知道自己也应该学会主动为他人提供一些力所能及的帮助。

◎ 教育老二平时做事要遵守规则，谨防他总是通过求饶、找借口甚至偷懒、撒谎等方式逃避规则的约束。

◎ 培养孩子无条件遵守公约的意识，不采用满足不合理需求等讨好孩子的方式来"贿赂"或者"诱惑"孩子遵守规则。

◎ 不要袒护老二或者为他承担错误，要培养他敢于认错的精神，并指导他尽力改正错误，勇于为自己的错误承担责任。
◎经常给予老二难度适当的任务与工作，完成任务和取得成绩时要给予他充分的肯定，培养他的成就感与胜任感。
◎老二喜欢跟着老大玩，老大未必总是愿意带着老二玩，所以要培养老二学会尊重他人、快乐独处、独自游戏的意识与能力。
◎充分发挥老二崇拜老大、善于模仿学习的特点，鼓励老二学习老大的优点，进而激发老大帮助与指导老二。
◎不要用过度比较的方式刺激老二的上进心，这样会给孩子造成一定的心理压力。经常拿老大的优点与老二的缺点相比，有时达不到促进老二积极学习的目的。
◎老大会更早地拥有隐私与独立性，不要怂恿老二通过充当"卧底"或者"跟踪"等方式，为家长提供"内部情报"，也不要对老二主动提供"消息"的做法表示浓厚的兴趣。否则，不利于老二学习正确的人际交往方式。家长要坚持通过正面渠道了解孩子，并不断地提高正面了解孩子的能力。
◎当两个孩子产生矛盾时，要谨防以"谁先动手谁有错""谁哭谁有理""谁的委屈大谁有理"来判断双方的是非对错。

第四章
与不同性格的家长沟通

教师虽然没有改善家长不良性格的义务,但是有责任建言家长为了孩子的健康成长而改变自我、不断走向成熟。

家长的性格也会影响孩子，在与孩子相处的时候表现出来，并经由孩子的理解、吸收与模仿，转化为孩子个性的一部分，正如俗话所说，"孩子是家长的一面镜子"。

有的家长性格成熟、张弛有度，为孩子提供了正面的学习榜样；有的家长性格不成熟、情绪化，为孩子带来了一定的负面影响。教师虽然没有改善家长不良性格的义务，但是有责任建言家长为了孩子的健康成长而改变自我、不断走向成熟。实际上，孩子的成长过程也是家长为了孩子而改变自我、不断走向成熟的过程，所以，与不同性格的家长沟通，是教师提高沟通效率、促进孩子健康成长的重要方面。

一、与敏感多疑的家长沟通

最近半年，迪迪家里的家庭氛围很不好。他妈妈被公司辞退了，心情很不好，经常和他爸爸争吵，唠叨他爸爸，迪迪也因此担惊受怕着。送迪迪到幼儿园的时候，迪迪的妈妈逮着机会就跟幼儿园老师诉说自己的心事。比如，今天说某个人算计她了，明天又说有人嫉妒她了，改天又说别人成心想让她过不好。妈妈的状况影响了迪迪。这天中午午睡的时候，迪迪对何老师说："窗户外面有个人。"何老师赶紧打开窗户，并没有发现人，于是对迪迪说："不是人，是树影。睡吧，没关系的。"近一个月以来，迪迪已经不止一次向老师"谎报军情"。何老师跟迪迪的妈妈交流孩子的情况，迪迪的妈妈也开始担心起来。每天晚上接迪迪回家的时候，她都会问迪迪："迪迪，你今天在幼儿园过得好吗？"迪迪不说话，只是点点头。妈妈接着问："你在骗妈妈，你在幼儿园不好，是吗？"迪迪仍然不说话。妈妈继续问："你能告诉妈妈为什么不开心吗？"听得出来，迪迪妈妈特别想从孩子嘴里问出"很好""开心"之类的话，可是孩子不但说不出来，而且跟妈妈走路回家的时候，他总是往后看，还说："妈妈，有人跟着我们。"妈妈问何老师是不是有孩子欺负迪迪了，何老师说从来没有，迪迪的情况应该是家长心事重重、父母关系不和睦造成的。迪迪的妈妈听到后又开始数落同事和孩子爸爸了。

（一）了解家长的特点

敏感多疑是缺乏安全感的表现，它不是一时一事造成的，是长期内心纠结、烦躁、无法解脱的结果，容易形成性格的一部分。当人们在生活或者工作上遭受不顺心或者挫折事件时，敏感多疑的心理就会受到刺激、被唤醒。通常，女性比男性更容易体验敏感多疑带来的痛苦，并给孩子带来危害。

孩子的情绪很容易受到家长的感染，尤其是当与孩子朝夕相处的家长通过神情、语气、态度等途径向孩子传达了微妙而又准确的情绪特征时。比如，迪迪的妈妈无论是在家里还是在幼儿园都在表达自己的不满与猜疑，即使晚间询问孩子在幼儿园的感受，也是充满怀疑的眼神与语气。家长频繁地为孩子营造着不安定、不踏实的心理环境，尤其是当父母吵架的时候，孩子更是感觉到危险随时都有可能发生，自己只能处于无能为力的被动状态。迪迪午睡时出现的幻觉以及被人跟踪的幻觉，就是他平时的不安全体验过于频繁与深刻造成的。遇到这种情况，教师单方面安慰孩子是不够的，必须与其家长进行深入沟通，使之调整自己的言谈举止，为孩子创造安全、轻松、快乐的成长环境。

（二）与家长沟通的策略

敏感多疑的家长经常不快乐，但他们意识不到这种敏感与不快乐也会潜移默化地感染孩子，所以教师有必要通过合适的沟通方式提醒并开导家长，避免这些消极因素对孩子造成不良的影响。

1. 开导家长学会用积极的眼光看待事物

在现实生活中，有不少家长非常信任教师，愿意把自己生活或者工作上的烦恼讲给教师听。家长的倾诉与教师的倾听相结合，对缓解部分家长情绪压力过大的情况有良好的效果。教师在倾听的过程中，适当地发表评论、给出建议，并开导家长用积极的眼光看待事物，尤其是从维护孩子健康成长的角度开导家长，容易帮助家长放下沉重的心事，让他们以开朗的面貌面对孩子。同时，家长的心事和家务事属于隐私范畴，教师既不要主动向家长探听，也不要透露给他人，要尊重家长的人格和隐私，保护家长对自己的一份信任。

2. 指导家长学会自我放松的方法

有的家长能够从理性上认识到自己的不足，却不能从情绪上控制自己，总是不由自主地胡思乱想。教师可以建议家长参加瑜伽培训班，也可以在家学着自我放松。比如，播放轻音乐，进行呼吸放松法或者肌肉放松法。呼吸放松法也叫腹式呼吸法或深呼吸法。具体是这样做的：尽可能慢慢地吸进一大口气，让腹部膨胀，屏气2～3秒后，再慢慢地、均匀地把气吐出来，同时暗示自己吐出了心中的紧张、烦恼和不快乐。这样来回做若干次，就能大大减轻心慌气促的状况。而肌肉放松法也叫神经肌肉渐进式放松法，是通过充分地绷紧肌肉，再放松肌肉，交叉体会紧张和放松的不同，最终达到放松的方法。肌肉放松法可以从手部开始，也可以从手臂、肩部、脖子、眼睛或者脚部开始。一般情况下，从手部开始比较方便，即先逐渐握紧拳头，直到紧得不能再紧，然后慢慢伸开手掌，并体会放松的感觉。

3. 给家长示范帮助孩子放松的方法

当家长发现孩子性格敏感多疑的时候，要帮助孩子学会放松。除了直接安慰孩子以外，家长还可以用联想放松法，引导3岁以上的孩子学会自我放松。联想放松法，即通过别人的语言暗示或者自己的主动想象，暂时放下不愉快的事，联想让自己开心的事，进而放松心情，缓解或改变坏情绪的方法。当孩子情绪紧张的时候，教师或家长可以抱着孩子坐下，或者让孩子自己坐下，让他闭上眼睛听一个放松身心的简短故事。比如，"宝宝闭上眼睛，一只美丽的小白鸽就会从天上慢慢地飞下来，飞呀飞呀，飞到宝宝的手指上，亲了宝宝一口。"讲到这里，成人要亲一口孩子的手指。然后，接着再讲："一只美丽的花蝴蝶飞下来……飞到宝宝的脸蛋上，亲了宝宝一口。"然后，再亲亲孩子的脸蛋。这样反复几次就能达到让孩子联想放松的目的。

4. 提醒家长不要连续不断地追问孩子

敏感多疑的人具有穷思竭虑的特点，喜欢不断地追问自己或者他人，本想得到一个满意的结果，但是越追问越失望，迪迪的妈妈就是这样。对于孩子来说，连续不断的追问会让他感觉很有压力，他很难理清事情的经过或者自己的思路并给家长一个满意的答案。所以，当教师发现家长用这种方式与孩子进行沟通时，建议家长不要连续不断地追问孩子，而要鼓励孩子随便讲一讲班级小朋友之间发生的简单有趣的事情，或者给孩子讲一讲他喜欢的小故事，以此展开亲子沟通的话题，让孩子释放轻松、快乐的情绪。

二、与攀比好强的家长沟通

高老师是幼儿园的骨干教师，很受家长的认可，每年分班的时候，都有不少家长托人把孩子放进她的班级。高老师对所有孩子一视同仁，但是她发现目前所带班级的孩子存在的最大问题就是爱攀比。女孩子会比谁的衣服漂亮、谁的芭比娃娃多；男孩子会比谁的玩具多。此外，孩子们还会比谁家的汽车豪华；谁的爸爸妈妈当官大、更有钱；过生日的时候，谁的蛋糕更大；就连教师节都比谁给老师献的花多。最初只是三四个孩子在一起比，后来又有一些孩子参与到这种攀比之风中。在这种情况下，高老师认为仅仅对孩子加强教育是不够的，孩子们受家长的影响很大，所以她要把攀比好强对孩子的不良影响作为今年与家长沟通的重点话题。

（一）了解家长的特点

有的成人优越感比较强，有了孩子之后，继续在孩子身上延续自己的优越感，并通过各种外在条件的攀比体现出来。比如，在孩子小的时候，比谁的孩子的食品和用品档次高，谁的孩子的衣着穿戴品牌大；孩子大一点儿后，比谁的孩子上的幼儿园收费高、名气大，比谁的孩子报的亲子班价钱贵；在幼儿园里，比谁的孩子坐的车好，比谁为教师做的事多，甚至比谁在爱心捐助活动中捐的钱多。总之，家长希望自己的孩子处处都胜过别的孩子。攀比好强的家长不觉得这是一个问题，反而觉得这是为孩子好，是对孩子爱的表现，是创造条件让孩子"赢在起跑线"上。实际上，这种攀比好强的心理对孩子的心灵成长危害很大。

攀比好强容易让孩子产生虚荣心，导致孩子稍不如人就会生气、沮丧或者发脾气，有的孩子还会心生嫉妒、报复别人，其实这是孩子自卑、不自信的表现。攀比好强还把孩子的发展引向外在的物质追求与名利向往，对培养孩子纯洁的童心、高雅的内涵与怡人的修养都会造成不良影响，久而久之，甚至影响孩子形成正确的价值观和人生观。所以，教师不要忽视班级幼儿出现的攀比好强现象，不要以为它会随着孩子的长大而自然消失。因为这种攀比的心理一旦扎根，矫正起来就要花费更长的时间与更大的精力。

（二）与家长沟通的策略

攀比好强的家长具有积极参与、主动进取的精神，但也会对孩子产生一些消极影响。教师与这类家长沟通的时候应肯定他们对孩子的积极带动作用，同时也要帮助他们克服攀比好强性格所带来的负面影响。

1. 帮助家长正确引导孩子喜欢模仿与比较的心理

孩子都具有对外在事物进行观察、比较、模仿和向往的心理特点，主要集中在吃喝、玩具、衣物等物质层面，很容易让家长觉得孩子不能在这些方面心里有所失落，否则孩子就会缺失自信心和自尊心。其实，这是家长的一种误解。教师需要引导家长认识到：物质上的欲望是永无止境的，自信心与自尊心并不是建立在物质条件的满足上，而是建立在对物质条件的正确态度与评价上。如果自家孩子和其他孩子比谁的新衣服多，家长就要用孩子能听懂的语言引导他对衣服有一个正确的认识。比如，"小朋友长得很快，衣服多了，穿不完就浪费了，所以，小朋友的衣服不要太多，只要舒服、干净就好。你看你冬天的衣服有……夏天的衣服有……春天的衣服有……秋天的衣服有……你的衣服不少耶！如果你长高了，衣服穿不下了，妈妈自然就会带你买新衣服，好不好？"

2. 号召家长共建朴实平易的班风班貌

孩子及其家长的攀比心态有时在不知不觉中形成，甚至最初是家长的一番好心。比如，有的家长觉得独生子女过生日比较孤单，于是买一个大蛋糕送到幼儿园，希望小朋友们共享生日的快乐。家长的初衷是善意的，但是其他小朋友不自觉地就想模仿，而且还会在一起议论谁家的蛋糕大、谁家的蛋糕更好吃，紧接着在自己过生日时就会向自己的爸爸妈妈提要求，最后，家长拗不过孩子，不得已而为之。教师对此要有敏锐的觉察能力，杜绝孩子产生物质上的攀比之心，号召家长共建朴实平易的班风班貌。因此，教师可以写一条正式的通知，用礼貌的语言和科学的分析谢绝家长买蛋糕送到幼儿园。通知的内容如下：

尊敬的家长朋友：

您好！

孩子们一天一天长大了，他们的成长是值得庆贺的。过生日是孩子体验成长的重要途径，生日蛋糕给孩子们的生日带来了甜蜜与快乐，但是家长不宜把蛋糕送到幼儿园给小朋友们吃。主要原因如下：

（1）幼儿每天的饮食是带量食谱，蛋糕吃多了，会影响孩子的正餐摄入量和膳食营养平衡；

（2）幼儿好模仿，在幼儿园吃蛋糕容易助长孩子们的攀比之风，既给家长带来经济负担，也不利于孩子的心理健康成长；

（3）幼儿在园的食材都有一定的卫生与安全把关程序，有的幼儿可能会对家长所带食品中的某种配料产生过敏。

因此，本着对孩子食品安全负责的精神，请家长不要随意带食品进入幼儿园。当然，我们不会忘记孩子们的生日，幼儿园会组织丰富的活动，给孩子们送上有意义的"成长礼物"，把孩子们引向自信、快乐、知足、感恩等精神层面的追求。

谢谢您的理解与支持！

3. 提醒家长不要流露攀比好强的言行

家长是孩子的"第一任教师"，天真幼稚的孩子既会学习家长的优点，也会学习家长的缺点。孩子喜欢简单地重复成人的话，喜欢模仿成人的语气和态度去评价他人与自我，所以教师要提醒家长不要流露出攀比好强的言行。家长不要随意地在孩子面前抬高自己、贬低他人，要培养孩子尊重他人、接纳他人的胸怀。有的家庭物质条件丰厚，可以让孩子拥有，却不能让孩子炫耀，要引导孩子在好习惯、好品质、好修养上"攀比好强"，让孩子好模仿、好比较的心理朝着正确的方向发挥积极的力量。

三、与孩子气的家长沟通

依依出生之后就跟奶奶在苏州生活，两岁后才回到爸爸妈妈身边上幼儿园。但是爸爸妈妈很少关心孩子的生活，而是把大量的时间花在上网聊天、玩游戏、打电话上，高兴了就陪孩子玩一会儿。有一天，奶奶不方便送孩子上幼儿园，爸爸只好送孩子入园。在幼儿园的走廊上，他自娱自乐地唱了一首二人转，歌词大概是"拉着妹妹的手……"，其他家长和老师听后都觉得莫名其妙。依依妈妈带依依的时候也是没有大人样儿。奶奶说没办法，这一家三口就像三个孩子似的都得她来照顾。

（一）了解家长的特点

有些年轻人成为父母却未必具有父母意识。父母意识是与父母身份相一致的一套责任、义务与行为模式，它要求父母为了孩子的健康成长，对原有的生活习惯、行为方式、家庭观念等做出相应的调整，体现了对孩子利益的尊重和父母为关爱孩子而做出的奉献。这就意味着孩子的出生会在生活上、工作上、心理上改变年轻家长，让他们喜忧参半，因此家长必须有足够的身心准备来接纳孩子并调动自我的力量，只有这样，才能重新建立有了孩子之后的美好新生活。但是事实上，有些年轻父母身为家长，其角色意识并没有完全到位。

现在的年轻父母以中国第一代独生子女为主，他们在成长的过程中享受着全家人无微不至的爱护，甚至成家立业之后，他们的爸爸妈妈还把他们当作没有长大的孩子，给予周到的关照。于是，有的年轻父母把孩子交给孩子的爷爷奶奶照顾，自己继续过着自由潇洒的生活；有的年轻父母把孩子当作可爱的玩具与宠物进行收拾打扮；有的年轻父母下班之后不舍得回家，与朋友一起聚会游玩；有的年轻父母下班回家后则忙于玩游戏、上网、煲电话粥，很少与孩子一起游戏玩耍；还有的年轻父母带孩子到幼儿园参加亲子活动，只顾自己玩却把孩子晾在一边不管，等等。这些家长活泼开朗的性格中也包含着孩子气的成分，都是其父母角色认识不到位的表现。

（二）与家长沟通的策略

与这类家长沟通的主要目的是唤醒他们的父母角色意识，让他们承担作为父母应尽的职责以及与孩子建立亲密的亲子关系。

1. 与祖辈家长沟通，请他们帮助年轻父母成长

年轻父母没有完全承担自己的责任与义务，与祖辈家长对他们包办代替有关。教师可以与祖辈家长沟通，鼓励他们逐渐放手，让孩子的爸爸妈妈照顾孩子。即使工作日期间帮忙接送孩子，晚上也要敦促孩子的父母陪伴孩子，节假日则应完全把孩子交给孩子的父母照顾。这样一方面祖辈家长可以减轻自己的劳累与负担，给自己一个休养生息的机会，另一方面可以培养年轻父母照顾孩子的意识与能力，最重要的是，孩子因此获得了更多的亲子时光，

有利于孩子身心的健康成长。

2. 与老教师沟通，请他们直言提醒年轻父母

有的年轻教师因为自己还未结婚生子，即使发现有的父母孩子气，也不好直言相劝，怕无法引起年轻家长的重视，所以年轻教师可以借力，请老教师直言提醒年轻父母。我国素来有尊老敬老的传统，老教师的身份和建言对年轻人具有敦促作用。当然，这位老教师最好是自己的同班教师，如果不是同班教师，则需要与年轻父母有过接触，彼此认识才能发挥正面沟通的效果。

3. 与孩子沟通，请他们教爸爸妈妈学儿歌

年轻父母平时忙于工作，与孩子相处的时间比较少，因此他们更应该珍惜亲子相处的时光，使自己的言谈举止符合孩子的需求、符合家长的身份。依依爸爸的不妥之处在于，他没有意识到自己应该多为身边的孩子着想，谈一些孩子感兴趣的话题，说唱一些符合孩子年龄特点的儿歌、歌曲。依依爸爸很少接送孩子，不是太了解孩子的生活与学习情况。针对这种情况，教师可以有意识地跟孩子沟通，让她把每天在幼儿园学习的故事、儿歌说给或者唱给爸爸听，把自己画的画、做的手工、搭的建筑作品拿给爸爸看，把幼儿园里的生活和小朋友的故事讲给爸爸听，把幼儿园里做的游戏教给爸爸玩。此外，在家长开放日，教师还要特意邀请孩子的父母亲自参加活动。通过这些方式，年轻的父母对孩子的世界了解得多了，他们自然就知道可以跟孩子交流什么话题、玩什么游戏了。

4. 班级举行"为人父母的责任与使命"等专题征文与交流活动

初为父母，都有一个父母角色意识逐步到位、逐步成熟的过程。带养孩子的经历会促进父母成长，父母的反思总结以及父母之间的交流也会促进父母成长，教师要为年轻父母搭建这种交流平台。比如，先向全班家长举行以"为人父母的责任与使命"为主题的征文活动，征文收集上来之后，教师对其进行整理，然后选出内容翔实的征文张贴在班级外墙上，或者组织一场专题家长会。对于较少介入孩子生活的年轻父母，教师要特别鼓励和叮嘱他们参加专题征文或家长会活动。家长会的前半场可以请部分家长朗读自己的文章，后半场请家长自由发言，交流为人父母的经验、教训与感悟，最后由教师进行言简意赅的总结，鼓励父母身体力行养育孩子，突出亲子关系对孩子一生的重要意义。教师还可以就"我们能拥有孩子多少年"这个主题，制作一份图文并茂并配有音乐的PPT文件，现场播放给家长看，通常能产生感人至深的情感教育效果。

四、与容易冲动的家长沟通

晓荷用于扎小辫的皮筋上有一个漂亮的小球球，欢欢看见了很喜欢，就用手摸了摸，晓荷不想让他摸，见他摸了就变得很不高兴。回家后，晓荷对爸爸说不想上幼儿园了，爸爸问怎么回事，晓荷说欢欢抢她的球球。晓荷的爸爸很生气，第二天早上送孩子上幼儿园时跟老师说这是校园暴力，担心女儿因此变得胆怯，要帮助孩子勇敢地面对这件事。爸爸直接叫来欢欢说："晓荷是女孩子，男孩子不能摸女孩子，你不能动晓荷的东西。"欢欢被晓荷爸爸严厉的语气吓哭了。杨老师见状赶紧劝阻，替欢欢解释说他是因为喜欢球球才想摸摸的，不是要抢晓荷的东西，不信问问孩子。杨老师先问欢欢是不是喜欢晓荷的皮筋，欢欢点点头。杨老师说："欢欢即使喜欢也只能看，不能摸，要是摸坏了怎么办？是不是？"欢欢懂事地点点头，还说："对不起，我以后不摸了。"欢欢认错的态度非常好。然后，杨老师又对晓荷说："欢欢喜欢你的皮筋，觉得你的皮筋好看，你高兴吗？"欢欢听见别人夸自己的东西好看，开心地笑了。杨老师说："你们是好朋友，抱一抱吧。"两个孩子高兴地抱在一起。晓荷爸爸尴尬地站在一边，什么话也没说就走了。

（一）了解家长的特点

容易冲动的家长是性情中人，在气质类型上属于胆汁质。这类性格的家长脾气火暴，一点就着，思维上常常粗枝大叶、遇事欠思量。尤其是遇到孩子的事情时，一方面爱子（女）心切，另一方面又不甚了解孩子的心理特点，因而孩子说什么就信什么，然后刨根问底，追究孩子说的每件事。比如，很多孩子都有不愿意上幼儿园的时候，但是他们心里明白自己应该去上幼儿园，而且家长喜欢上幼儿园的孩子，所以他们要为自己不愿意上幼儿园找一个合理的理由：有的孩子说老师批评自己了，有的孩子说小朋友打自己了，有的孩子说幼儿园的饭菜不好吃，还有的说老师不让自己玩等。孩子说得"有鼻子有眼儿"，家长信以为真，于是就带着孩子到幼儿园兴师问罪。

容易冲动的家长在不完全了解事实或者不完全理解儿童心理的情况下，有可能冲着四个对象发火：教师、幼儿园领导、"侵犯"自己孩子的小朋友及其家长。他们会质疑老师，上告幼儿园领导，直接找"侵犯"自己孩子的小朋友算账，或者要求与"侵犯"自己孩子的小朋友的家长对话。经验证明，在教师这里解决问题的效果最好，所以教师要把握解决问题的主动权，而不能任由家长发泄冲动的情绪，使之把事态扩大、矛盾激化。

（二）与家长沟通的策略

有的家长容易冲动，与他们沟通的关键在于教师要保持冷静，善于调查和解释事实，帮助家长消除误解、平复他们的激动情绪。

1. 平时经常向家长说说孩子撒谎的事情

孩子在家长心目中是天真、纯洁、无邪的，但这并不意味着孩子不会说谎。孩子撒谎常常并不具有主观恶意，或者是由于分不清想象与现实，或者是因为误解他人的行为，或者是出于自我保护的心理而不自觉地撒谎。但家长对孩子的这种心理现象不够了解，因此教师平时应经常且主动地向家长说一说孩子撒谎的事情，这有利于提高家长的认知水平，避免家长产生误会与冲动情绪。

2. 借孩子之力平息家长的冲动情绪

家长之所以有冲动行为常常是因为担心自己的孩子吃亏、受欺负，而且当孩子描述自己被打、被抢的时候，确实是泪眼涟涟、委屈可人，所以家长才会愤愤不平，要为孩子主持公道。事实上，孩子的情绪来得快、去得也快，他们不善"记仇"，很快就能握手言和，尤其是在教师的引导下，孩子之间的冲突很容易就烟消云散了。就像案例中的杨老师那样，当面调和两个孩子，让家长亲眼见证孩子平安无事，家长的冲动情绪自然就会消解。借孩子之力平息家长的误会和不满是最有说服力的，教师要善用此策。

3. 与孩子的另一位家长坦诚交流

同一个孩子的不同家长，其性格也会有所不同。当孩子的一个家长（比如爸爸）比较冲动、难以沟通的时候，教师可以暂停与他沟通，转而与孩子的其他家长坦诚交流，为自己赢得一份理解与支持。

有一天，齐齐与坤坤因为抢玩具互相推搡，坤坤被推倒了。坤坤的奶奶看到后直接对齐齐说："你再推我孙子，看我不打你！"班主任见状说："坤坤奶奶，您怎么能这样说？孩子之间推推搡搡很正常，看您把孩子吓的。您走吧，剩下的事情我来处理。"班主任安慰好齐齐之后，立刻联系了坤坤的爷爷和爸爸，向他们述说了事情的整个过程，爷爷和爸爸平时就通情达理，听完之后对老师说："没事，没事，老师放心吧。"

班主任"先下手为强"，争取了主动工作的局面，避免奶奶给爷爷和爸爸灌输片面之词，使自己陷入被动局面。

五、与不识大体的家长沟通

开学第一天，家长抱着孩子的被子进班，郭老师请家长按照先来后到的顺序为孩子选择床位。有的家长让孩子自己选择，有的家长亲自为孩子选择，不管怎样，孩子的床位很快就被安排好了。最后，只有冬冬小朋友还没有来，也只剩门口附近的一个上铺了。一周以后，冬冬来了，冬冬爸爸对这个床位很不满意，要求郭老师调换。郭老师说得征求其他家长的意见，冬冬爸爸说肯定没有家长愿意换，要求郭老师让小朋友们重新挑床位。郭老师说这是不可能的，因为刚开学就换床位，会让其他小朋友感觉很不适应。冬冬爸爸非常不悦，于是就跟冬冬去年小班的班主任张老师说了床位之事。张老师说，家长先别用自己的喜好影响孩子，先让孩子适应一段时间，如果孩子实在不喜欢，再想办法换；或者等开学过一段时间，冬冬交上了好朋友，再跟个别家长交流是否愿意换床位。爸爸觉得这也是一个办法，就暂时把床位这件事放下了。事实上，后来冬冬睡上铺安然无恙，冬冬爸爸也没有再提换床位的事。

（一）了解家长的特点

冬冬爸爸的问题在于做事只从自己的利益出发，不从大局和长远利益考虑，也就是所谓的"不识大体"。当班级其他孩子的床位已经"尘埃落定"，如果仅仅因为某一个家长不满意再重新调换床位，一定会引起绝大部分家长的不满，使教师的班级家长工作很难做下去。个别家长这样做也是其爱子之心的一种表现，他在自己的工作领域里未必这样，可一旦涉及孩子的利益，就容易不识大体。因此，教师首先要对家长不识大体的想法与做法给予理解，然后进一步与家长沟通并开导家长，帮助家长宽心，使家长放心，为孩子的健康成长营造良好的精神环境。

（二）与家长沟通的策略

不识大体的家长因为爱子心切而导致"一叶障目、不见森林"，教师的任务是帮助他们消除顾虑、学会换位思考。

1. 直接拒绝与暂缓之计相结合

当班里其他家长都能遵照约定俗成的规则，只有个别家长不识大体时，教师可以直接拒绝这个家长的不合理要求，并把拒绝的理由清晰地告诉他。这时，有的家长也就默不作声了，但是有的家长自尊心较强，难以平复对立的情绪。对于后一类家长，教师可以考虑把直接拒绝与暂缓之计相结合：一方面坚持原则，维持大局；另一方面想办法宽慰家长，帮助家长缓解情绪。

冬冬爸爸被郭老师拒绝之后，愤愤不平，就转而向熟悉的张老师投诉。张老师的劝说有效地宽慰了家长，而且在未来也具有一定的可操作性，一段时间以后，看到孩子安然无恙，冬冬爸爸不识大体的要求也就自然消失了。教师在与家长沟通时可以兼施这两种方法，提高沟通的效率。

2. 了解并帮助家长打消顾虑

不识大体具有"一叶障目、不见森林"的特点。对于家长而言，这一"叶"常常就是"自己的孩子"，"森林"则是"别人的孩子"。家长不识大体是因为对自己的孩子有某种担心或者不了解孩子的心理发展特点，所以为自己的孩子考虑得过多，却忽视了班级其他孩子的利益。因此，教师不要被家长表面的情绪所蒙蔽，要善于体察家长真正担心的问题，并针对这个问题开导家长，这样更容易从内心深处做通家长的思想工作。比如，冬冬爸爸不接受班级寝室门口附近的上铺，可能是担心门口较冷，孩子容易着凉；也可能是担心孩子睡上铺，怕不小心摔下来；或者担心门口太吵，影响孩子入睡。教师要询问家长担心的具体问题是什么，然后再向家长解释班级教师的防范措施，帮助家长消除顾虑，那么家长不识大体之事也就烟消云散了。

3. 通过孩子引导家长识大体

家长不识大体，主要是因为担心孩子，但是孩子未必如家长所想。此外，孩子通常都很崇拜老师，乐意接受老师的教育，所以有经验的教师要注意培养孩子达观、宽容、团结、乐于助人等优秀品质，通过孩子引导家长正确地看待个人与他人、个人与集体之间的关系。比如，小朋友之间发生争执了，教师通常会指导孩子学会正确的交往方式，帮助他们成为好朋友。所以，当家长气鼓鼓地来为孩子打抱不平的时候，却发现两个孩子在一起正玩得开心，家长无语，一场火药味很浓的冲突就这样被熄灭了。因此，教师要善用孩子作为与家长沟通的中介，孩子的进步与成长像一个无声的传话筒，向家长传达了多余的担心没必要、自私的想法不可取。

4. 教师平时待人处世要公平

不识大体的家长通常并不是不懂大局，而是不愿意为大局放弃自己的想法或做法，因为有的家长认为规则之外总有特例，自己就想做这个特例；还有的家长认为幼儿园没有什么大不了的事，小事一桩，通融即可；也有的家长不相信教师会公平执事，所以教师平时待人公平、处事公正很重要，这样在家长心目中才有威信，与家长沟通时才有说服力。有一位教师说自己在长期的工作实践中锻炼了一种能力，那就是能够很快建立家长对自己的尊重与信任。她的工作方法就是真心地爱每一个孩子、真诚地对待每一位家长；不要因为家长的工作、收入、地位、性格、态度有别而对孩子有别；孩子之间产生矛盾了，自己就秉公办事，教育孩子学会交往，引导家长以和为贵。她还说只要教师一身正气，就会赢得绝大多数家长的认可，进而对少数家长自私、自利之心产生威慑作用，因此在与家长沟通时感觉特别有底气。可见，有一种沟通的力量来自教师的气场，这种气场充满了教师的浩然正气。

六、与钻牛角尖的家长沟通

豆豆从上小班开始就是一个比较胆小的孩子，现在已经上中班了，还是没有明显的进步。他做事爱发呆、不敢行动。即使老师说男孩子该上厕所了，他也站在原地不动，只有听到老师说"豆豆，上厕所了"，他才上厕所。平时在幼儿园，豆豆与老师和小朋友从来没有主动交流过。老师对此很担心，多次跟其家长沟通，都没有引起家长的重视。老师就请豆豆的妈妈来幼儿园观察三天，妈妈惊讶地发现别的孩子怎么那么聪明，动作的连贯性和娴熟程度都是自己的孩子比不上的。于是，她开始"研究"孩子。她的特点是每发现儿子与他人不同的地方，都爱问"孩子为什么会这样"，老师解释之后，她仍然是百思不得其解的样子，把大量的时间和精力都花在猜测原因上了，而不知道采取行动干预孩子。教师根据豆豆的表现为她提供了许多亲子游戏，可是她不愿意带着孩子做。教师每次与豆豆的妈妈沟通的时候，豆豆的妈妈都会向教师分析自己孩子的表现。教师有点着急了，说："豆豆妈妈，儿童心理学家对有些问题也没有研究透，但咱们还是得采取行动指导孩子，您回家多带孩子游戏，怎么样？"豆豆的妈妈答应了。后来，教师问她是否带孩子做了亲子游戏，她不置可否，还是对"研究"孩子的原因乐此不疲。

（一）了解家长的特点

豆豆的妈妈很爱思考和研究孩子的问题，但是陷入了钻牛角尖的死胡同，这是思维方式狭隘、缺乏变通性的表现。这样的家长在现代社会具有一定的代表性，主要表现在一些学历比较高的家长身上。在长期的学业生涯中，他们有一定的学术兴趣，遇事喜欢推理和探究，喜欢打破砂锅问到底，这是一个很好的学习习惯，有时却延误了解决问题的时机。因为很多问题是目前专业人士都研究不透、解决不了的，但是孩子的成长不能等待，我们不能等待所有问题都有一个所以然的结果之后，才去着手教育孩子，况且孩子的心灵是世界上最难以解读的对象之一。

一个6个月宝宝的妈妈说孩子经常抓自己的脸，把脸抓得都是一道一道的血印子，问早教老师该怎么办？老师说趁孩子睡着的时候，把孩子的手指甲剪短一些。宝宝的妈妈听完之后哈哈大笑，老师还以为自己说错了什么。妈妈说："谢谢您！您说得很好，我在笑自己是个书呆子，面对这个问题，我一直在想宝宝抓自己脸的心理原因是什么，却没有想到用这么简单的办法去解决问题，我自己太钻牛角尖了，是您提醒了我。"

（二）与家长沟通的策略

爱钻牛角尖的家长在交流的时候会透露出许多带有个人色彩的思考，教师要注意倾听，并及时补充和澄清知识点，帮助家长树立科学的教育观念。

1. 倾听家长的描述，梳理关键知识点

爱钻牛角尖虽然是不擅长实践、缺乏方法、思维方式局限的表现，但也反映出家长的钻研精神和学术情结，这对于一些以经验为主导、缺乏学习与钻研习惯的教师来说是一个挑战。因为一个爱思考的家长一定会更喜欢一个爱思考的教师。在交流的过程中，如果教师让家长感觉到自己是一个只知道

怎么做、却不知道为什么做的人，或者只有实践没有理论的人，那么就会影响教师在家长心目中的威信。因此，教师要耐心倾听家长的描述，注意梳理其中所蕴含的知识点，帮助自己与家长进行专业上的沟通。

2. 勤于利用周边资源，提高专业沟通能力

爱钻牛角尖的家长喜欢读书学习，但是他们读的书与幼儿教师读的书不太一样。他们喜欢读市面上畅销的早教书和家教书，或者通过网络搜索关键问题的知识点，所以他们的知识点是时尚的、零碎的，他们掌握了一些专业名词，却缺乏融会贯通的知识体系。幼儿教师上幼师所学的课程是专业的、系统的，但是理论性过强，并且缺乏专门针对家长的家教指导课程。即便如此，教师也不能在家长面前"露怯"，教师要勤于利用周边资源，迅速"充电"，提高专业沟通能力。比如，一个家长在与教师沟通过程中说到"延迟满足"，教师不知道这个概念的含义，但也没好意思当面问家长，就利用备课时间上网查阅，很快就找到了相关内容。

3. 把向家长推荐的教育方法理论化

爱钻牛角尖的家长认为找到原因才能从根本上解决问题，这是一种比较理想化的状态。事实上，问题原因与解决方法之间并不是一一对应的关系，一因多果和一果多因是事物的常态，尤其是个体的成长现象更是多种因素相互作用的结果。即便如此，教师也有必要适应爱钻牛角尖的家长的思维习惯，这样既有利于沟通顺畅，也有利于教师素质的自我提升。教师在向家长推荐教育方法的时候，不但要告诉家长应该怎么做，还要告诉他们这样做的原因，这时爱钻牛角尖的家长才会相信教师的指导，才能提高他们实施的自觉性。比如，拍球默数在有的家长看来是一项很平常的活动，甚至以为孩子长大自然就会了，但是他们不理解拍球默数在儿童成长关键期具有非同寻常的作用。教师可以向家长解释，对于一些注意力不集中的、好动的孩子来说，拍球默数要求他们既要拍球又要数数，而且嘴巴还不能出声，实际上是锻炼他们动手、动脑的同时又能控制嘴巴的统一协调能力，是锻炼孩子注意力、自我控制能力以及感觉统合能力的专业方法，而且因为拍球是孩子常见

的游戏活动，非常有趣，所以这种方法既专业又有趣，而且还有效。如果教师把一个常见的活动向家长进行如此的分析，那么有利于提高家长的重视程度。

第五章
与不同从业背景的家长沟通

工作经历对家长的个性特征及价值观念的形成会产生一定的影响，进而影响家长的教育观念和教育方法。关注家长的职业对家长教育孩子产生的积极或消极影响，有助于提高教师与家长沟通的效率。

工作经历对家长的个性特征及价值观念的形成会产生一定的影响，进而影响家长的教育观念和教育方法。在与家长沟通的过程中，关注家长的职业对家长教育孩子产生的积极或消极影响，有助于提高教师与家长沟通的效率。

一、与从事经商活动的家长沟通

为了培养孩子的计算能力，何老师创设了一个"超市"活动区，让小朋友通过用"钱"购物、找零来练习加减法，小朋友很高兴地进入活动区玩购物游戏。一会儿，乐乐进"超市"了，他大声嚷嚷起来："这钱是假的，我有真钱，谁跟我玩？"何老师闻声走过来，发现乐乐从口袋里掏出不少皱皱巴巴、脏兮兮的5元、10元纸币，就问他钱是从哪来的，他说是妈妈给的。晚上，何老师把这件事跟乐乐妈妈讲了，乐乐妈妈笑着说："是我给孩子的，在家里他老是缠着我和他玩儿，我哪有时间呀？！他爸爸忙着进货，我忙着看门市，我就给他点零钱把他打发了。"何老师说："孩子用它干什么呢？"乐乐妈妈说："一点零钱，干不了什么，让他自己买点喜欢吃的东西和玩具吧。"何老师接着问："孩子买的食品是不是健康、玩具是不是安全，您不关心吗？再说，孩子养成乱花钱的毛病也不好呀！"乐乐妈妈说："哟，我还真没想过。不过，没有多少钱，没关系的。"何老师发现乐乐的妈妈只顾忙生意，对孩子的教育意识淡薄，尤其是在金钱教育方面存在误区。何老师决定找时间和乐乐的妈妈进行一次深入的沟通，为她提供一些教育建议。

（一）了解家长的基本特点

从事经商活动是不少家庭的谋生之道。经商得当，不仅可以为家庭带来一定的收入，满足生活所需，还能为孩子的健康成长提供一定的经济保障。但是从事经商活动往往没有固定的上下班时间，而且工作时间较长，导致家长与孩子游戏的时间无法得到保障。此外，经商的家长通常要花很多心思研究商品和市场的变化，陪伴孩子的时间和精力相对较少。但有的家长意识不到这一点，不知道相对于物质满足，孩子更需要家长的关注与陪伴。这类家长希望孩子越省心越好，所以当孩子"打扰"到自己的生意时，他们喜欢用最简单的方式——给孩子零花钱来"打发"孩子，但是没有对孩子怎样正确使用零花钱进行科学的引导。家长的这些问题都需要教师的关注与指导。由于经商的家长平时所听的"生意经"多、"教育经"少，所以教师应主动与家长交流"教育经"，这是提高家长的教育意识和教育能力的关键渠道。

（二）与家长沟通的策略

与从事经商活动的家长沟通，重点是帮助他们重视教育并树立正确的教育观念。

1. 为沟通预热并营造放松的沟通氛围

从事经商活动的家长往往无暇顾及孩子的教育问题，更不容易意识到自己在教育孩子时可能存在的不妥之处，所以教师要打开"话匣子"，为与这类家长沟通"预热"。教师可以先向家长描述孩子的可爱之处，并肯定孩子的优点是与家长的积极影响分不开的，让家长心情愉悦地与教师沟通。或者以拉家常的口吻询问家长"是不是很忙""孩子在家听话吗""孩子不听话怎么办"等问题，给家长营造放松表达的环境氛围。教师不要直接说孩子存在的问题，这会让家长觉得是孩子给老师和自己惹了麻烦，问题出在孩子身上，使家长忽视了对自我的觉察与反省。

2. 提醒家长生意再忙也不要忘记孩子的教育

在倾听家长的过程中，教师要注意分析孩子的家庭生活环境、在家的表现以及家长对孩子的关注度与教育方法，从总体上把握家长对孩子进行家庭教育的基本特点，尤其关注忙碌的家长是否把对孩子的爱理解为挣更多的钱。教师要与家长推心置腹地沟通，提醒家长生意再忙也不要忘记孩子的教育。也有的家长会把孩子的教育简单地理解为教孩子识字、算数或者给孩子找一个好的幼儿园，却没有意识到家长与孩子聊天、游戏、讲故事、散步等简单的活动才是最好的亲子教育。教师要与家长分析原因，并告诉家长幼儿园和家庭都是孩子学习的地方，且家长的教育作用是教师不可代替的。教师要帮助家长意识到即使少挣点钱，换来孩子的幸福童年与健康成长也是值得的。

3. 帮助家长正确理解孩子对金钱的需求

经商的家长，有时也会不由自主地用钱安抚孩子，误导孩子用钱寻找快乐。有的家长甚至发现给了孩子零花钱，孩子就不再闹了，可见孩子需要钱、喜欢钱，于是继续用零花钱换取孩子的安静与快乐。家长的这种理解是错误的，幼儿的快乐并不是建立在金钱上，而是建立在亲情上，真正快乐幸福的孩子是充分享受家庭生活与父母关爱的孩子。出于对亲情的本能需求，孩子最初会千方百计地吸引家长与自己一起玩，但是当发现无论如何都实现不了时，他们只好退而求其次，寻找新的刺激与快乐。使用零花钱让他们换取了五花八门的食品和玩具，甚至赢得了小朋友的羡慕与追捧，于是孩子的快乐越来越依赖于金钱与物质上的满足。久而久之，孩子可能会形成"金钱万能论"的价值观，进而贻误他们美好的人生。

二、与从事管理类工作的家长沟通

常女士是某公司的管理人员，她坚持从小就培养孩子的竞争意识。她特别推崇管理学上的"鳗鱼效应"。据说渔夫捕鱼时最犯愁的就是捕上来的带鱼容易死去，因为带鱼一出水便失去了生存能力，这样返航时带回来的都是臭鱼。有一个聪明的渔夫在船舱中放进了带鱼的天敌——鳗鱼，于是便看到了另一种景象：鳗鱼追着带鱼咬，带鱼被迫四处逃窜，带鱼体内生存的欲望被激发了出来，惰性被活力所取代，其生存时间不知不觉便延长了，死亡率大大降低。常女士认为，也应该让孩子早早地懂得竞争、学会竞争，把他们的竞争天性激活。

在常女士的支持和鼓励下，她的女儿莹莹各方面能力发展得都不错，但过于争强好胜。上课的时候，教师提出问题后，小朋友都争着举手回答，莹莹也把手举得很高。但是教师没有请她回答，因为她已经回答了好几个问题了。于是，教师点了举手的凡凡，凡凡站起来却支支吾吾回答不出来。莹莹就说："没想好就不要举手！"听莹莹一说，凡凡更是羞愧地想不起来怎么回答了，只好沮丧地坐下来。针对莹莹的表现，教师主动与莹莹的家长沟通，希望家长引导孩子学会与小朋友友好相处、尊重他人。

（一）了解家长的基本特点

许多从事管理类工作的家长会不自觉地把自己的管理经验和看到的、听到的管理故事直接类比，应用到幼儿教育上。初听颇有道理，然而经过仔细思考和辨别，就会发现这种类比的思维方式具有机械化、简单化的缺点。

比如案例中的常女士，她重视培养孩子的竞争意识和能力，说明她具有主动进取的精神，希望孩子能占据人生的制高点，这与竞争激烈的现实社会是相呼应的。但是，儿童世界与成人世界的竞争不尽相同。竞争分为两大类："排他性竞争"和"排我性竞争"。前者主要属于成人社会，具有"胜者为王、败者为寇"的比拼特征；后者则是儿童世界的竞争特征，孩子们之间没有根本的利益冲突，他们之间的竞争应以促进自我而不是以打败别人为目标。所以，家长不能直接套用成人的管理学思维来指导幼儿教育，否则容易使孩子陷入自私、狭隘、自大、傲慢的恶性竞争中，而不是健康、向上、文明的良性竞争。

管理学具有丰富的管理思想和管理案例，但是管理学不能代替教育学，它们涉及的研究对象与研究内容有很大的差异。因此，教师在与这类家长沟通时，首先应以开放的态度，饶有兴趣地倾听家长的知识经验与感悟体会，用以开阔自己的思路，同时注意利用幼儿教育的基本规律对之进行去粗取精、去伪存真的辨别。经过一番客观的比较与独立思考之后，教师的专业能力会得到锻炼与加强。

（二）与家长沟通的策略

与从事管理类工作的家长沟通，重点是指导他们尊重幼儿教育规律，避免幼儿教育成人化。

1. 指导家长用符合幼儿年龄特点的方式管教孩子

儿童有自己独特的思维和行为方式，对儿童的教育要尊重儿童的成长规律。家长不能简单地把自己的管理经验应用到孩子身上。对于这类家长，教师要学会引导他们。

这天，金晶小朋友的妈妈对老师说，金晶的爸爸对孩子比较严厉，总是用管理公司的一套模式对待孩子。金晶爸爸认为，孩子做对了事不能表扬，否则容易使她骄傲自大；做错了事要严格批评，否则她以后就不怕家长了。金晶妈妈则认为，孩子不是大人，不能拿管理大人的方法来管理小孩子。金晶爸爸却反驳说，应该让孩子从小就明白道理。金晶妈妈说服不了爸爸，只好请老师帮忙出主意。于是，教师主动邀请金晶的爸爸进行沟通，先让他讲出自己的观点，接着教师不紧不慢地向他指出：孩子的良好行为需要得到鼓励，不良行为需要家长的批评指正，而且夸奖孩子和批评孩子都是有窍门的，并向他介绍了自己在实际工作中的做法与成效。金晶妈妈说，经过老师的沟通与开导，金晶爸爸对孩子的态度好多了，父女关系也逐步得到了改善。

2. 提醒家长善于管理自己的情绪，不把消极情绪带回家

从事管理类工作的家长工作压力一般都比较大，所以经常会有一些消极情绪。有的家长会把它控制在工作场所，"进门前，会脱去烦恼；回家时，会带快乐回来"。有的家长则可能把消极情绪带回家发泄。如果教师从孩子身上发现其家长存在这种现象，要给予家长善意的提醒。教师可以用"踢猫效应"对这类家长晓之以理。

某公司的董事长超速驾驶，被警察开了罚单，他很恼火。回到办公室后，他将销售经理训斥了一番；销售经理莫名其妙地挨训之后，气急败坏地对秘书的工作挑剔了一番；秘书无缘无故被挑剔，积了一肚子怨气，就故意找接线员的茬儿；接线员垂头丧气地回到家，对着自己的妻子大发雷霆；妻子则对儿子大发脾气；儿子非常恼火，便将自己家里的小猫狠狠地踢了一脚。

心理学上把这些发泄消极情绪的连锁反应称为"踢猫效应"。"踢猫效应"说明人的不满情绪会沿着由强至弱的等级依次传递，那么处于最弱势的个体会成为消极情绪无处发泄的最终受害者。而在家庭中，孩子就处于这样的位置。因此，对于这类家长，教师有责任提醒他们控制自己的消极情绪，不要让孩子成为无辜的受害者。

3. 发掘家长利用量化管理培养孩子好习惯的有益经验

有的家长善于把公司量化管理的经验应用于培养幼儿的好习惯上，教师发现之后可以把它作为家长育儿的心得介绍给其他家长。

某个孩子的爸爸是公司总经理，因为工作原因经常醉醺醺地回到家，引起了孩子的不满；而孩子也有一些坏习惯需要改正，如自理能力差、不好好吃饭等。于是，管理经验丰富的爸爸与孩子展开了相互监督的"加分比赛活动"，最后谁加的分高，谁就是胜利者。爸爸的加分项目是："在外吃饭不喝酒加1分，不吸烟加1分，自觉买水果加1分，每天陪孩子下棋加1分，星期天与孩子一起锻炼身体加1分，一天不说脏话加1分，一周不说脏话再加1分，一周看完一本书加1分，主动做家务加1分，讲一个笑话加1分。共计10分。"孩子的加分项目是："吃完一碗饭加1分，吃得干净再加1分，帮大人做一件事加1分，自己洗脸加1分，自己洗脚加1分，自己脱衣睡觉加1分，晚上9:30以前睡觉加1分，自己穿衣起床加1分，自觉弹琴加1分，坐姿正确加1分。共计10分。"班级其他家长知道这个方法后，纷纷效仿，班级小朋友因此形成一股比赛"看谁的好习惯多"的热潮。

三、与外来打工的家长沟通

亮亮的爸爸妈妈都是外地人。夫妻两个人做点小生意，每天早出晚归，非常忙碌，就让亮亮自己在街道上玩耍。亮亮已经5岁了，为了让孩子多学点知识，不像自己识字少，只能干又脏又累的活，在妈妈的反复要求下，爸爸同意让孩子上幼儿园。但是由于长期在家散漫惯了，亮亮形成了一些不好的习惯，如不讲卫生、爱动手动脚等。当教师向亮亮妈妈反映这些问题，并希望家长注意培养孩子的好习惯时，妈妈当场就训斥了孩子，见孩子乱摸就打他的手；当发现亮亮没有按时交作业后，就踢他的屁股，还骂道："小兔崽子，不听老师的话，回家告诉你爸爸，看你怕不怕！"教师发现亮亮的妈妈很尊重老师，老师让干什么就干什么，但是每次向妈妈反映亮亮的问题，孩子不是挨骂就是挨打，后来教师就不忍心再说孩子的事情了。

（一）了解家长的基本特点

亮亮一家的情况反映了全国2亿多流动打工人口的基本状况。随着现代工业和城镇化的快速发展，中国已经进入了人口流动迁移最为活跃的时期；而流动人口的平均年龄为30岁左右，恰逢育龄阶段，这就意味着他们会带来数量巨大的适龄入园儿童。因此，关注外来打工家长及其孩子的教育，是幼儿教师在新时期面临的新情况与新任务。

流动人口是中国现阶段从农村析出的剩余劳动力，其特点是数量巨大、职业多样、流动频繁、居无定所，绝大多数流动人口文化层次较低，主要从事建筑、运输、服务等需要高负荷体力劳动的行业，工作、收入与生活环境较差，而不稳定的工作与生活状态使其成为缺乏归属感的特殊社会群体。而流动人口的一大变化趋势是由个体流动发展为举家流动，这是人们爱家庭、爱孩子的表现。但是，这些年轻的父母爱孩子却不会教育孩子，重视教育却不擅长教育。因此，教师与这类家长的沟通重点应该是培养他们基本的教育意识与教育能力。

（二）与家长沟通的策略

与外来打工的家长沟通，重点是培养他们教育孩子的自信心。此外，教师的建议要易理解、易操作。

1. 不但让家长知道孩子的问题，还要指导家长教育孩子的方法

亮亮的老师发现"每次向妈妈反映亮亮的问题，孩子不是挨骂就是挨打"，这种情况恰恰反映了流动打工家长的教育态度。他们希望孩子通过受教育改变自己的命运，一旦孩子"不争气"，就容易产生"恨铁不成钢"的情绪，同时又不知道"钢是怎样炼成的"，因此教师反映孩子的问题就被他们当作"告状"，并采取单一的惩罚教育手段。可见，教师与这类家长沟通的时候，不但要让他们知道孩子的问题，还要指导他们教育孩子的方法，把问题与问题的解决方案一并"打包"给家长，供家长参考。同时，注意及时了解家长后续的教育措施是否跟进、方法是否正确，敦促家长教育孩子要有始有终、善始善终。

2. 帮助家长改善自己的言行与习惯，为孩子树立学习的好榜样

教师在流动打工家长群体中有较高的威信，教师给予家长的指导与建议也会很有效。这些家长具有率性质朴、吃苦耐劳等优秀品质，是孩子学习的榜样。但是有些家长言行过于随意、缺乏良好的生活习惯，并且意识不到它们对孩子的不良影响。教师要根据发现的问题与家长逐一沟通。比如，对孩子说话要耐心，不要在孩子面前说脏话、粗话；教育孩子要文明，不要随意打骂孩子；孩子做错了事情要批评，不能视而不见或者护短；为孩子创造健康的成长环境，不在家里大量吸烟、喝酒、打牌、看电视、玩网络游戏；尊重配偶和老人，没有家庭暴力；平时不随地吐痰、闯红灯、乱扔垃圾、任意插队，等等。

3. 发现和培养"家长老师"，激发家长教育孩子的信心与潜力

外来打工的家长群体总体受教育程度低，但他们也有一定的知识经验，尤其是乡土知识和生活经验丰富、生动、具体、感性，而这些非常适合小朋友学习。教师可以有意识地挖掘教育意识和能力相对较强的家长，鼓励他们做"家长老师"，激发他们教育孩子的信心与潜力，这能够增强亲子感情和孩子的自豪感，同时对其他家长参与教育也具有积极的带动作用。当然，教师所选择的教育内容与形式要适合家长操作。所以，教师事先要与家长沟通，共同设计简单易行的教育方案。

一位妈妈开始对做"家长老师"有点犹豫，但一看到教师提供的一些动物图片就自信地与孩子交谈起来。关于图片的内容，她会问孩子"这是什么动物""它吃什么""你知道它睡在哪里吗""你知道它怎么睡觉吗"等一系列问题。当孩子知道猫头鹰吃老鼠、天鹅在树杈上睡觉、马站着睡觉等常识时，表现得非常兴奋。有时这位"家长老师"还会学动物睡觉的样子，进一步活跃了孩子的学习气氛。回到家之后，孩子们纷纷跟自己的家长说别人的妈妈都做"家长老师"了，你们什么时候也去做"家长老师"呀？在孩子的央求和教师的鼓励下，更多的家长参与到"家长老师"的活动中，家长和孩子从中都受益匪浅。

四、与全职在家的家长沟通

焦女士为了女儿小可辞去工作，全职在家照顾孩子。小可懂的知识很多，语言表达能力也很强，喜欢说甜言蜜语，每天都穿得干干净净，非常讨人喜欢。可是她自己动手的愿望不强，老师让小朋友们自己洗手、自己吃饭，她总是落在最后，对老师说："老师，你帮帮我吧。"老师说："你看，其他小朋友都是自己的事情自己做。"小可说："就帮我这一次嘛，求求老师妈妈啦。"孩子撒娇的样子让老师难以拒绝，但不能总是迁就孩子呀？老师就把小可的情况跟小可妈妈讲了，没想到小可妈妈听后哈哈大笑，觉得女儿聪明可爱，根本不把它当回事，只是对老师说："给老师添麻烦了，谢谢老师！"看来，小可妈妈毫无培养女儿独立自理能力的意识。小可还有一个小毛病，就是不好好午睡。午睡的时候不是摸摸邻床小朋友的衣服或头发，就是以上厕所为由下床走动，或者跟其他小朋友说话，影响他人午睡。当老师告诉小可妈妈时，妈妈说女儿的精力特别旺盛，能跟大人保持一致的作息习惯，晚上能陪着自己到12点都不睡，然后与自己一起睡到自然醒。此外，面对小可挑食的习惯，妈妈也说："没关系，幼儿园没法为我女儿做可口的饭菜，可以理解，晚上回家我再给她补，谢谢老师的关心！"小可的妈妈对班级老师的态度一直都很好，但是对老师的建议却不在意。

（一）了解家长的基本特点

家长是一种家庭角色，却不是一种社会职业，然而，近年来，越来越多的人把它当作一种职业对待。一些年轻的父母有了孩子之后，放弃原有的工作，全心全意在家照顾孩子，成为全职妈妈或者全职爸爸。

目前，全职家长主要涉及两类人群：一类是主动放弃工作的全职父母，他们的家庭经济条件比较好或者文化层次也较高，家长非常重视早期教育；另一类是被动放弃就业机会的全职父母，他们的家庭收入一般，自身学历较低，就业竞争能力较弱，请人照看孩子的成本又较高，于是不得不离开工作岗位，选择在家照料孩子，以降低养育成本。做全职父母的原因不同，会对全职父母的心态产生不同的影响。主动做全职父母的家长，心情放松，对孩子比较宽容、放任，这类家长喜欢学习早教理论，倾向于按照书本育儿；而被动做全职父母的家长，心情容易焦虑，通常对孩子有较高的期望，这类家长倾向于按照经验育儿。

（二）与家长沟通的策略

与全职在家的家长沟通，重点是尊重他们的意愿并帮助他们培养孩子的独立性。

1. 尊重家长的选择，对家长全职照看孩子持鼓励态度

全职家长的身份和意义已经得到了较为广泛的社会认同，大家不再认为整天围着孩子转是没有出息和社会地位低的表现。全职父母可以给予孩子细致的个性化照顾，有利于孩子的早期发展，也比老人和保姆更有利于实施早教。当然，全职父母的特殊处境也会使他们的心理产生一些变化。由于全职父母不再工作，人际交往圈因而变得狭窄，难以得到多支点的社会评价，更无法多维度地感知自己的变化和成长。他们把照顾孩子当作自己的主要任务，孩子的健康成长成为他们的成就感和自我价值感的主要来源，他们特别渴望得到他人的肯定与认可。所以，即使全职父母在教育观念和教育方法上存在问题，即使他们的孩子存在发展中的问题，教师首先要肯定他们对孩子的付出以及对孩子的积极意义，尤其是要及时反馈他们积累的有益经验和孩子的优点，这会对全职家长产生很大的鼓舞作用。

2. 提醒家长教育孩子不要率性而为，应尊重孩子的个性与成长规律

全职家长富有教育热情，乐于尝试个性化的教育方法，因而家长间的教育观念有很大差异。有的家长对孩子要求很低，崇尚"放养"，支持孩子的自由成长；有的家长对孩子要求很高，希望孩子出类拔萃，注重知识和技能教育。这些都是家长积极思考的表现，有值得教师肯定之处。但是教师还要提醒家长不要把孩子当成"实验品"，随意把个人的喜好、观念、愿望和梦想转嫁到孩子身上，忽略了孩子的个性与成长规律。案例中，小可的妈妈就是这样。教师在与小可妈妈沟通的时候，要把讲大道理与孩子的实际情况密切联系起来。比如，提醒家长不要根据自己的喜好随意推迟孩子的睡眠时间，晚睡晚起不但影响孩子第二天按时上幼儿园，影响午睡的质量，而且还影响孩子的身体健康。教师还可以把国外的一些研究发现告诉家长。比如，孩子睡觉时会自行分泌一种名为褪黑激素的荷尔蒙，它与预防癌症有关，这种激素分泌最多的时期是在1—5岁。通常情况下，褪黑激素每天20点左右开始分泌，随后含量逐渐上升，23点后迅速升高，凌晨2—3点左右达到高峰，然后逐渐下降。所以，家长要培养孩子早睡早起的好习惯。

3. 发展全职家长做家长志愿者，提高家长的教育水平

随着社会文明程度的提高，志愿者精神深入人心，很多全职家长都热心地参加志愿者活动，他们从中收获了帮助别人的乐趣与自我价值感，同时也得到了锻炼与成长。教师发展全职家长做家长志愿者也具有同等意义。全职家长的时间比较充裕，在幼儿园做志愿者不但为班级工作提供一臂之力，为孩子们带来成长的快乐，而且有利于他们客观地了解孩子的特点以及教师对孩子所实施的全面发展的素质教育，有助于他们突破自己的狭隘之处，更新教育观念，掌握科学的教育方法。当然，最初他们不太清楚怎样做一名合格与高效的志愿者，需要教师的指导与培训。教师可以先鼓励少数家长尝试，积累志愿者工作经验，然后逐步扩大志愿者的工作范围。

五、与具有海外工作经历的家长沟通

一对在海外工作多年的夫妇回国创业，他们希望3岁半的儿子接受他们理想中的幼儿教育。爸爸说孩子在美国上的是中国人开办的家庭幼儿园。他的儿子在一位老先生的教导下接触中国传统文化，像《木兰诗》这样的长诗都能背下来。他希望孩子在他们回国的这几年中，幼儿园能教儿子背很多、很好的中国古文和诗歌。但是通过对几家幼儿园的调查，他发现国内的幼儿园没有开设专门的课程，也没有专门的性格训练教程，到处充斥着各种双语特色幼儿园（让孩子学着不纯正的外语）及五花八门的兴趣班。最后，他还说，虽然很多幼儿园装修得很漂亮，但是周边环境未必好，尤其是人们的精神面貌。他希望自己的孩子走出幼儿园，接触到的是神采奕奕的人们，而不是疲惫无神的人们。这位具有海外工作经历的爸爸很犯难，难道在国内就没有理想的幼儿教育？

（一）了解家长的基本特点

随着改革开放的深入，具有海外留学或从业经历的人越来越多。他们眼界开阔、思维活跃，给国内的幼儿教育带来不少新鲜的信息和有益的经验，不少家长还开了自己的博客或微信公众号，宣传自己的海外见闻。其中，有的家长思维敏捷、有见地，能够客观地比较与分析国内外幼儿教育的特点和不同；有的家长则比较偏激，更加崇尚国外的教育模式；有的家长则希望综合国内外教育的优势，争取为孩子创设理想的教育环境。

与这些具有海外背景的家长沟通，对丰富教师的见闻、拓展教师的知识面、加强教师的专业性是很有帮助的。因此，教师应该以积极的态度与这些家长沟通。在与这类家长沟通时，教师需要把握的一个关键点是，不断提高自己在中外比较教育方面的观念与水平，增强自己的自信心。相信，随着中外交流的日益频繁，教师以后遇到的这类家长会越来越多。

（二）与家长沟通的策略

与具有海外工作经历的家长沟通，重点是与他们交流中外的育儿方式，为家长提供个性化的教育服务。

1. 平时多关注中外教育信息，为沟通储备知识

现代幼儿教育进入了开放时代，国内外各种教育信息层出不穷地出现在书籍、报刊、电视和网络上，教师要多关注、多阅读，对之有所知、有所思，才能与具有海外留学或者工作经历的家长展开沟通的话题。尤其是对本班家长所提到的不同国家的教育体制或教育观念等问题，教师要特别留意并默记一些关键词，然后及时翻书或上网查阅资料，进行学习与思考。这样，既为与家长深入沟通储备了知识，又温习了自己之前所学的专业课程。对于自己不确定的问题，教师可以请教有经验的教师或者相关专家，为自己开阔思路。

2. 倾听个别家长的建议，恰到好处地提供服务

从海外归来的家长对国内的幼儿教育既熟悉又陌生：他们熟悉我们的教育传统，但又不是很清楚国内的幼儿园在幼教改革过程中所发生的变化。教师对家长的这种状况要给予尊重与理解。当他们所提的建议与目前幼儿园的做法不太一致时，教师不要三言两语地拒绝家长，也不要以"国内和国外不一样"而对家长的说法充耳不闻，这会给家长留下冷淡、固执、保守的不良印象。教师要认真地倾听、耐心地解释，甚至可以与家长分享在幼教改革中自己观念变化的过程，争取得到家长的理解。对于家长提出的特殊要求，教师可以恰如其分地提供个性化的教育服务。比如，针对本案例中家长要求孩子背诵古诗词的行为，教师在向家长说明死记硬背长篇古文不符合幼儿的学习特点的同时，要向家长介绍一些适合孩子理解与朗读的经典作品，通过这种方式来引导家长的需求，而不是一味地迎合。

3. 以解决具体问题为主，不直接与家长争辩观念的对错

关于中外教育的利弊争辩从来都没有停止过。当教师与这类家长的教育观念不一致时，教师要根据不同的情境采取不同的策略。在与家长沟通的时候，教师可以与家长就抽象的理论和观点畅所欲言，以达到交流信息、分享观点的效果。但是当孩子在幼儿园出现问题的时候，教师要以解决具体问题为主，不直接与家长争辩观念的对错。

杰克与妈妈刚从美国回来不久。妈妈热情、健谈，多次与教师主动沟通孩子的教育问题，给教师的印象是她对孩子很放手，在培养孩子的独立性和自理能力方面很有见地。经过一段时间，教师发现杰克不会用语言交往，不满意就动手解决，虽然没有出现大问题，但是教师还是比较担心，于是就与杰克的妈妈进行了交流。杰克的妈妈说美国的家长认为孩子之间有冲突，应该让他们自己去解决。客观地说，这种观点有一定道理。但是后来发生了一件事，使杰克的妈妈没那么淡定了。有一天，杰克跑着玩的时候，把两个孩子撞倒了，两个孩子站起来就一起打杰克，杰克流了不少鼻血。杰克的妈妈来到幼儿园之后既伤心又生气，先批评打杰克的那两个孩子，又要求跟他们的家长面谈，还说这是校园暴力。教师不同意她直接跟两个孩子的家长见面，并跟她解释三个孩子之间是普通的冲突，不是校园暴力。杰克的妈妈态度强硬，对这种解释并不接受。教师一时冲动，就说："您以前不是说过孩子之间有冲突，应该让他们自己去解决吗？"这句话让杰克的妈妈更加生气，说老师"纵容校园暴力"。后来，幼儿园领导出面才平息了这件事。

从案例中可以看出，杰克的妈妈在这件事情的处理上确有不妥之处，教师的沟通也存在问题。虽然观念支配人的言行，但是观念与言行不一致的现象也很常见。从维护自尊心的角度来说，家长更愿意接受别人说自己言行不妥，而不愿意接受别人说自己观念有误。教师应该避开人心的敏感之处，不因家长的冲动而冲动，要用理性的沟通解决问题，而不是用情绪化的态度激化矛盾。

第六章
与存在不同教养误区的家长沟通

家长的教养误区是导致孩子出现行为问题的重要因素。教师要通过家长的言行与态度，了解家长的教养误区，并通过良好的沟通策略帮助家长走出误区，以促进孩子健康成长。

很多情况下，孩子出现问题的根源在家长身上。家长的教养误区是导致孩子出现行为问题的重要因素。教师要通过家长的言行与态度，了解家长的教养误区，并通过良好的沟通策略帮助家长走出误区，以促进孩子健康成长。

一、与包办代替的家长沟通

小满上幼儿园不到两个星期就学会了自己吃饭、自己喝水，但是一回到家就等着爸爸妈妈或爷爷奶奶喂。老师对小满家长说孩子自己能做的事情，家长不要包办代替，以免影响孩子独立性的发展。小满家长告诉老师，孩子在幼儿园听老师的话，可是回家就不听话了，不喂就不吃，这样会影响孩子的健康。再说，孩子长大了，一定能自己吃饭，就再辛苦两年吧。

（一）了解包办代替的主要原因

学龄前阶段的孩子年龄小，需要大人照顾，但是照顾过度就很容易形成包办代替。家长之所以包办代替有三方面的原因：一是特别爱孩子以致缺乏理性，认为爱孩子就要为孩子做好一切，不要让孩子受委屈；二是家长的养育习惯没有随着孩子的发展而调整，仍然沿袭婴儿时期的养育方式，导致孩子衣来伸手、饭来张口，没给孩子动手锻炼的机会；三是包办代替比让孩子自己动手更加高效、利落、省事，否则孩子做得不好，家长还得为孩子收拾整理。

教师需要跟家长沟通包办代替的危害。从表面上看，包办代替让孩子舒服，让家长省事；实际上，它是阻碍孩子健康成长的"温床"。习惯了家长包办代替的孩子不但动手能力差，独立自理和抗挫折能力发展得缓慢，而且容易任性娇气。总之，孩子的许多不良习惯和个性特点都是家长包办代替造成的。

（二）分析包办代替的表现形式

包办代替是当前家长存在的最常见的教养误区，在孩子成长的各个方面都广泛存在，主要有以下五种表现形式。教师可以根据每个家长包办代替的不同表现，进行有针对性的分析与指导。

1. 在饮食上包办代替：吃流食、吃碎菜、吃烂饭，不用孩子动牙

孩子都有一个从吃流食到吃半流食，再到吃主食的过程，而长期停留在只吃流食的孩子，容易导致只会吞咽、不会用牙齿咀嚼，这样不但吃饭容易噎着，而且不利于牙齿的发育，因为口腔里的酸性环境很容易滋生龋齿菌。另外，因为咀嚼还能刺激大脑活动，所以不咀嚼的儿童其大脑的发育也会受到影响。美国的一项医学研究发现，咀嚼少的儿童的智商普遍低于以耐咀嚼食物为主的儿童。

2. 在行动上包办代替：一出门就抱、就坐车，不用孩子动脚

现在生活条件越来越好，出行工具越来越便捷，于是不喜欢走路、出门就坐车的孩子不在少数，孩子行走跑跳的机会也因此大大减少。孩子的腿脚被包办代替了，会导致他们下肢肌肉力量的发展受到限制，进而影响整个身体的运动能力。因此，家长要鼓励孩子勤动手、勤动脚。

3. 在语言上包办代替：一个眼神或动作，家长即心领神会，不用孩子动口

有一个孩子3岁了还不会说话，妈妈有点着急，爷爷却说："没事，孩子只要长嘴巴就能学会说话，主要原因是你们总不在家，不了解孩子的心思。孩子只要一个眼神、一个动作，我就知道他想干什么，你们要不明白，就问我吧。"爷爷的误区就在于陷入了语言上的包办代替，没给孩子说话锻炼的机会。足够的语言听觉经验是孩子理解语言、模仿发音、学会说话的基础，家长一声不吭地拿了玩具就递给孩子，减少了孩子的听觉刺激，同时也剥夺了孩子表达的机会，会阻碍孩子的语言能力的发展。

4. 在思维上包办代替：孩子一遇到困难就帮助，不用孩子动脑

孩子特别爱问"这是什么""为什么"之类的问题，有的孩子遇到困难就爱说"怎么办""我不会，你帮帮我吧"，家长觉得仅仅是举手之劳，于是就一帮到底了。实际上，思考问题、解决问题的能力在孩子几个月的时候就已经开始发展了，而3岁以上的孩子具有更高级、更复杂的思维能力。因此，家长不宜代替孩子思维。在孩子提出请求后，不必立即回答、立即帮助，要鼓励孩子动脑筋想一想、猜一猜，动手试一试、做一做，帮助他成为勤于动脑、勤于动手的聪明孩子。

5. 在情绪上包办代替：孩子一不高兴就满足，不用孩子动心

当自己的愿望得不到满足时，人们难免会不高兴。心智成熟的成人能够主动调节自己的情绪，而年幼的孩子管理自己情绪的水平较低，可能就会发脾气甚至大哭大闹。看到孩子这样，家长就心软了，于是满足了孩子的愿望。实际上，一味地满足孩子的愿望，换来的只是暂时的平静，孩子以后不但可能形成用发脾气来要挟家长的习惯，而且不断增长的愿望会越来越难以满足。孩子在日常生活和与他人交往的过程中，难免会体验到失意、难过、伤心等不愉快的情绪，成人要帮助他们逐渐学会平衡自己的需求、调节自己的心理，只有这样他们才有能力享受真正的快乐。如果孩子一不高兴，家长就满足其要求，则是在情绪上包办代替孩子的心理体验，不利于孩子健康心理的发展和良好性格的形成。

（三）避免包办代替的策略

与这类家长沟通的时候，重点是帮助他们相信孩子自我成长的力量，放手锻炼孩子的自理能力。

1. 鼓励孩子动手做，宽容孩子做得不好的地方

孩子通常有很大的发展潜力，因此持续的锻炼会提高孩子的动手能力。实际上，孩子天生就喜欢自己动手做事，但是因为通常在他们动手之前，家长就已经为他们完全准备到位，甚至当他们坚持自己尝试时，有的家长还会阻止甚至批评他们，使他们的积极性、主动性受到打击，渐渐地他们就只被动地等待家长的包办代替了。因此，教师要提醒家长不要怕麻烦，不要嫌孩子做得不好、不熟练、帮倒忙，要充满热情地鼓励孩子动手操作，并宽容孩子在操作中出现的失误。久而久之，孩子就会蕴积出强大的、自主成长的内在力量。

2. 经常启发孩子"试一试""想一想"

孩子经常会求助于家长，家长不要拒绝孩子的求助，也不要代替孩子动手动脑，要经常启发孩子——"动手试一试吧，看看有什么新发现"或者"动脑想一想吧，你一直是个爱动脑的好孩子"！家长要始终视孩子为成长的主人，视自己为孩子成长的有益助手，这样会极大地促进孩子的自信心和独立性的形成。

3. 家长做一半，为孩子留一半

生活中的许多技能需要家长手把手地教给孩子，但这不意味着家长可以完全代替孩子。在教授某种技能时，家长可以先做一遍，然后让孩子模仿着做一遍；如果孩子不能完全独立地模仿，家长可以先做一半，为孩子留一半，使孩子处于半独立模仿的状态。比如，在帮助孩子穿衣服、扣扣子、系鞋带时，家长可以只做一部分，剩下一部分留给孩子做。总之，成人要积极地为孩子营造一个从依赖到半独立再到独立的过渡空间，以促进孩子心智的健康成长。

二、与崇尚孩子自由的家长沟通

约翰跟着爸爸妈妈回国定居不久。在幼儿园里，他总是用玩具砸别人或砸地面。有的孩子被砸到了，就愤怒地用手去抓约翰，在约翰的脸上留下了几道红印。约翰的妈妈看到了并没有护短，她认为，约翰砸了别人，别人还手是应该的，这样约翰以后就知道该怎么办了。此外，约翰在班里从来不坐凳子，而是站在椅子上或者坐在桌子上。教师告诉约翰的妈妈后，他妈妈说没有关系，孩子在家里还爬电视机呢，所以专门买了没有辐射的电视机。约翰妈妈说，让孩子自由发展有利于培养他的个性和创造性。约翰父母的观念给孩子的入园适应带来了很大障碍，也给教师出了难题。

（一）了解家长的认识误区

孩子的健康成长需要自由的生活空间与精神空间。成人因为担心孩子出危险而限制孩子的活动，或者希望孩子按照自己的愿望生活而限制孩子的想法，都容易导致孩子将来形成缺乏主见、唯命是从的性格，这是一种在未来社会没有竞争力的性格。所以，过度限制孩子是错误的，但是让孩子过度自由也是不行的。

婴幼儿以自我为中心的思维特点，决定了他们主要是从自己的需要出发，与外界发生各种关系。如果一切都顺应孩子的本性，他们就学不会与他人打交道的礼仪常识和规则，产生为所欲为的倾向。孩子长大后形成的许多不良行为习惯，如好动、不服管教、攻击性强等，都与成人过度满足孩子的自由需要有关。从另一个角度来说，人人都有自由的权利，但一个人的自由不能以侵犯他人的自由为代价，为了自己的自由而影响和干扰别人的自由，是自私的、不文明的行为。因此，自由过度的教养态度培养出来的是孩子的任性，而不是良好的个性。

（二）与家长沟通的策略

与这类家长沟通的时候，重点是帮助他们辩证地把握自由与规则的关系，把培养孩子的个性与社会性有机结合起来。

1. 引导家长相互尊重，营造和谐的沟通氛围

约翰的妈妈之前一直带着约翰在国外生活，秉持西方的教育观念教育孩子，所以教师在与其沟通中产生的困惑，主要源于国内外教育文化和教育观念的差异。国外幼儿园的师生比大于国内幼儿园，所以孩子的自由活动空间更大；国外的家长更加尊重儿童的自由权利，他们不但尊重自己孩子的自由，也尊重其他孩子的自由，所以能以淡定、宽容的态度看待孩子之间的矛盾与冲突。而我国绝大部分家庭都是独生子女，把孩子地位特殊化的现象普遍存在，家长对孩子的事情很重视，也容易紧张。这是两种不同的教育文化，我

们不能简单地断定孰是孰非。因此，教师在与家长沟通的时候，需要引导家长相互尊重彼此的文化传统，营造和谐的沟通氛围。

2. 与家长就事论事，避免在抽象观念上争论

观念是通过对社会生活的长期和反复体验，并接受相关的知识文化教育而逐步形成的。观念一旦形成，则很能改变。每个人都会选择与自己所处的生活环境相一致的观念体系，用于解释并指导自己的言行。比如，约翰的妈妈认为自己在国外带孩子的经验很成功，于是回到国内仍然希望延续自己的生活态度与教育观念，并对自己的观念坚信不疑。事实上，世界上不存在放之四海而皆准的真理。面对千差万别的生动现实，每个人都需要具体问题具体分析。因此，教师要避免与家长在抽象的观念层面谈论，而要就事论事，以解决现实问题为恰。比如，约翰总拿玩具砸他人是存在安全隐患的，家长不能因为孩子侥幸没砸着别人或者没导致他人受重伤而放纵这种行为习惯，因为玩具是用来玩的，孩子喜欢投掷这个动作也需要专门的场地和一定的游戏规则，所以家长需要培养孩子以尊重他人安全为底线的自由意识。

3. 指导家长与孩子建立权威型的亲子关系

笔者曾经见过一位母亲过度尊重孩子自由的情形。这位母亲带着自己2岁的孩子去串门，一到朋友家里，孩子就开始拽她的头发，把她出门前收拾得整齐的发型拽得一塌糊涂，但是她依旧不对孩子说"不"。现在孩子已经5岁了，缺乏基本的规则意识，对大人和教师的劝告充耳不闻，而且伴随着动作的发展，还时常会制造出一些"危险"和"事端"，惹得其他小朋友都远远地躲着他。可见，真正的自由并不是任意妄为，而是自律。自律是自由与规则的有机统一体，孩子最终的成长应该体现在自律意识与自律行为的发展，以及有一定的自我控制能力。研究发现，放任型的亲子关系容易导致孩子过度自由，专制型的亲子关系容易伤害孩子的个性自由，而权威型的亲子关系则有助于发展孩子的自律与自我控制能力。权威型的家长既对孩子有适当的教导与管理，又鼓励孩子发展独立性。权威型的家长与孩子间的交流、沟通和商量的机会比较多，使孩子在理解的基础上逐渐内化家长有益的教

导，让孩子在遇到困难、犯了错误时不害怕、不逃避、不撒谎，而是坦然接受现实、积极接受帮助、主动调节自我，因此，使孩子真正成为自我控制的主人。

4. 与家长共读一本书，放松地讨论读书心得

自由主义倾向的教育观念很受年轻家长的认可。其中一个主要原因是，年轻的家长喜欢阅读亲子教育类书籍，而许多书籍又充斥着批判现代教育的内容和观念，有的观念还比较偏激，导致辨别是非能力差的家长对书中的观念和内容断章取义。似乎一谈到"坏教育"就是限制孩子发展的种种规则与制度，一谈到"好教育"就是倡导个性飞扬的自由生活与环境。实际上，书中的许多说法是具有一定的国情背景、文化传统和个体差异的，在某种情况下是正确的观念，换一种情况就不是绝对正确的，甚至是错误的。为了与家长深入沟通教育观念，教师可以询问家长最喜欢读的书是什么、最欣赏书中的哪一段话以及对这一段话是怎么理解的，然后有针对性地翻阅书中的相关内容并冷静思考，再找个合适的时间与家长交流自己的看法。因为双方谈论的内容是针对书籍而言，避免了直接面对彼此间的观念冲突，从而可以放松地讨论读书心得，而讨论本身又具有相互理解与相互影响的作用。

三、与过度关注孩子的家长沟通

一般情况下，小朋友都是由一个家长送到幼儿园。然而，孔老师发现淑涵小朋友经常是由爷爷、奶奶和妈妈三个人一起送到幼儿园，淑涵爸爸只要能抽出时间，也会尽量接送孩子。如果遇到家长开放日活动，一定是爸爸摄像，爷爷从一个角度照相，妈妈从另一个角度照相，奶奶则随机协助。淑涵妈妈对老师说："我们家什么都不缺，照顾好、教育好淑涵就是我们家最大的事，请老师对我家女儿多加关照。"在家长的关爱下，淑涵长得聪明、漂亮、可爱，但是心思却比别的孩子重。一天，莉莉发烧了，老师对她很关心，户外活动的时候一直拉着她的手。淑涵看见了，玩游戏的时候心不在焉，时不时地看看老师。从户外回到教室之后，淑涵终于忍不住了，指着莉莉对老师说："我不喜欢她，她丑死了！"老师很诧异淑涵怎么说出这么难听的话，但也明白淑涵是嫉妒莉莉今天得到了老师更多的关注。

（一）分析过度关注给孩子带来的危害

孩子需要成人的关注，但是过度关注会给孩子带来危害。过度关注孩子的家长往往一切以孩子为中心，强化了孩子的"以自我为中心"的思维特点，影响了孩子从客观的角度去理解与接纳他人、与他人平等交往、遵守规则及尊重外在环境等，使孩子陷入"唯我独尊"的狭隘世界。

王老师的女儿佳佳在王老师所在的幼儿园上学。从上幼儿园的第一天起，佳佳就得到一些教师的"特殊关注"。这些教师见了佳佳之后，不管是什么场合，都喜欢逗逗佳佳，久而久之，导致佳佳形成了"特殊化心理"，让她觉得自己就应该是大家关注的焦点，进而脾气逐渐变得骄横、霸道。佳佳时常拿"我妈妈是幼儿园老师""我让妈妈狠狠地批评你"威胁与她"作对"的小朋友，不能与同伴和睦相处。佳佳的这种不良变化，是入园之后教师的过度关注造成的。

每个孩子都有自己的心理空间和思想意识，过多的干预与关照会减少孩子锻炼他们自己的独立性、坚强品质、创新能力以及解决问题的机会，阻碍孩子思维的客观性及社会性品质的发展。从成长的规律来说，孩子不被过度关注反而能获得更大的自由空间，能够按照自己的速度和节奏在平稳的环境中健康成长。"静悄悄地成长"是孩子形成独特风格与个性所必需的。

（二）走出过度关注的误区

与这类家长沟通的时候，沟通的重点是帮助他们理解适度关注才有利于孩子身心的健康发展，并帮助他们掌握适度关注孩子的具体方法。

1. 向家长阐述幼儿教师关注孩子的特点

几乎所有家长都希望自己的孩子受到教师的重视，希望孩子在幼儿园像在家里一样，得到细致的关心与照顾。家长爱护孩子的心理是可以理解的，但实际上，并非所有的重视都有必要。在幼儿园集体生活中，教师对每个孩子的基本情况都是心中有数的，但教师最关注的是那些能力相对较弱和行为习惯相对较差的孩子，重视这些孩子有利于提高班级幼儿的整体水平。可见，有的孩子不受重视，反而说明孩子很能干。

2. 培养孩子乐于为他人喝彩、乐于帮助他人的品质

以自我为中心的孩子不易接受别人的优点、长处和成功，但是经过家长的引导，这种情况可以得到改善。比如，当家长听说某个小朋友获得了奖励、取得了好成绩时，不要立即批评自己的孩子不如他人，而要先鼓励孩子接纳比自己优秀的同伴，为小伙伴喝彩、祝福，从而培养孩子宽广、谦虚的胸怀；当其他小朋友有困难了、退步了或者被批评了，要引导孩子学会同情和帮助他人，而不是幸灾乐祸。

3. 正面鼓励孩子，不要一味地哄劝孩子

孩子特别需要家长的表扬和鼓励来建立信心，于是有的家长一味地、夸张地表扬孩子，即使孩子做了不对的事情，也把责任往别人身上推。孩子长期被这么哄着，久而久之就不愿意承认和学习他人的优点，不接纳和嫉妒他人的事情也就随时有可能发生。比如，当孩子因为在一次比赛中输了而特别伤心时，有的家长就会说："他有什么了不起的？我们也行！"这样也许安慰了孩子，但是对孩子进行了错误的引导。家长应该正面鼓励孩子："人家学会了，我们经过学习也一定能行！咱们回家试试吧！"

在玩下棋、扑克牌、拍球等亲子游戏时，别给孩子造成总是他胜利的假象。幼儿与成人的思维方式不一样，成人觉得让让孩子没关系，儿童却把游戏当成"工作"一样对待。家长应该让孩子在游戏中学习尊重规则与结局，不应以自己的喜好与意愿随便改变规则。

4. 避免助长孩子争强好胜、唯我独尊的心理

孩子在集体生活环境中会有攀比和竞争心理，教师和家长要引导孩子向良性竞争发展，避免助长孩子争强好胜、唯我独尊的心理。比如，在游戏角色的分配中，孩子们都希望自己做主角，成人要引导他们轮流做主角，而不是只能自己做主角、不给他人做主角的机会。对于能力较强的孩子，要培养他们谦虚、友善的态度，要让他们懂得尊重他人，不要恃才傲物。

四、与过度忽视孩子的家长沟通

小凯今年5岁了，有一个3岁的弟弟，但不幸弟弟患有白血病，妈妈常年在医院陪伴弟弟，爸爸也整天忙于工作，因此平时就由小凯姨妈照顾小凯。小凯很聪明，但是情绪反复无常。有时表现得特别好，有时又会闹一天别扭。一天，他竟然很乖地趴在老师的肩膀上，让老师很感动。老师说："你喜欢老师，对不对？"他说："我就是不说。"他好像很担心说了之后，老师就不抱他了。在户外活动时，小凯喜欢到处乱跑，老师拉住他，他就使劲推老师，边推边自言自语："妈妈喜欢我，妈妈爱我。"老师听着很心酸，知道他心里想念妈妈。在家里，小凯爸爸不耐烦了就会揍他。老师知道孩子的行为有问题，但是家长的教育方法存在的问题更大。

（一）分析过度忽视给孩子带来的危害

由于社会变迁对家庭及个人生活的深刻影响，在家庭中过度忽视孩子的情况并不少见。比如，父母在异地求学、就业，或者父母工作繁忙、父母离异等，都会导致他们平时较少关注孩子。此外，家庭中的一些突发事件，也会导致家长对孩子的忽视。小凯就属于这种情况。

小凯由于没有得到正常的母爱和父爱，导致他在识别他人的情感以及表达自己的情感模式方面发生了紊乱，他不知道怎样做才能得到家长的关注。因为他从切身体验发现：表现得乖乖的，没人理自己；如果胡闹一番，虽然会挨揍,但好歹爸爸关注自己了;挨揍之后他又发现好像自己乖一点,家长也会对他好一点。因此小凯的行为才会令人捉摸不透。家长则把孩子捉摸不透的行为当成自己严厉管教孩子的原因,对孩子时而冷漠不关心,时而训斥打骂,始终没有给孩子稳定的关爱和安全感。

家长不要以为孩子吃饱、穿暖、不生病、有学上就是尽到了自己的职责,家长更要关心和满足孩子对爱、接纳、关注、尊重、自我实现等心理情感的需要,只有这样才是真正给孩子创造了幸福的童年生活。

(二)提供关注孩子的策略

与这类家长沟通的时候,沟通的重点是帮助他们学会积极地关注孩子,让孩子在爱与关怀的环境中健康成长。

1. 教师与家长用相互传达的方式给予孩子积极的关注

鉴于过度忽视的家长对孩子的成长关注较少,教师可以把孩子在幼儿园的进步表现描述给家长听,再请家长传达给孩子,这样孩子既得到了教师的鼓励,也得到了家长的鼓励。同时,教师还要经常问问家长,孩子在家庭中的进步表现,并把家长的积极关注传达给孩子,孩子通过这个渠道又得到了双重鼓励。每次传达之后,教师都要与家长进行确认:"您把我对孩子的鼓励传达给他了吗?"这种传达的方式很简单,却对家长积极关注孩子起到提醒作用,还给孩子带来进步的动力,因为鼓励是一种最积极的关注。

2. 家长饶有兴趣地倾听或询问孩子,鼓励孩子讲述幼儿园发生的事

孩子离园之后的交流是亲子沟通的重要内容。每个孩子主动交流的状况是不一样的,有的孩子不等家长问,就滔滔不绝地向家长讲述白天在幼儿园的所见所闻,家长要饶有兴趣地倾听,不宜三心二意,也不宜随意打断孩子。家长不时地对孩子注视、点头和提问,都会鼓励孩子说下去。这个过程不但锻炼了孩子主动、大胆表达的能力及思维的条理性与逻辑性,还帮助家长了解了孩子在幼儿园丰富而详细的生活情况。其中,家长的提问对孩子具有积极的启发与引导意义。比如,孩子说两个小朋友在幼儿园争吵打架了,家长可以追问事情的来龙去脉，锻炼孩子的回忆能力；可以询问谁是谁非，观察孩子对是非的判断；可以讨论正确的解决方法，引导孩子的交往能力。家长用心倾听、用心提问都会促进亲子之间的深度交流，既增进了亲情，又促进了孩子的发展。

3. 通过关注孩子的表情来关心孩子的精神世界

孩子并非无忧无虑，一件很小的事情就可能让他们情绪低落、生气难过。比如，一个小男孩有一段时间总不想上幼儿园，妈妈问老师是怎么回事，老师也说不清楚，经过再三询问才知道是因为孩子觉得自己"画不好气球"。家长不要以为类似"鸡毛蒜皮"的小事不值得关注，因为孩子是在小事中完成"成长"这件大事的，所以孩子的成长无小事。

孩子一般不善于隐藏自己的情绪。家长平时可以通过关注孩子的表情来判断孩子是否遇到了烦恼，然后再问孩子："妈妈看你好像不高兴，你愿意跟妈妈讲一讲发生了什么事吗？"如果孩子不愿意讲，就不要强迫他；如果孩子愿意讲，家长要引导孩子正确地看待问题，并与孩子商量解决问题的方法，促进孩子成为解决问题的主人。

五、与在孩子面前缺乏威信的家长沟通

早晨哄劝彤彤上幼儿园，成了爸爸妈妈每天的第一项"工作"。有一天，爸爸突发奇想："儿子，咱们来玩一次'石头、剪子、布'，好吗？我赢了你就得上幼儿园，你赢了就随你的便。"一听玩游戏，彤彤高兴地答应了。结果爸爸赢了，彤彤就大哭起来。爸爸心软了："好吧，别哭了，今天咱不去幼儿园了。"从此以后，哄劝儿子上幼儿园就变得更加艰难。过了暑假，彤彤要上大班了。开学第一天，妈妈把他送到班里准备走了，彤彤跟在后面追妈妈，老师赶紧用胳膊拦住他，他抱着老师的胳膊狠狠地咬了一口，妈妈转身看见老师的胳膊被咬出血了，连忙说"对不起"，并让老师看她胳膊上被儿子咬得"此起彼伏"的大包小包。

（一）帮助家长意识到有威信才有教育

一般情况下，进入大班，孩子上幼儿园已经不是问题，无理取闹的事情也已经很少发生，但是彤彤不一样，这与家长在孩子内心丧失威信密切相关。没有威信就没有教育，家长的威信是家庭教育取得良好效果的保证。但是有的家长意识不到这一点，教师发现问题之后要提醒家长关注教育威信的建立与维护。《颜氏家训》中说："夫同言而信，信其所亲；同命而行，行其所服。"孩子心目中有家长的地位和威信是他们接受家长管教和建议的心理基础，一旦家长的权威动摇或者受到"损伤"，孩子就不听话、不配合了，很多时间和很多精力也都首先"内耗"在亲子之间谁说话算数的权利较量上，亲子合作因而变得效率低下，双方常常闹得不愉快。

在孩子的眼里，家长的教育权威体现在一系列规则的限定上：什么时候可以做什么事情，什么时候不能做什么事情；事情该怎么做、不该怎么做；如果不与家长配合，将要发生什么事情；发生的事情是自己乐意接受的，还是不乐意接受的；彼此之间的"势力范围"又是怎样扩张和萎缩的，等等。对家长的教育权威有所认知和探索是孩子智力发展的成果，至于他们不与家长的教育权威相配合，往往是家长自愿"拱手相让"的结果。比如，彤彤的爸爸以为"石头、剪子、布"只是一个游戏，不必当真，只要孩子开心就行。实际上，家长让出的却是权威。因为游戏对大人来说是虚拟的，对孩子来说则是真实的，孩子遵守游戏规则就是尊重规则、尊重权威，在规则与权威面前，家长不能出尔反尔。

（二）为家长建立威信出谋划策

与这类家长沟通的时候，沟通的重点是帮助他们意识到自己的日常言行对树立教育威信的影响，并调整自己的教育态度与方式。

1. 对孩子讲诚信，许诺要量力而行

家长为了鼓励孩子做某件事，经常会用一个优厚的条件刺激孩子，孩子按照家长的要求做了，结果家长不履行当初的承诺，孩子因家长的言而无信而深感愤怒，久而久之，家长的威信就会在孩子心目中削弱甚至丧失，孩子也因此逐渐变得"目中无人"、难以管教。因此，教师要提醒家长履行对孩子的诺言。同时，提醒家长不要随意许诺，许诺本身要具有可行性，要对孩子的健康发展有益。比如，有的家长许诺带孩子去游乐场，但是当天根本无法陪孩子去；有的家长过于投孩子所好，经常给孩子许诺过多零食、过长时间看电视或者玩游戏，等等。如果不履行这些诺言会伤害家长的威信，履行诺言则会伤害孩子的身心健康。

2. 柔中带刚地执行已经确定的规则

履行诺言意味着尊重孩子，尊重孩子却不意味着一味地讨好孩子，讨好孩子换不来家长的威信，反而会使孩子轻视家长的威信。因此，家长要把握好爱与规则的关系，与孩子协商好行为规则之后要坚定地执行下去。如果孩子拒绝，家长不要无原则地妥协，也不必声色俱厉地惩罚孩子，而要柔中带刚地敦促孩子执行规则。而规则一旦形成，就不要朝令夕改，而且不同家长应该对孩子的要求一致，否则容易使孩子"钻空子"，不利于形成统一的、内在的行为规则。

3. 严厉与惩罚不能带来真正的威信

有的家长把威信简单地理解为让孩子害怕家长，听家长的话不敢反抗。实际上，这只是孩子表面上的服从，是他们担心会受到严厉的惩罚才配合家长的结果。一旦家长不在身边，孩子就为所欲为了，甚至变本加厉地发泄自己压抑的情绪。真正的威信是建立在孩子心悦诚服的基础之上，是家长不在身边仍能以规则约束自己的内在力量。所以，家长不能见孩子不听话了，就吓唬、打骂、惩罚孩子，这只能让孩子暂时感觉到家长的威慑力量，并不能使他们在内心世界建立起真正的威信。

4. 别让孩子"吃掉"家长的威信

孩子的吃饭问题一直都是让很多家长颇感头疼的事情，如孩子吃得少、吃得慢、挑食等。爸爸妈妈，尤其是祖辈家长，为了能让孩子多吃一口，甘心"出洋相""丢面子",最后孩子是吃饭了,却也"吃掉"了家长的威信。教师可以就"吃饭"与"威信"的这种关系跟家长进行沟通,并请家长正确地对待孩子的饮食习惯,不要因为自家的孩子比别人家的孩子吃得少而担忧,只要孩子有健康活泼的面貌,就不要强迫孩子多吃饭。吃饭是人的本能,饥饿是最好的厨师,家长让孩子加强运动锻炼以促进消化,是提高孩子食欲的根本方法。

六、与过度表扬孩子的家长沟通

王女士自从有了儿子小飞以后,对幼儿教育非常感兴趣,读了不少家庭教育方面的书籍,特别推崇赏识教育、无批评教育,对孩子总是表扬和奖励。孩子3岁上幼儿园了,妈妈还是一口一口地喂他吃饭。孩子很长时间才吃完,妈妈还要夸奖一句:"小飞真棒,是妈妈的乖宝宝!"平时带儿子一起看班级小朋友的作品,如果妈妈夸奖别人,小飞就噘着嘴不高兴,妈妈赶紧哄劝他:"小飞更棒!"老师反映小飞过分要强,平时做错了事情,老师只是给他指出来,他就不高兴;老师在表扬吃饭、穿衣、听课认真的小朋友时,如果没有提他的名字,他就会大声地说:"老师,还有我,我比小宝好!"因此,小飞在性情上非常娇气,在班里朋友很少。

(一)向家长分析过度表扬孩子的隐患

孩子的健康成长需要家长的表扬与鼓励。表扬给予孩子肯定,激励给予孩子动力,孩子需要在肯定的成长环境中获得主动进取的动力,但是过度表扬则达不到这个效果。因为一方面无限度的表扬和赞赏改变的只是孩子的心理感觉,并非孩子的现实状况,它过分地抬高了孩子的心理感觉,从而拉大了与现实之间的差距,使孩子无法正确、客观地认识自己;另一方面,一味地用赞扬来满足孩子,会让孩子养成因为表现良好就期待奖赏和刺激的习惯,并因此产生依赖。他们奔跑不是为了前面的目标,而是为了身后拉拉队的喝彩。而一旦发现身后的拉拉队悄然不在后，他们便会感觉到失落和迷茫，继而失去跑下去的信心和动力。

要想掌握赏识与表扬的真谛，家长需要真正了解孩子的想法，认识到孩子所做事情的价值以及他付出的努力，并予以充分的重视、适时的支持与精神的鼓励，引导孩子朝着健康的方向发展。

（二）指导家长调整教育策略

与这类家长沟通的时候，沟通的重点是帮助他们把握正确的表扬方法，而不是简单、草率地使用表扬教育法。

1. 表扬要具体，不宜空洞地泛泛而谈

学龄前儿童的思维特点是形象思维占优势，对事物的认识和理解很具体，因此家长的表扬要具体，要专门强调孩子令人满意的行为或者做法，让孩子知道自己具体好在哪里。比如，孩子画了一幅画，家长要避免泛泛而谈的评价："啊，画得好美，你真是一个小画家！"这种评价会养成孩子对高期望评价的依赖，而不是心满意足地自我认可。家长要真正发现孩子所画之美，具体描述他在主题、构图、色彩、创新等方面的长处，这种客观的赞美既提高了他的认知水平，让孩子明白自己在哪一方面做得好，又使他得到了具体的指导。教师还可以提醒家长在日常生活环节尝试言之有物的表扬方式，比如，"谢谢你把饭桌清理得如此干净。"家长也可以通过表达自己的细腻感受来夸奖孩子："妈妈今天很累，你能帮妈妈倒水，妈妈可以休息一下了！你真是一个会关心人、照顾人的好孩子！"

2. 表扬要恰当，不宜随意夸大其词

表扬和奖励对年幼的孩子具有很强的吸引力，但是家长不能滥用。只有当孩子真的有了突破、能够战胜自己时，这时的表扬才有价值。表扬是对孩子中肯的评价，不是随随便便赐予孩子的廉价物。随随便便表扬孩子，是不尊重孩子的表现。如果孩子不需要经过努力就能完成一项任务，家长就没有必要对孩子表现出欣喜若狂、赞不绝口的态度，这样必然会助长孩子的自满

情绪，长久下去，也无法让他体会到表扬带来的激励之情。奖励的效果也是如此，它也不是任何时候都适用的法宝，没有任何奖励可以使孩子们永远心满意足。家长的奖励可能只针对这一次行为，但孩子们会自然地推理：爸爸妈妈下次还会奖赏我吗？是否会奖得更多呢？如果家长忽视了一次奖励，孩子们会认为他们浪费了自己的努力，进而失去了自我管理的动力。

3. 以精神鼓励为主，不宜总是物质奖励

小孩子对小食品和小玩具是非常喜欢的，拿孩子喜欢的小东西作为交换条件确实具有立竿见影的效果，但这种效果是暂时的。因为孩子一方面很快就会对一贯出现的物质奖励失去新鲜感，另一方面他的行为不是出于自觉自愿的内化动机，而是外在物质利诱的结果。实际上，家长表扬孩子的最终目标是让孩子学会自我激励，遇到问题能自信、妥善地处理，而不是总依赖物质奖励、依赖他人的迁就，这样孩子难以获得控制自我的内在心理力量。家长要经常给予孩子精神奖励，如拥抱、抚摸、微笑、注视、讲故事、亲子玩耍、口头夸奖（聪明、能干、好孩子）等。孩子越大越需要精神层面的鼓励，家长从小就要培养孩子对精神鼓励的满足感和愉悦感，帮助孩子摆脱对物质奖励的依赖。

4. 小心迁就和妥协是对孩子所犯错误的无言支持

该吃晚饭了，小轩已经连续好几天吃的都是炸鸡腿，妈妈劝儿子换换口味，吃点鱼虾和青菜。可是，小轩一看饭桌上没有炸鸡腿，就把筷子一扔，不愿意吃饭了。爸爸说了他几句，他竟然把门一摔跑出去了。这下可把爸爸气坏了，要追上去揍儿子。妈妈却追在儿子后面，买了他要的炸鸡腿。虽然暂时平息了亲子矛盾，但是小轩吃饭挑食的毛病变得更加严重了。

当孩子出现不良行为时，迁就和妥协就是对这种不良行为的支持，他也因此会再犯错误。在日常生活中，孩子总会产生各种各样的需求，如何能满足自己的需求是他的小脑袋瓜始终在琢磨的事情。首先他也懂得"以和为贵"，尽量采取让父母喜欢的方式满足自己的愿望；而当父母否定他的愿望

时，他就有可能"退而求其次"，即使惹得父母不高兴，只要能达到目的就行。这时，如果父母一味地心软而迁就孩子，孩子就抓住了父母的"软肋"，再次使用同样的"伎俩"。这就是孩子观察父母的态度和言行的一套思维。

父母的支持与夸奖是孩子的行为标准，因此千万不要支持有误、夸奖错误，否则，就会混淆孩子心中的是非标准，这对孩子具有严重的不良影响，家长想要改过来就得付出更大、更艰难的努力。

七、与过度批评和惩罚孩子的家长沟通

涛涛5岁了，妈妈对于涛涛的调皮捣蛋行为十分苦恼，经常气愤地大声斥责他，却不见效。实在没办法了，她就拿出邻居传授的"杀手锏"——关黑屋。当涛涛无理取闹的时候，妈妈就把他关在壁橱里，涛涛立刻就能老实了，妈妈对这个办法比较得意。日子一久，次数一多，壁橱成了涛涛最害怕的地方。每当妈妈说"你再淘气，我把你关起来"时，涛涛就吓得连声音都喊不出来。这样几次后，涛涛竟然出现了"口吃"，妈妈这才知道是自己的错，但是为时已晚，要想把"口吃"矫正过来需要花更长的时间和更多的精力。

（一）向家长分析过度批评和惩罚的隐患

恰当的批评和惩戒有很多教育价值，如制止孩子的错误行为、培养孩子的独立反思能力、锻炼孩子的责任心等，但是过度批评和惩戒则达不到这个效果。当孩子很顽皮、屡教不改时，有些家长会经常用"小偷偷小孩""警察抓人""报告老师"一类的话吓唬孩子，或者把孩子"关黑屋"，使打骂、惩罚成为孩子的"家常便饭"，这样做对孩子产生的负面影响很大，会导致孩子形成说谎、胆怯、孤僻和固执的不良品格。

1. 说谎

研究发现，严厉批评、吓唬和威慑会让孩子撒谎狡辩，宽容和原谅则让

孩子坦白诚实。比如，孩子打碎了花瓶，如果家长说："是你打碎了花瓶吗？如果你不说实话，我就不理你了。"孩子十有八九不说实话。如果家长说："是你打碎了花瓶吗？我知道你不是故意的，如果你说实话，我就与你一起做一个好玩的游戏。"孩子十有八九会说实话。可见，说谎的孩子后面通常会有严厉的家长，因为他发现做错事、说真话有遭到严厉批评与惩罚的危险。

2. 胆怯

如果孩子经常挨骂挨打，并且也不太明白自己到底错在哪里，或者难以预料自己会不会再次出错，那么不管他是否做错事情，他一见到家长都会感到紧张、害怕、不敢接近。在这种环境下成长的孩子容易自卑、胆怯、懦弱，具有紧张不安、唯命是从、心理压抑、忧心忡忡的习惯性倾向。

3. 孤僻

经常挨打的孩子会感到孤独无援，尤其是父母当众打孩子，会使孩子的自尊心受到伤害，让他们怀疑自己的能力，自感"低人一等"，显得比较压抑、沉默。这类孩子往往不愿意与家长和老师交流，不愿意和小朋友一起玩，性格显得孤僻。

4. 固执

家长动不动就严厉地批评孩子，容易使孩子产生对立情绪和逆反心理。于是，有的孩子用故意捣乱来表示反抗、用存心惹家长生气来表达不满，即使挨打也不躲避、不叫疼，越打越不认错，变得越来越固执。实际上，这样的孩子性格刚强、脾气倔强，容易被强硬手段激怒而变得更加强硬。

（二）指导家长调整教育策略

与这类家长沟通的重点是帮助他们把握正确的批评方法，而不是简单、草率地使用批评教育法。

1. 家长在批评和惩罚孩子之前要先控制自己的情绪

有的家长在面对孩子的调皮捣蛋和无理取闹的行为时，难以控制自己的情绪，禁不住要对孩子发火。教师可以向这类家长传授控制自己情绪的方法。

研究表明，情绪总是比理性思考早出现 6 秒钟，所以家长能否把握好情绪出现的头 6 秒非常关键。比较有效的办法是强迫自己数数或深呼吸，即家长想发怒的时候，先闭上嘴巴，在心里从 1 数到 6，或者尽可能地吸进一大口气，让腹部膨胀，憋住气，然后再慢慢、均匀地吐出气，暗示自己吐出心中的紧张、烦恼和不快乐，这样来回做若干次，就能大大缓解冲动的情绪状态。

2. 用温和而坚定、严肃而不严厉的态度要求孩子

教师需要与家长沟通批评教育的艺术。真正达到批评教育的效果不在于严厉的措辞，而在于严肃的态度，有时说话方式比说话内容还重要。当孩子违反规则的时候，过于放松和过于强硬的态度都不利于孩子的发展，适宜的态度是温和而坚定、严肃而不严厉。"温和"表示家长尊重孩子犯错误的权利；"坚定"则让孩子明确是非，明白规矩是不可动摇的，培养他尊重规则与权威的意识；"严肃"说明家长的态度是认真的，但语气、语调不"严厉"。比如，对于正在无理取闹的孩子，妈妈可以蹲下来，平静地看着他，用缓慢而坚定的语气说："不行！"也可以抱起孩子，轻轻地拍着孩子的后背说："宝宝，妈妈说过了'不行'。"让孩子在爱的怀抱中遵守规则。但在实际操作中家长容易顾此失彼，有的家长温和而不坚定，有的家长坚定而不温和。比如，有的妈妈一遍又一遍耐心地跟孩子讲道理，孩子却不断地与妈妈"软磨硬泡"，为自己争取更大的自由权限，最后妈妈没耐心了，在不知不觉中妥协退让，结果家长成为立规矩的"输家"，孩子成了自由的"赢家"，并获得再次成功的经验。有的妈妈则足够坚定，毅然决然的样子让孩子产生了恐惧心理，孩子可能因此守规矩了，但他是因为害怕惩罚而守规则，并没有对规则产生理解和内化。这种态度容易导致孩子形成看人脸色行事、胆怯畏缩的依赖性格。

3. 帮助家长调整与孩子交流的语气和句式

持严厉批评态度的家长常常用否定和命令的语气与孩子说话，如"不许""禁止""必须"等。家长只告诉孩子不可以做什么、不可以怎么做，却没有告诉孩子可以做什么、可以怎么做。事实上，家长的要求没有明确地表达出来，受到否定的孩子也没有得到明确的指导。常用含有命令的祈使句式，

也是家长态度严厉的表现之一。即使正确的指导意见,家长也要用耐心解释、征求意见、相互商量的语气与孩子交流,这样孩子才会心服口服,提高行为的自觉性。

4. 教育孩子应以表扬和鼓励为主,以批评和惩戒为辅

在孩子健康成长的过程中,家长适度的表扬与批评都是需要的:表扬让孩子觉得自己很能干,批评让孩子认识到自己还需要锻炼。教育孩子应以表扬和鼓励为主,以批评为辅。教师要提醒严厉的家长对孩子"严慈相济",即严肃地对待问题行为,同时当孩子表现好的时候,家长要诚恳地表扬他。受到鼓舞的孩子既明白了家长的正面导向,又获得了主动成长的积极动力。

第七章
与不同年级幼儿的家长沟通

处于不同年龄阶段的幼儿，会有不同的年龄特点和发展需求，家长所关心的幼儿教育内容也会有所不同。因此，教师要学会与不同年龄班级的家长沟通。

处于不同年龄阶段的幼儿，会有不同的年龄特点和发展需求，家长所关心的幼儿教育内容也会有所不同。这时，教师与家长之间的沟通效果就取决于教师是否牢固地把握了不同年龄段幼儿的家长所关心的主要问题，然后有针对性地消除家长的疑问。因此，教师除了按照不同年龄班级的工作常规做好日常带班工作外，还要学会与不同年龄班级的家长沟通。

一、与亲子班幼儿的家长沟通

吉丽，18个月，父母比较忙，陪孩子玩的时间不多，平时都是由奶奶带。父母还给吉丽报了一个早教班。奶奶需要天天带孩子去上课，比较累，就对吉丽的爸爸说："吉丽在早教班没学到什么东西，到处乱跑，花钱不少，还累人。"可吉丽的父母认为："早教挺重要的，得让孩子上正规的早教班学习。"见吉丽的父母坚持，奶奶也没办法，就妥协一步："平时我带孩子上课，星期天你们带孩子上课。"星期天，爸爸带吉丽来上课，一到教室就对女儿说："自己去玩吧。"上课期间他的手机还响个不停，女儿来闹的时候，爸爸就对老师提意见说："我们给孩子报了班，就交给老师教育孩子了，你们怎么不管孩子啊？"

面对上述案例中的情况，教师应该怎样与家长进行沟通呢？

1. 向家长阐明早教班是家长与孩子共同学习的地方

亲子早教班为0—3岁孩子提供了一个与同龄伙伴共处、与教师及其他人交往的机会，有助于独生子女社会性的发展。但是亲子早教班不像幼儿园日托班那样——家长把孩子交给教师就可以离开了，它需要家长陪伴孩子共同学习。早教班不仅是孩子的学校，也是家长的学校，这是一个家长与教师、家长与家长相互交流和学习的平台，家长要充分利用这些资源。教师的主要任务不是自己带孩子做游戏，而是指导家长学会亲子游戏，所以教师不但要时时关注孩子的表现，还要时时关注家长的表现，观察家长是否善于观察和指导孩子、是否为孩子以身作则、是否妥善地处理了孩子出现的各种问题。早教班的教师还可以组织亲子郊游、亲子游艺、亲子比赛、亲子讲座、亲子沙龙等活动，搭建平台，拓宽家庭之间的交流渠道、开阔孩子的视野、提高家长的教育水平。

2. 帮助家长解决孩子不跟教师学习的烦恼

孩子对新鲜事物特别感兴趣，只要一到亲子班，就到处摸、到处看。家长想让他参与教师设计的活动，但孩子完全沉浸在自己的世界里，很多家长为此感到烦恼。教师要向家长解释这种现象在早教班很普遍。早教班的孩子正处于"以自我为中心"的思维阶段，他们只知道自己的感觉与需求，不理解也无法顾及他人的感觉与要求，所以不易与他人合作、轮流或者分享。家长要满足孩子的好奇心理，不要强迫他马上参加早教活动。在安全的情况下，家长要满足他看看这儿、摸摸那儿的心理需求，让他喜欢这个"教室"和"课堂"，以后他就渐渐地开始关注和参加活动了。同时，教师要提醒家长保持平和的心态，不要对孩子的行为大惊小怪，更不要对孩子发脾气。因为采取粗暴的态度对待孩子，常导致孩子更强烈的反抗，形成孩子逆反、退缩、孤僻等不良的性格。如果孩子实在闹得厉害，家长可以带孩子暂时离开现场。转移注意力对年龄小的孩子比较有效，家长要避免与孩子发生正面冲突。

3. 帮助家长解决孩子在早教班怯生胆小的烦恼

孩子初上亲子班，一般都会有胆小害怕的表现，教师要跟家长分析孩子在这一时期特有的心理特点。1—3岁是孩子发展陌生概念的关键期，他对亲人和熟人表现出强烈的依恋，对陌生人开始防备。在这种情况下，不管孩子回答不回答问题，家长都要主动跟他交流。孩子虽然还不擅长说话，但是很擅长听话，他不但能理解，而且还能记在脑子里，就差清楚地表达出来了——这一步需要孩子相应的语言发音器官发育完善才能达到，所以教师要劝家长不要着急。可以指导家长抓住孩子的兴趣点，激发他的表达欲望。比如，有的孩子特别喜欢汽车或者布娃娃，如果早教班有这些玩具，就可以拿它们做交流主题；如果早教班没有，可以让孩子从家里带来，激发孩子在众人面前"露一手"的表现欲望,刺激他口头表达的欲望。另外,提醒家长不要当着孩子的面说他"内向、不爱说话",给孩子的性格特点过早下结论,不利于他的主动发展。

4. 提醒家长从三个方面做好入园准备

很多家长带孩子上亲子班的直接目的是,帮助孩子提前了解和适应幼儿园集体生活,所以他们很关心孩子的入园准备问题。教师要提醒家长平时帮助孩子在以下三个方面多加锻炼,这样孩子的入园适应会更加顺利一些。

(1)*生活方面*。家长要培养孩子具备一定的生活自理能力,比如,吃饭以自己用勺吃为主,以大人偶尔喂为辅;可以自己大、小便或者知道告诉老师要大、小便;能自己或者配合大人穿脱衣服;能不依赖大人,自己睡小床,等等。

(2)*语言方面*。家长要帮助孩子形成一定的语言倾听和表达能力,比如,能简单地表达自己;如果说不清楚,在听明白老师的话后有一定的语言、表情或者动作反馈,等等。

(3)*交往方面*。家长要帮助孩子适应环境并具备一定的社会交往能力,比如,对陌生的环境不是特别害怕;平时能在外面与小朋友玩一会儿;有朴素的同情心;初步知道不应该用"打、砸、抢"的方式跟小朋友交往,等等。

5. 为家长剖析幼儿入园的普适年龄

家长很关心孩子的入园年龄问题,不能确定孩子到底多大上幼儿园最合适。客观地说,孩子的个体差异很大,很难准确地说某一个年龄适合所有的孩子入园。但是,就幼儿分离焦虑心理的发展规律而言,建议孩子3岁以后再上幼儿园。因为2岁左右是宝宝分离焦虑最敏感的时期,也就是说如果孩子暂时离开自己所熟悉的家长和环境,面对陌生人和陌生环境就会产生强烈的不安、焦虑甚至恐惧反应,比如,号啕大哭,又踢又闹;在幼儿园不吃、不睡、不玩,很不愉快,等等。3岁以后,孩子的心理发展相对成熟些,对分离现象的正确判断和适应能力更强了,知道妈妈走了还会回来,并不是被妈妈抛弃了,能够暂时忍受与妈妈的短暂分离,他们刚上幼儿园所承受的分离之"痛"因此也要轻一些。而分离焦虑降低有利于孩子身体的发育和心理的健康发展。

二、与小班幼儿的家长沟通

吴老师所在的小班教室前面不远处有一棵大树，后面经常会躲着一些"探头探脑"的家长。有的家长把孩子放在班里后舍不得走，就躲在大树后面，一听见孩子哭，就冲进教室安抚孩子，于是聪明的孩子明白了可以用哭声留住家长。有的孩子好不容易心情平静下来了，却在无意间发现了躲在大树后面或者窗户外面的家长，他明白原来家长没有走，于是更加受不了了：为什么骗人？为什么不上班也不带自己走？爸爸妈妈不爱宝宝了吗……家长的这种做法导致教师之前的安抚工作前功尽弃。可见，很多孩子的入园适应能力差是家长在无意中造成的。从某个角度来说，孩子适应集体生活难，与其说是由孩子的分离焦虑导致的，不如说是由家长的分离焦虑导致的。如果家长能够放松心态，相信会大大提高孩子的适应能力。

针对上述案例中的情况，教师应该怎样与家长进行沟通呢？

1. 提醒家长放松心态，帮助孩子缓解分离焦虑

小班家长心疼刚入园的孩子是可以理解的，也表现出愿意配合教师缓解孩子入园心理压力的倾向，但是仍然难以控制自己的担心与不安。针对这种情况，教师一方面要耐心地与家长反复沟通，另一方面要照顾好孩子的生活、健康与安全，真正免除家长的后顾之忧。同时，还要向年轻父母提供一些实用性和操作性较强的教育策略。

（1）**铺垫分离的心理经验**。平时，家长在陪伴孩子玩耍时，在保证安全的前提下，可以远远地看着孩子，不要总是陪在孩子身边，以减少孩子过分依恋家长。家长外出的时候，一定要当面与孩子告别，告诉他自己干什么去了、什么时候回家，鼓励孩子等着家长回来，并让孩子看着家长走，跟家长说再见。这些做法为孩子坦然接受分离现象铺垫了心理经验。

（2）*带领孩子正视分离*。有的家长会采取趁孩子不注意的时候悄悄离开、放下孩子转身就走等不辞而别的方式，这样不但不能减少孩子的分离焦虑，反而破坏了孩子的安全感与信任感，让他们对分离产生强烈的恐惧心理。其实，妈妈可以蹲下来对孩子说："妈妈知道你看见妈妈离开了会很难受，但是妈妈必须要上班。如果你难受就哭一会儿，你是想哭5下，还是想哭10下？妈妈陪着你。"对于孩子来说，不让他哭，他做不到；让他少哭，他做得到。孩子的情绪压力得到适当释放，有助于降低分离焦虑的程度。

（3）*让孩子带上心爱的小物件到幼儿园*。陌生感和孤独感会加剧焦虑体验，让孩子带上自己的依恋物则有助于抚慰孩子的不安情绪。让孩子选择自己喜欢的玩具、图书或者妈妈的小毛巾、家里的小枕巾等物件并带到幼儿园，把它们当成陪伴自己上幼儿园的好朋友，想家的时候可以看看它们、摸摸它们，对它们说说心里话，这是缓解幼儿焦虑情绪的好办法。

（4）*避免消极心理暗示*。家长平时千万不要说"你再不听话，就把你送到幼儿园"之类的话。同时，家长不要在孩子面前流露出对孩子上幼儿园的怜惜和不舍之情，以免刺激孩子对分离产生敏感的情绪。

2. 鼓励家长相信孩子的适应能力，让孩子在锻炼中成长

最初把孩子送到幼儿园，家长不放心的事情很多，但大都是围绕幼儿园与家庭的环境差异造成的：幼儿园是集体生活环境，有各种制度与秩序，以前在家里自由自在的宝宝能适应各种约束吗？孩子在家里时，全家人都围着他转，能随时满足他的各种需要，而现在幼儿园一个班级里有一二十个小朋友，教师要照顾全班小朋友，因此很多事情宝宝必须等待和忍耐，他受得了吗？

实际上，问题并没有家长想象得严重，家长低估了孩子的适应能力。孩子适应幼儿园新环境的能力来源于两种力量：自我成长的力量和教师帮助的力量。孩子最初待在幼儿园的时候，虽然不愿意接纳老师和小朋友，但他会察觉到老师和小朋友都不会伤害自己，在这里是安全的；虽然他吃饭和睡觉都不是很主动,但是作为人的本能,他知道饿了要吃饭、困了要睡觉、无聊了可以听老师唱歌和讲故事,他明白在这里是有保障的;虽然早上分手的时候哇哇大哭,但他一直记着妈妈说下班就来接自己;虽然等待是难熬的,但他知道等一等是有希望的;虽然在家里自由自在很开心,但是他发现在幼儿园里守规则会得到老师的表扬与奖励,他晓得不同的地方有不同的规则,"入乡随俗"能换来快乐,所以在这里失去点"小自由"也是值得的。总之,孩子会主动调动自己的情绪、态度、认知与能力,去探索集体生活的规则与自由的分寸。

3. 告诉家长孩子入园后生病不可怕,要帮助孩子养成健康生活的好习惯

新入园孩子之所以容易生病主要是由集体生活中孩子之间交叉感染造成的。于是,家长就开始担心:总不能一有小朋友生病就把孩子接回家吧?实际上,与他人接触少的孩子未必就是健康、有抵抗力的孩子。《新英格兰医学期刊》公布的一项研究指出,适度地让孩童感染疾病,反而对免疫系统有强化巩固作用,从长远的发展来看,这将帮助孩子增强抵抗力,逐渐改善孩子的体质。

孩子新入园都有一个适应期,教师要引导家长以积极的态度帮助孩子一起渡过难关。比如,平时提醒孩子多喝白开水,帮助孩子养成随渴随喝的习惯,不要让孩子总是喝饮料;矫正孩子偏食的习惯,保证营养摄入的均衡;经常带孩子锻炼身体,做适当消耗体能的运动,不能总是让孩子"静坐";如果孩子生病了,就把孩子接回家接受治疗,痊愈以后再送孩子上幼儿园。

4. 指导家长帮助孩子做到"快乐起床不迟到",提高孩子的出勤率

很多家长为孩子起床磨蹭感到烦恼,教师可以帮助家长出主意,让孩子做到"快乐起床不迟到"。孩子起床需要从深睡进入浅睡再进入觉醒三个阶段,孩子的睡眠比大人深沉,因此从深睡到觉醒的过渡时间也比成人长。成人高强度、高频率的喊叫孩子起床,会造成孩子难以适应、周身发懒、情绪烦躁,所以家长要给孩子一定的缓冲时间,提高叫孩子起床的艺术。比如,提前15分钟播放固定的起床音乐,每隔5分钟加大一点音量,同时打开窗帘或开一盏小灯,附耳轻声地叫孩子的名字。此外,大多数孩子都有痒痒肉,这是孩子敏感、容易兴奋的部位,家长可以轻轻地挠孩子的痒痒肉,这也有助于孩子的觉醒。当然,最重要的是要让孩子晚上早入睡。现在很多家长陪孩子玩到很晚才睡觉,造成孩子第二天的贪睡。此外,家长还要减少晚上看电视或者加班的时间,为孩子营造安心睡眠的环境。

此外,家长鼓励孩子坚持每天上幼儿园也很关键。如果孩子上幼儿园是"三天打鱼,两天晒网"的状态,孩子就会觉得幼儿园可上可不上,所以早上起床可以按时也可以不按时。因此,只要孩子身体健康,家长就要鼓励孩子天天入园。

5. 告诉家长孩子出手打人有原因,帮助孩子学会交往是关键

孩子爱出手打人是家长很担心的一件事,主要是因为小班孩子自我保护过度以及不善于用语言表达需求造成的。教师可以指导家长采取三步法矫正孩子这一行为。第一步:当孩子打人的时候,家长首先抱住孩子,阻止冲突升级,不要用批评和惩罚的口气吓唬孩子,也不要用所谓"以其人之道还治其人之身"的打孩子的教育方式。第二步:尝试理解孩子的心理需求。孩子打人的初衷并不是想让对方痛苦,而是还不会用语言表达自己的心理需求,因此,家长可以蹲下来问孩子,诸如"你是怕他抢走你的玩具吗""你是想与他一起玩吗""你是想玩他的玩具吗"等问题,观察孩子对哪个问题产生反应,以确认孩子打人的原因。第三步:用语言引导孩子正确地理解自己和他人的意图,逐步学会"君子动口不动手"的语言交往方式。如果家长判断孩子是因为担心他人抢玩具而打人,就可以跟孩子解释:"他发现你很会玩,他是来看看你的玩具的,他并不想抢你的玩具。如果你给他看看你的玩具,你们以后就是好朋友了!"渐渐地,随着孩子认知水平和语言表达能力的提高,与其他小朋友和睦相处的能力就会越来越强了。

三、与中班幼儿的家长沟通

新学年,孙老师开始做中班班主任,她发现班里的家长对孩子的期望差别很大。有的家长还延续孩子在小班的状况,只关心孩子的生活,只要孩子在幼儿园吃得好、睡得好、玩得好就行,不对孩子提"过高"的要求;有的家长希望中班老师多教点知识,不能再像小班那样"浪费"时间了。长期带班的丰富经验让孙老师认识到孩子上中班以后的身心发展规律和所面临的主要发展任务是不同于小班的,家长对此未必完全清楚,教师有必要跟家长逐一沟通,而不是一味地限制或者拔高孩子的发展水平。

面对案例中的情况,教师应该如何与家长沟通呢?

1. 鼓励亲子运动,促进幼儿体质的全面发展

有的家长认为孩子不生病就是健康,事实上,孩子不但要健康,还要强壮,成人有义务帮助孩子的各项体质发展指标达标甚至优秀。小班幼儿尚处于发展基本动作与活动能力的阶段,在力量、速度、耐力、柔韧性及灵活性等方面还有待发展;中班是孩子锻炼身体和提高身体素质的关键期,而体能的发展依赖良好的运动习惯和运动方法。孩子每天在幼儿园有两个小时的户外活动时间,在家里也要有适当的运动量,尤其是节假日,家长要带孩子散步、跑步、做运动游戏或亲子操,这是孩子体能发展不可缺少的途径。但现实状况是,不少家长自己没有养成运动的习惯,又在日常生活中对孩子包办代替,结果限制了孩子的体能发展。教师要经常给家长渗透运动锻炼身体的观念,并提供相应的家庭运动游戏,鼓励亲子运动,促进幼儿体能的增强。

2. 尝试家务劳动,培养幼儿的爱心与动手能力

中班开始有值日生,以便培养幼儿的劳动意识、劳动能力和关心他人、服务他人的意识,与此相呼应,孩子在家里也应该做一些家务劳动。有的家长却没有意识到这一点,不仅替孩子做值日生的活动,在家里更是没有给孩子提供锻炼自我及服务他人的机会。适当的家务劳动可以帮助孩子走出自我

的小圈子，丰富他的内涵与修养，让孩子变得有爱心、有胸怀，能更好地适应集体生活和幼儿园环境。教师还要提醒家长不要对孩子的家务劳动给予过多的物质奖励，因为家务劳动是家庭成员的义务，孩子应该是心甘情愿和不计报酬的，这样的家务劳动才有助于孩子的全面发展。所以家长不要频繁地对孩子进行物质奖励，要给孩子更多的精神奖励，如表扬、拥抱、亲吻或者与孩子一起做游戏等。

3. 支持同伴交往，提高幼儿的交往能力

小班幼儿喜欢各玩各的，同伴之间缺乏真正的互动与交往；中班幼儿的交往需求则大大增强，但是他们的交往技巧还有待发展。他们经常发生冲突与矛盾，甚至大打出手，这时家长的教育态度与方法非常重要。有的家长看见孩子起了冲突就前去干预平息，有的护短的家长甚至会训斥其他孩子，这些行为都是不可取的。因为中等程度以下的冲突是孩子学习理解他人、锻炼人际交往技巧的机会。冲突能使孩子感受到他人与自己的想法不一样，为了达成共识，大家需要协商，而协商的技巧更需要在一次次的冲突中去揣摩。此外，孩子之间是完全平等的，不像在家里总有人让着自己，所以适度的冲突也有助于孩子走出"以自我为中心"的思维习惯，让他们逐步学习遵守人际交往的规则。有的家长不太了解中班幼儿的交往特点与教育方法，教师在必要的时候需要与家长进行深度沟通。

4. 改善教养方式，培养幼儿良好的行为习惯

中班幼儿不像刚入园的小班幼儿那样总是怯生生的，他们开始变得活泼大方起来，活动能力也大大增强。有的孩子则显得比较浮躁好动，对班级教师及其家长的教育能力提出很大的挑战。教师除了在幼儿园对这样的孩子加强正面教育以外，还要帮助家长改善教养方式，共同培养幼儿良好的行为习惯。

首先，教师要善意地提醒家长调整好自己的心态与工作节奏。激烈的竞争与工作压力容易使年轻的父母紧张、焦虑、不安，如果家长在孩子面前频繁地表现出过激言行和不满情绪，则会对孩子产生潜移默化的影响。有的家长自身情绪发展不够成熟，平时比较情绪化、容易急躁，遇事缺少耐心与冷静,也给孩子树立了负面榜样。

其次,在教养方式上,教师提醒家长既不要过度放任孩子,也不要过度限制孩子。家长过度放任或者过度限制孩子,都有可能导致孩子浮躁好动。有的年轻父母比较崇尚自由教育,对孩子疏于管理,任其"自由"发展,导致孩子放纵、散漫、浮躁。有的父母则相反,对孩子严加管教、严加保护,过多限制孩子的自由活动,忽略了孩子也是一个独立的个体、需要自己的空间,导致孩子在家长面前服服帖帖,一旦离开家长的视线,就像脱缰的野马,大肆发泄被禁锢的情绪,出现更多的浮躁行为。因此,家长对孩子要既不放纵也不压制,要为孩子营造收放有度的教养环境,以有效避免幼儿浮躁行为的发生。

5. 优化亲子关系,锻炼幼儿的自我控制能力

孩子自我控制能力弱,是很多教师和家长遇到的难题。自我控制能力的强弱既与高级神经系统的发育水平有关,也与后天的教养环境密切相关。一般情况下,中班幼儿神经活动的兴奋与抑制过程的相互转化能力普遍增强。而孩子间之所以出现自我控制能力的差异,与亲子关系类型有一定的关系,教师需要对某些家长加强指导。

权威型的亲子关系有助于孩子发展自我控制能力,而专制型和放任型的亲子关系则不利于孩子发展自我控制能力。专制型家长在教养方式上依赖惩罚,惩罚可以暂时抑制孩子的不良行为,是孩子慑于家长的严厉被动服从的结果,这不利于孩子内化家长的教导。惩罚使孩子的心理发展只停留在外在的、他人控制的水平,一旦缺乏家长的管教与控制,孩子就不再对自己加强管理。放任型的家长则对孩子缺乏约束与教导,导致孩子的规则意识建立不起来,自然恣意妄为,无从锻炼自我控制能力。权威型的家长既对孩子有教导,又鼓励孩子发展独立性,亲子之间交流、沟通和商量的机会也比较多,使孩子在理解的基础上逐渐内化家长有益的教导,遇到困难、犯了错误时不害怕、不逃避、不撒谎,而是坦然接纳现实、积极接受帮助、主动调节自我,使孩子真正成为自我控制的主人。

四、与大班幼儿的家长沟通

盈盈的爸爸来接盈盈回家的时候,盈盈拉着爸爸的手不让走,她指着放在班级的一本"书"说:"爸爸,你看这是全班小朋友一起做的一本书,这一页是我画的。"爸爸说:"这些都是你们画的画,这画的是什么呀?"盈盈说:"小学100问。"爸爸很好奇:"小学有什么好问的?"盈盈自豪地说:"小朋友有好多好问的。""都有哪些呀?""小学生在哪里做操?小学生吃什么饭?小学有王老师吗?上了小学以后,还能回幼儿园吗?忍不住想尿尿怎么办?想幼儿园老师怎么办?不会写作业怎么办?反正好多好多。""你们不用那么操心,到时候自然就好了。""爸爸,老师还要带我们参观小学,我们要问小学生好多问题呢!"女儿说到这里,爸爸意识到在孩子的心里,小学确实有很多好问的,自己以前怎么没意识到这一点呢?还是大班老师有经验、有方法。

在与大班幼儿的家长沟通时,教师应该怎么做呢?

1. 提醒家长注重幼小衔接教育

有的家长认为孩子到了年龄就该上学,不需要做什么准备。的确,上学是适龄儿童的权利,每个适龄儿童的入学资格都是平等的。但入学资格平等不等于入学能力相同。因为入学能力涉及孩子的身体素质、智力水平、心理年龄、前期经验、早教质量、生活环境和家庭背景等诸多因素,这些因素决定了每个孩子在入学能力上的不同。入学资格平等要求我们尊重每个孩子上学的权利,入学能力不同要求我们尊重每个孩子的个体差异。幼儿教师要和家长一起合作,对孩子进行适宜的幼小衔接教育。

如果家长只是简单地告诉孩子该上小学了,而没有给孩子时间慢慢消化、吸收"上小学"的概念和"学生"的意识,孩子虽然也会配合家长的要求上小学,但是突如而来的生活与学习变化,缩短了孩子的心理适应期,反而不利于孩子的入学适应。

2. 帮助家长了解孩子入学要面临的变化

孩子从幼儿园到上小学，是一个很大的转折。让孩子能够顺利地适应小学生活是每个家长的心愿。处于幼儿园和小学衔接阶段的儿童，通常面临以下六个方面的重大变化：

（1）师生关系的变化。幼儿教师像妈妈一样既关心孩子的学习，又关心孩子的生活；而小学教师以关心孩子的学习为主，孩子的生活问题需要自己料理，这种变化使孩子感到有些紧张和压力。

（2）同学关系的变化。幼儿园小朋友大多数都是附近社区的，彼此比较熟悉，交往方便；小学的新同学来源则要广泛和复杂些，最初大家都比较陌生，孩子需要一段时间了解同学的个性、兴趣、爱好和交往方式，然后才能交上朋友。这段时间会让孩子有一定的陌生感与寂寞感。

（3）行为规范的变化。幼儿园一日三餐两点，有午睡，幼儿随时可以喝水、上厕所，入园和离园早点、晚点都没关系，行为规范比较自由和生活化。但是，小学生不能迟到，不能早退，没有午睡，上课期间不能随便说话或上厕所，行为规范比较严格和制度化。行为规范从宽松到严谨的变化，会让孩子产生一定的心理压力。

（4）学习性质的变化。在幼儿园，孩子在活泼、自由、轻松的环境下学习，成人对学习结果一般没有严格要求；在小学，孩子要在教师的指导和家长的监督下学习，教师和家长对学习结果都有一定的要求。因此，小学比幼儿园更加正规的学习性质，有时会让孩子产生抵触情绪。

（5）学习方式的变化。幼儿园的学习以游戏为主，学习内容比较直观、具体、形象，学与玩交叉进行，孩子容易产生学习兴趣；小学则实行课堂集体教学，教师的说教比较多，孩子动手操作和参与的机会比幼儿园少。在小学，教师逐步开始训练孩子的抽象思维能力，孩子的学习时间变长了、游戏时间变短了，这种比幼儿园单调、枯燥的学习方式会让孩子感到不适应。

（6）期望水平的变化。在幼儿园，家长和教师以维护幼儿的快乐和学习兴趣为主，没有硬性的学习要求和作业；到了小学，对孩子则有一定的学习内容和目标要求，完成不了学习任务会对孩子进行批评与教育。此外，同学之间也会相互比较。凡此种种，会让孩子感觉承受的期望压力高了。

可见，上小学是孩子一生的一个重要转折，其中既有新奇和快乐，也有挫折和困难，需要孩子具有相应的能力与心理准备。孩子上小学初期可能会被一些表面现象所吸引，如小学生漂亮的书包、校园里的活动设施……然而，表面的兴趣不能持续很久。所以，孩子对学校的情感需要一定时间的酝酿。孩子从大班升入小学需要一年的时间，幼儿园大班教师要带领家长一起，不断地培养孩子的"学生"意识，让孩子有准备地接受这六大变化。

3. 指导家长树立正确的幼小衔接观念

有些家长不太清楚幼儿园教育、大班幼小衔接教育和小学教育的根本区别。幼儿园主要通过游戏，让孩子获得直接经验，小学则主要通过课堂书本学习，让孩子获得间接经验。幼儿园的生活是非常丰富的，使孩子获得许多有益于未来发展的宝贵经验；而小学的生活相对单调很多，教师的说教多，孩子的动手操作少。面对幼儿园和小学在生活、学习环境等方面存在的巨大差异，为了让孩子能够顺利地升入小学，幼儿园一般会在大班对孩子进行幼小衔接教育，这也需要家长的配合。家长要树立正确的幼小衔接观念。一般来说，正确的幼小衔接观念至少体现在以下两个方面：

（1）**熏陶孩子的上学意识，而不是片面追求成绩。** 上小学前，孩子需要具备一些基本的思想意识，如时间意识——需要掌握课间10分钟能做哪些事情，走多快能保证上课不迟到；规则意识——需要懂得在游戏中遵守规则才能玩得好，在交往中尊重对方才能交上朋友；任务意识——需要学习完成教师和家长交待的简单任务，而不是有始无终，等等。这些都是孩子应该具备的上学意识，而这一切需要在日常生活、学习和游戏中培养。一些家长会用学习成绩的高低来代替上学意识的成熟，这对孩子未来适应小学生活是非常不利的。教师需要跟这些家长进行深度沟通。

（2）**注重孩子学习习惯的培养，而不是强行灌输知识。** 一些家长的功利心强，主张提前让孩子学习小学知识。某些研究的确发现，在小学一年级，不少上过学前班的孩子比没有上过学前班的孩子成绩更好。但是这种优势是暂时的，二年级之后的学习成绩不再取决于是否提前学习了，而取决于学习习惯是否良好。有些上过学前班的孩子对学过的知识没有新鲜感，上课不认真听讲，养成东张西望、注意力不集中、不喜欢动脑筋等不良习惯，而不良习惯对孩子的危害是长远的。

4. 指导家长形成前阅读与前书写意识

在幼小衔接方面，家长比较关注孩子的阅读与书写技能，但是又容易把这方面的学习进行小学化的理解与操作，因此，班级教师要根据《幼儿园教育指导纲要（试行）》的精神，帮助家长理解科学的幼小衔接提倡前阅读与前书写能力的培养，而不是小学化的识字、写字技能训练。

《幼儿园教育指导纲要（试行）》明确指出："培养幼儿对生活中常见的简单标记和文字符号的兴趣。""利用图书、绘画和其他多种方式，引发幼儿对书籍、阅读和书写的兴趣，培养前阅读和前书写技能。"《3—6岁儿童学习与发展指南》把"阅读与书写准备"当作语言领域的重要内容，提出"喜欢听故事，看图书"、"具有初步的阅读理解能力"以及"具有书面表达的愿望和初步技能"三个具体目标，以及相关的具体的教育建议。

学前教育的以上提法、要求和建议不同于一般的认字和写字技能。尽管大班孩子处于口头语言向书面语言的过渡时期，有必要了解口语与文字的对应关系，掌握看懂图画书的基本技能，初步辨认自己的名字、安全标志等常见文字和符号，并做好进入小学学习的准备；但是，把追求识字多少和写字好坏作为衡量幼儿智力发展和学习能力的标准是错误的，也是有损幼儿身心健康和全面发展的。有些商业机构片面夸大识字功能，对幼儿正确的语言教育目标是一个误导。

过度识字不值得提倡，适度识字才有益。"适度"主要体现在两个方面：一方面不片面追求识字量，另一方面不单调训练孩子识字，保护孩子对汉字的情感与兴趣。教师可以指导家长采取一些适合在家庭操作的趣味方法，引导孩子在放松的状态下自然识得一些常见汉字。

（1）表情识字法。比如，针对有关哭、笑、睡、酸、辣等汉字，家长可以边做表情，边让孩子认字。这时，孩子会好奇地看着家长的表情，等明白了之后，"咯咯咯"地笑个不停。以后，他拿起一张卡片就会做相应的表情，家长更会为孩子的可爱相而"咯咯咯"地笑个不停。这种方法既提升了孩子的情绪认知水平，又增强了亲子感情。

（2）动作识字法。比如，针对有关打、走、跑、跳、爬、抱、踢、弯、吃、喝、眨等表示动作的汉字，家长可以用夸张的动作表示这些汉字，进而带动孩子边模仿边识字。家长可以先拿出一个汉字，然后模仿相应的动作；也可以先模仿动作，然后让孩子在卡片中找出相应的汉字。这种方法有利于促进孩子的肢体运动与动作模仿能力的发展。

（3）趣味踩字法。笔者曾经听朋友讲述了这样一件事。有一天晚上，她用粉笔在地上给孩子画了一辆小汽车，结果孩子使坏，用脚踩汽车。朋友突然灵机一动，在地上写了"汽车""火车""飞机"三个词，然后说："宝宝，踩汽车，踩火车，踩飞机。"边给孩子指认字边鼓励他踩，孩子很高兴，来回踩了三四遍，都准确无误地踩对了这三个词，而且这种办法让他把识字、思维和运动有机地结合到了一起，可谓"一箭多雕"！朋友把这种方法叫作"踩字法"。这一"踩字"不当紧，孩子对识字有了"一发而不可收"的兴趣。

（4）准备识字卡片。认字需要适宜的识字卡片，家长可以购买或者自己制作识字卡片。自己制作识字卡片有两种简单的方法：一种方法是把硬纸盒或硬纸板剪成形状规则的正方形或长方形，直接在卡片上写上工整的汉字即可；另一种方法是利用打印机打印出汉字，然后塑封和剪裁即可。在此提醒家长朋友，卡片上只要有汉字即可，不要有图。有图的识字卡片容易把孩子的注意力吸引到图画上，对汉字反而不关注了。有的家长会从书店里买来识字表，贴在墙上让孩子辨认，这种方法比较单调，不容易引起孩子的兴趣。如果购买或制作识字卡片，并采用下面的方法教孩子，会大大提高认字的趣味和效果。

(5)环境熏陶法。家长可以在墙上贴上与实物相应的汉字卡片,比如,在门上贴"门",在窗上贴"窗",在床头贴"床"……家长不要贴完就不管了,或者指着字问孩子这是什么字,这种方法比较单调和生硬,孩子可能不乐意学,或者新鲜劲儿一过就不学了。家长可以指着"床"说这是"头",让孩子发现家长也会犯这么简单的错误,不仅能激发孩子纠错的动机,还能营造幽默的学习氛围。

(6)对应法识字。识字卡片最好做两套,可以让孩子用对应法学习。一套贴在相应的实物上,另一套让孩子单独把玩,也就是让孩子在识字卡片中"找一找""指一指""拿过来""放回去""比一比"与墙上贴得一样的汉字,让孩子在对应中加深认识,同时"找一找""指一指""拿过来""放回去""比一比"还能让孩子跑跑腿,锻炼身体,调动多种感官参与学习,比静坐学习更加符合孩子的年龄特点。

(7)不要把读书当作读字。当孩子认字比较多的时候,不能以孩子能否读出书上的多少字来判断他的阅读水平高低。个别孩子识字太多,拿起书就"读字",而不是"读书"了,因为过分依赖汉字的孩子容易忽略对图画的观察、理解和想象,而幼儿阶段恰恰是发展形象思维的关键期。因此,指导家长不要在孩子读图画书的时候,过度引导孩子识字,而忽略孩子对图画的关注,这样反而影响了孩子阅读能力的发展。《3—6岁儿童学习与发展指南》在"具有初步的阅读理解能力"的发展目标中提出"经常和幼儿一起阅读,引导他以自己的经验为基础理解图书的内容"、"在阅读中发展幼儿的想象和创造能力"以及"引导幼儿感受文学作品的美"等教育建议。《3—6岁儿童学习与发展指南》的精神及其教育建议都为幼儿教师与家长沟通相关内容指明了方向。

5. 指导家长利用暑假做好入学准备

幼儿园大班结束后的暑假是孩子入学前准备的最后时期,此时,孩子对上学的兴奋与渴望的心情达到高峰。家长带孩子参与入学前的准备过程,有助于进一步激发孩子对上学的向往与自信。家长每做一件事都耐心地告诉孩子"为什么"和"怎么做",有利于提高孩子的认识水平与"学生"意识。

根据入学的需要和孩子的特点,暑假期间的入学准备可以分为物质准备与心理准备。教师应该指导家长根据实际情况,列出一个准备清单,让孩子能够从容地转换到小学生的身份上来。

(1) 入学的物质准备清单。

◎一个安静的、固定的学习地方:有利于孩子形成条件反射,即进入这个地方就知道该读书、写作业了。

◎一套适合孩子身高的桌椅:椅子的高度要能保证孩子的双脚自然平放在地面,桌子的高度要能保证孩子的双臂自然摆放在桌面,双臂和双肩都不感觉到高架或低垂。

◎一架亮度适宜的护眼台灯:灯光光线不要太亮,也不要太暗。一般是15~25瓦的白炽灯,光线不要直射孩子的眼睛,右利手的孩子左前方取光。

◎一些用于整理学习物品的抽屉、塑料箱、书架或书立。

◎一套简洁、实用和耐用的学习用品,包括书包、笔袋、铅笔、橡皮、卷笔刀、尺子等,物品的颜色不要太花哨,以免孩子过多摆弄,分散学习时的注意力。

◎一套遮阳避雨的用具,如雨衣、雨伞、雨鞋、太阳帽等,物品颜色要鲜亮,以便提醒司机或过路行人注意孩子的安全。

◎准备水壶、手帕、餐巾纸、卫生纸和创可贴等日常所需用品,把它们放在书包里。同时,注意不要让孩子把剪刀、打火机等尖锐和易燃物品放进书包。

(2) 入学的心理准备清单。

◎上学生物钟:入学前一个月模仿学校的作息时间安排孩子起床和睡觉,不要让孩子晚睡晚起;安排一个小时的午睡时间,午睡时间不要过长;提供一个小闹钟,敦促孩子养成闹钟一响就起床的时间观念与生活习惯。

◎饮食习惯：要求孩子一天三顿按时吃饭，每顿吃饱，三餐中间不吃零食，不挑拣饭菜，喜欢喝白开水。

◎自理能力：提高孩子穿衣戴帽、上厕所的熟练程度和速度，让孩子自己能够利落地洗脸、洗脚、刷牙，会简单地铺床叠被，这些技能有利于孩子适应入学后较快的生活节奏。

◎独立学习的意识：每天给孩子布置一定时间的阅读、手工等学习活动，鼓励孩子自己完成学习任务，不依赖家长，也不让家长陪着。

◎劳动能力：为孩子提供扫地、擦桌、洗杯子的锻炼机会，有利于孩子入学后适应集体劳动和集体生活。

◎整理能力：要求孩子把书包、书本、文具、衣服、鞋子等都放在固定的地方，不能随便乱扔；指导孩子合理安排书包和笔袋的空间，分类放置各种物品。

◎管理物品的能力：帮助孩子记住自己的物品，让孩子为书包、文具等贴上自己喜欢的标签或者写上名字；等孩子发了统一的课本与校服之后也要这样做，以免与其他小朋友的东西混淆。

五、与学前班幼儿的家长沟通

祖儿5岁多，该上幼儿园大班了，但是祖儿的妈妈听说有的家长没有让孩子上大班，而是直接上了学前班，据说上过学前班的孩子在小学一年级的时候成绩都不错。可是，也有人建议孩子上大班，说有些上过学前班的孩子到了一年级，存在学习习惯不良甚至厌学情绪。到底孰是孰非，祖儿的妈妈有些迷惑，需要教师答疑解惑。

针对案例中的情况，教师如何与学前班的家长进行沟通呢？

1. 让家长了解学前班的发展趋势

很多家长对学前班存在认识误区，以为学前班是比幼儿园大班高一级的教育形式，实则不然。随着幼儿教育事业的发展，学前班将被逐步取消。1991 年，国家教委在《关于改进和加强学前班管理的意见》中指出："学前班是对学龄前儿童进行教育的一种组织形式。在现阶段，它是农村发展学前教育的一种重要形式；在城市，则是幼儿园数量不足的一种辅助形式。"

我国一些幼儿教育发达的城市将陆续取消学前班。2004 年，北京市教委在《关于加强学前班管理工作的意见》中对辖区内的学前班进行了调整，调整的原则是：凡幼儿园已能满足群众需要的地区，一般不要再举办学前班。北京市城近郊八区（不含朝阳、海淀、丰台的农村地区）和远郊县城地区从 2006 年秋季开学起，全面停办小学附设学前班，远郊区县逐步减少，到 2010 年全市小学全部取消附设的学前班。我国其他一些省市，如广州省、郑州市都做出了普及幼儿教育、取消学前班的决定。更多的省市虽然没有立即取消学前班，但都根据国家和地方的办学标准及教育要求，对社会上的各种学前班进行了规范管理。

但是由于种种原因，学前班还大量存在。目前，学前班的办学形式主要有三类：幼儿园办的学前班、小学附设的学前班和社会上办的学前班，其中以私立幼儿园和私立小学办的学前班为主。学前班的种类也五花八门，主要有全日制、半日制和周末班等。有的家长把孩子直接送到全日制的学前班；有的家长让孩子每周有两个半天上学前班，其他时间上幼儿园大班；有的家长让孩子工作日上幼儿园大班，双休日上学前班。

2. 为家长分析学前班存在的主要问题

目前，学前班存在的主要问题是管理归属不明确，教育的内容、形式和方法不符合幼儿身心发展的特点和规律，普遍存在"小学化"的倾向，影响了学龄前幼儿身心的健康发展。

学前教育是遵循 3—6 岁儿童的年龄特点和身心发展规律，实行保育与教育相结合，以游戏为基本教学形式的教育。而学前班采用的是小学的集体教学模式，对孩子进行入学前一些技能的训练（如坐姿和书写训练等），其学习方式注重死记硬背、教育态度严厉、教学形式单调、缺乏游戏、家庭作业超重，等等，这些都影响了孩子的身心健康发展。比如，长时间的静坐学习影响了孩子骨骼的发育；手部肌肉疲劳影响了孩子手部的发育；紧张的学习环境影响了孩子积极情绪的培养；教学单调、缺乏游戏导致了孩子厌学；不注重动手操作的记忆训练影响了孩子的理解能力和创新性思维水平的发展，同时抑制了他们的探索欲望。

由此可见，学前班干扰和破坏了真正的幼儿园学前教育。它不同于幼儿园大班教育，不是科学的幼小衔接教育。科学的幼小衔接教育不是让孩子提前学习小学课程，更不是向孩子实施小学化模式的教育。小学化教育加重了孩子的学习负担，提前结束了他们的童年生活，打乱了他们正常的身心发展节奏，影响了他们的可持续发展。

3. 帮助家长明确孩子入学所需的基本能力

很多家长为孩子报学前班，主要是因为他们不了解孩子上小学所应具备的基本能力和素质。因此，教师应该指导家长在以下六个方面做好孩子的入学准备工作：

（1）身体健康。上小学以后，家长要鼓励孩子持之以恒地坚持下去。学校的课程安排紧密，孩子不宜三天两头请假。体弱多病的孩子可以考虑多上一年幼儿园大班，但是家长需要主动采取措施，鼓励孩子营养均衡不挑食、锻炼身体不间断，积极地促进孩子的身体健康。

（2）乐意与他人交往。小学对孩子独立交往能力的要求比幼儿园高，它要求孩子要乐意与他人交往、不排斥同伴。有些孩子胆小，也有些孩子因为身体比较弱，与同伴一起活动的机会少。对于这些孩子，只要他们想跟小朋友玩，家长就要鼓励和支持他们，并根据具体情境，具体指导孩子的交往技能，让孩子在发展的过程中逐步提高主动交往的意识和能力。

（3）具备初步的上学意识。渴望上学、向往小学是孩子入学必备的情绪与态度。同时，家长还要培养孩子具备一定的时间观念、规则意识、任务意识和遵守纪律的能力。家长可以按照《小学生守则》逐步培养孩子的上学意识与学生意识。

（4）*具备基本的生活自理能力*。幼儿园的保育工作比较多，教师会关心和照顾孩子的生活起居，而小学教师基本不承担孩子的保育工作，孩子的生活需要自理。因此，在饮食、穿衣、睡眠、起床等方面，家长要帮助孩子形成一定的自理能力；在行走、跑跳、交通等方面，家长要帮助孩子形成一定的安全和自我保护意识；让孩子懂得当身体不舒服或遇到意外情况时，可以求助同学或向老师反映情况。

（5）*具备一定的语言交流与表达能力*。上幼儿园时，教师会通过孩子的眼神、表情、动作和情绪解读孩子的心理，即使孩子不主动交流与表达，教师也能关照孩子；上小学以后，教师主要靠口语与孩子进行交流，发生互动。因此，上小学的孩子要能够理解他人的语言、表达自己的想法，具有基本的倾听与倾诉能力。

（6）*具备初步的数学能力*。生活中的数学现象是孩子以后系统学习数学知识的基础。在上小学之前，孩子在日常生活中应该已经知道物体的大小、多少、高矮、粗细、等分、数量、部分与整体，知道物体之间的配对、分类、比较、排序以及简单的类属关系，认识了整点和半点，有玩水、玩沙、玩土、搭建和拼接的经验，会10以内的加减法运算和应用题解答，这些初步的数学能力满足了孩子的入学需要。

4. 提醒家长不要让孩子过度识字与写字

过度训练孩子写字的做法并不是少数家长的行为，因为不少家长认为孩子入学适应的重要方面就是要学会写字，于是早早地就让孩子开始习字。但这是一个教育误区。汉字笔画多、结构复杂，对孩子的手眼协调能力和力量的控制能力要求较高，所以学前儿童不适合过早地进行书写训练。

《3—6岁儿童学习与发展指南》提出了"具有书面表达的愿望和初步技能"的幼儿发展目标，把"愿意用图画和符号表现事物或故事"、"会正确书写自己的名字"以及"写画时姿势正确"视为5—6岁幼儿的典型表现，并提出"让幼儿在写写画画的过程中体验文字符号的功能,培养书写兴趣""在绘画和游戏中做必要的书写准备"等教育建议。可见,在学前阶段,培养孩子对写字的兴趣是家长应该关注的,教师要引导家长掌握关于学前儿童前书写能力的科学观念与正确方法。

(1)准备写字不等于握笔写字。学前儿童的手指和脊椎骨骼发育还不成熟,肌肉力量较小,所以他们不宜过早、过多、过长时间地握笔写字,否则不仅容易造成握笔姿势不正确、坐姿不端正、写字疲劳、厌倦写字的问题,还可能导致手指和脊椎骨骼发育变形。因此,准备写字不等于握笔写字,以下写字方法不握笔,适于学前儿童掌握。

◎触摸法。父母可以用硬纸板把孩子常写的汉字做成卡片,然后再用剪刀把卡片剪成汉字模型,让孩子用写字的那只手,按照该字的书写笔顺方向触摸,强化孩子的正确书写意识。如果能在市场上买到现成的模型,那就更方便了。

◎书空法。书空是学前儿童书写的准备,即用食指在桌面、地面或者空中比画汉字的笔画和笔顺。此外,还可以让孩子用食指蘸点水,在桌面或地面上写,这样做可以增强写字的趣味性,树立汉字的书写意识,但并不要求孩子真正握笔练字。

◎走字法。用粉笔在地面上写出孩子常写的汉字,要写得大大的,然后让孩子按照正确的书写顺序在上面走步,也是增强孩子记忆力的好办法。

◎常动手。写字需要孩子具有一定的手部精细动作操作能力,要求孩子的手指肌肉具有一定的力量、灵活性和协调性,但是这种能力不能通过写字而获得,而是需要孩子在日常生活中有较多的动手操作机会。所以,在生活中让孩子自己的事情自己做,不仅锻炼了孩子的自理能力,还为孩子写字所需要的肌肉和动作发展水平打下了基础。比如,穿衣服、扣扣子、系鞋带、拿杯子、用筷子、拎袋子、使用剪刀、折纸、捏泥、弹琴、画画,都会促进孩子手部精细动作操作能力的发展。

（2）握笔写字不等于写字姿势。写字姿势包括坐姿和握笔姿势两个方面。有的家长只重视孩子的写字质量和写字速度，而对写字姿势不够重视；有的家长自己从小缺乏这方面的正规训练，所以也无从指导孩子。正确的写字坐姿是头正、身直、足平、肩开和三个一，即头正，稍向前倾；挺胸直背；两脚平放地面，与肩同宽；两肩齐平，两臂平放桌面；眼离书本约一尺，手离笔尖约一寸，胸离桌子约一拳。为此，家长要为孩子配备高度合适的桌椅，太高和太低的桌椅都不利于孩子保持正确的坐姿。正确的握笔姿势是大拇指、食指、中指分别从三个方向夹住距离笔尖一寸左右的笔杆下端。食指和大拇指捏在笔杆的外侧，食指稍前、大拇指稍后，中指在内侧抵住笔杆，无名指和小指自然地跟在中指的下方，弯向手心。笔杆上端斜倚在食指的最高骨，笔杆和纸面呈45～50度。执笔要做到"指实掌虚"，即手指握笔实在，而掌心虚空。以下方法有助于培养孩子良好的写字姿势。

◎用肢体语言提醒孩子注意写字坐姿。正确的写字坐姿不是一次性行为，是需要长期养成的习惯。经过老师和家长反复提醒，孩子可能已经知道什么是正确的写字坐姿；但是他们自我监督和自我控制的能力有限，所以仍然需要家长时常提醒，而单一的要求和简单的命令容易引起孩子的逆反心理，所以家长不能总是依赖口头语言指导孩子，而要善用肢体语言提醒孩子。比如，摸摸孩子的头，温和地提醒他注意坐姿；时不时地看看正在写字的孩子，用手比画或者用尺子测量孩子的坐姿是否达到"三个一"的要求，用无声的语言帮助孩子调整距离。这种指导和沟通方式创建了一种尊重和关爱的亲子关系，能帮助孩子提高自我管理能力。

◎用拍照的方式培养孩子正确的坐姿。家长可以把孩子平时写字的姿势拍下来，让孩子自己辨别哪种姿势是正确的、哪种姿势是错误的。此外，家长还要与孩子一起分析错误的姿势错在哪里，应该怎样矫正。孩子乐意接受这种具体形象的教育方法，大脑里存储着自己写字坐姿的具体信息，有助于他进行自我监督。

◎使用矫正器帮助孩子调整坐姿。这种矫正器有的可以挂在孩子的脖子上，有的可以直接戴在孩子的耳朵上。如果孩子坐姿不正确，它会立即发出"嘀、嘀"的报警声或音乐声，还有的会发出"坐姿不端正，请注意"的提醒声音，孩子比较感兴趣。但是家长不能认为给孩子买一个矫正器就不用管了，还要监督孩子听到声音后立即改正。否则，年幼的孩子可能把它当作玩具，只顾新奇好玩，却不调整自己的姿势。

（3）不要让孩子过度地机械抄写汉字。学前儿童经常会将拼音、数字和汉字反着写，比如，混淆"n"与"u"、"2"与"s"、"人"与"入"等。此外，他们也会把汉字的偏旁部首和方向写反，比如，把"于"字的竖钩向右写，把"山"字的口向下开。当孩子写反字、写错字时，家长容易采取让孩子多次重复抄写的办法来矫正，这种做法是不科学的。多次重复抄写会让孩子一次写字时间过长，产生疲劳效应和应付心理，降低写字效果。有的孩子甚至"肢解"汉字来应付抄写，比如，当抄写20遍"们"字的时候，他先写20遍左边的"亻"，再写20遍右边的"门"，他感觉这样写起来简单、熟练和快速，实际上这是错误的书写方式。所以，家长不要以为孩子最后写出来的汉字形状对了，就是正确的书写，还要观察和指导孩子的书写过程。

（4）在游戏中锻炼孩子写字所需要的基本能力。写字作为一项基本的技能，需要一定的前期经验和其他技能做铺垫，这些前期经验和其他技能主要是在学龄前的游戏和日常生活中逐步获得的。比如，写字所需要的空间辨别与观察能力，可以通过七巧板、走迷宫、拼拼图、搭积木、找出图形中相同点或不同点、几何形状匹配与组合等游戏得到锻炼；此外，一些用手操作的游戏和生活活动则可以锻炼孩子的肌肉力量。

第八章

与有特殊需求的幼儿的家长沟通

关注有特殊需求的儿童的教育与发展，不但是幼教专业水平的体现，而且是现代教育文明程度乃至社会文明程度的体现。同时，对有特殊需求的儿童进行教育，家园合作共育非常关键。

关注幼儿的个体差异、提高幼儿的个性化教育水平是现代幼教倡导的先进理念。《幼儿园教育指导纲要（试行）》指出："关注个体差异，促进每个幼儿富有个性的发展。"2016年颁布的《幼儿园工作规程》把"遵循幼儿身心发展规律，符合幼儿年龄特点，注重个体差异，因人施教，引导幼儿个性健康发展"当作幼儿园教育应当贯彻的原则与要求。"信任幼儿，尊重个体差异，主动了解和满足有益于幼儿身心发展的不同需求"则直接成为《幼儿园教师专业标准（试行）》对幼儿教师提出的专业要求。可以说，关注有特殊需求的儿童的教育与发展，不但是幼教专业水平的体现，而且是现代教育文明程度乃至社会文明程度的体现。同时，对有特殊需求的儿童进行教育，单靠教师的"孤军奋战"是不行的，家园合作共育非常关键。因此，教师掌握有特殊需求的幼儿及其家长的特点，对他们采取有针对性的教育方法与沟通策略，是促进这类幼儿发展以及教师专业成长的重要方面。

一、与肥胖儿的家长沟通

体检结果出来了，党老师班里出现了两个超重儿和一个轻度肥胖儿。党老师约见了这三个孩子的家长，与他们沟通肥胖的危害以及治疗肥胖症的方法。家长听了，不认为肥胖是个问题。一位奶奶说孩子长大以后就会变瘦，现在胖点结实。说到限制孩子饮食，一位爷爷急忙说不要限制自己的孙子吃东西，孩子喜欢吃就让他吃，在幼儿园要让他多吃饭。党老师发现与爷爷奶奶沟通很费劲，跟他们讲了很多道理，可是他们听不进去。那么，怎样说服老人配合教师应对孩子的超重问题呢？

（一）了解肥胖儿的基本特点

目前，儿童肥胖症是世界范围内备受关注的营养性疾病之一。国内外专家学者一致认为，儿童肥胖症不但影响孩子的身体健康，还影响孩子的心理发展。它容易引发糖尿病、高血压、冠心病等疾病，还会导致孩子自卑、退缩、智力降低、学业不良、运动协调性差、动手操作能力和社会交往能力低等问题。

但是，儿童肥胖问题并没有引起家长的足够重视。在老人的传统观念里，孩子胖点是健康、有福、可爱、结实的表现，甚至是家庭生活条件好的象征，意识不到儿童肥胖的潜在危害。在家长存在认识误区并难以改变的情况下，幼儿教师作为儿童健康成长的把关人，肩负着很大的责任。

（二）与家长沟通的策略

根据肥胖儿及其家长的特点，幼儿教师与这类家长沟通的重点是帮助他们认识到肥胖对孩子健康成长的消极影响，并向他们推荐科学的养育方法。

1. 采取沟通对象逐层推进的方式

幼儿教师的沟通对象——家庭，具有网络结构特点，即以孩子为中心，然后根据家庭成员关系的远近，首先涉及爸爸妈妈这一层次，然后涉及爷爷奶奶、姥姥姥爷这一层次，最外围涉及保姆和亲戚朋友这一层次。每一层次都可以作为沟通的突破口，而且因为各个层次都是为了孩子的健康发展而形成利益的共同体，所以每一层次的沟通信息都会相互分享。因此，教师与家长的沟通是多层次的。教师可以采取沟通对象逐层推进的方式：如果感觉老人的沟通工作难做，就与年轻的父母沟通；如果与父母沟通不畅，就直接教育孩子，发挥"以小带大"的作用，通过孩子的言行影响家长的观念与行为，并在幼儿园对孩子实行科学保教，弥补家庭教育的不足。

2. 阐述观念以案例为主，不要让家长感觉危言耸听

对于年轻的、有文化的父母，教师把宣教资料发给他们即可，以便他们更新自己的知识体系。但是对于不方便阅读的老人来说，教师需要寻找案例资料，用实例、故事、他人的教训，帮助老人更新观念，以免让他们觉得教师在危言耸听。

3. 从膳食平衡的角度指导家长学会科学养育孩子

面对某些家长对肥胖的危害不以为然的情况，教师从膳食平衡的角度来

提醒他们科学养育孩子，可能更容易被他们接受。肥胖儿童在饮食上普遍存在的问题是：晚餐吃得丰盛、进餐速度快、饮料喝得多、零食和荤菜吃得多、蔬菜和豆制品吃得少，等等。教师可以针对孩子平时在园挑食、偏食的情况，提醒家长指导孩子细嚼慢咽、膳食平衡。

为了敦促家长为肥胖儿童选择健康食材，教师可以制作一张"信号灯食品卡"，帮助家长时时自查，为孩子多选择绿灯食品，少让孩子吃黄灯食品，尽量不让他们吃红灯食品。

◎绿灯食品：牛奶、豆腐、豆浆、瘦肉、肝、鱼、虾、鸡蛋、白菜、芹菜、油菜、菠菜、菜花、萝卜、豆角、黄瓜、冬瓜、番茄、豆芽、蘑菇、蒜苗、韭菜、生菜、茄子、苹果、梨等。

◎黄灯食品：米饭、馒头、大饼、面条、玉米、馅类食品、香蕉、葡萄、橘子等。

◎红灯食品：糖、巧克力、甜饮料、甜点心、白薯、肥肉、黄油、快餐食品、油炸食品、膨化食品等。

4. 指导家长带领孩子做适当的运动和家务活动

肥胖儿童不但有不良的饮食习惯，还存在看电视多、运动少、被动等待多、自己动手少的现象。因此，教师在幼儿园要特别指导肥胖儿童的户外体育运动，并提醒家长回家后敦促孩子练习一些运动项目，如快走、慢跑、骑车、跳绳、拍球、游泳等。每次运动20～30分钟，鼓励孩子每天坚持锻炼。在平时的生活中，也要让孩子多锻炼身体，比如，短途尽量以步代车；上下楼让孩子自己爬楼梯；在家里减少包办代替，鼓励孩子做些简单的家务，如收拾玩具、端水、端饭、浇花、拎物、扫地、擦地、擦桌子等。

二、与龋齿儿的家长沟通

幼儿园的保健大夫查出彬彬有一颗龋齿，蔡老师把龋齿矫治单交给彬彬的妈妈，妈妈签了字，同意配合大夫矫治孩子的龋齿。但是第二天早晨，彬彬的妈妈把签字单要走，又不同意给孩子治牙了。她说昨天与其他家长聊了聊后认为：如果孩子不觉得牙疼，现在就没必要矫治，孩子6岁以后就该换牙了。蔡老师跟彬彬的妈妈谈了矫治龋齿的必要性，没想到彬彬妈妈反问了一句："蔡老师，是不是彬彬不治牙就影响班级的龋齿矫治率，你会被扣奖金？"蔡老师赶紧解释："不是扣不扣奖金的问题，我们主要是担心孩子的牙齿健康。"彬彬的妈妈说："那就好，我可以跟你们园长解释，这不是你们老师的原因，是我们家长自己不愿意治疗，与班上老师没有关系。"蔡老师没再说话，因为她不知道该怎样再跟家长交流。

（一）了解龋齿儿的基本特点

洁白整齐的牙齿是人的第二张脸，每个家长都希望自己的孩子能拥有一口健康漂亮的牙齿。但是，当儿童乳牙患了龋齿时，很多家长认为乳牙迟早要换掉，不必去矫治。实际上，这是一个认识误区。因为乳牙患龋，会导致咀嚼功能降低，进而影响儿童的营养摄入；还会导致牙齿排列不齐，养成偏侧咀嚼的习惯，使颌骨发育不对称，影响面部美观。如果不加以治疗，还可能发展为牙髓炎、根尖炎，影响恒牙牙胚的发育。所以，家长千万不要以为孩子长大了要换牙，就忽视孩子幼儿期的口腔健康。目前，我国婴幼儿的龋齿患病率还在逐年升高，这与孩子的不良饮食和卫生习惯固然有直接关系，但也与家长对乳牙龋齿矫治的认识不到位分不开。

（二）与家长沟通的策略

根据龋齿儿及其家长的特点，教师与这类家长沟通的重点是帮助他们认识到龋齿对孩子健康成长的消极影响，并向他们推荐科学的卫生保健方法。

1. 请牙医进班召开家长座谈会

因为龋齿的预防、检查与治疗涉及专业的医学知识，因此教师可以请牙医进班与幼儿家长详细交流他们所担心的诸多相关问题。牙医的专业威信会促进家长走出认识的误区，提高他们对乳牙龋齿的重视程度。同时，教师还可以把牙医进班活动分为两部分：第一部分是与家长座谈，大约90分钟；第二部分是与幼儿交流，牙医可以拿着牙齿模具，带着牙菌斑试剂以及相关牙齿的图片、视频资料，给幼儿讲解保护牙齿的重要性和方法，提高小朋友的认识水平。

2. 提醒家长控制孩子吃糖是关键

龋病的预防离不开从小就培养孩子良好的生活习惯。众所周知，糖是孩子乳牙龋坏的罪魁祸首，因此，家长要注意控制孩子的食糖用量，尤其是晚上睡觉前吃糖更容易发生龋齿。孩子吃糖多与家长的教育方法单调有关。当孩子磨人、闹人、蛮不讲理的时候，家长想不出更好的办法劝服孩子，就会跟孩子交换条件："别闹了，你听我的话，我给你吃糖。"调查发现，老人和保姆照顾孩子时经常使用这个方法，因为他们想不出更好的办法让孩子听话，只好采取这种"甜蜜的诱惑"。教师发现这种情况后，要及时跟家长交流，并传授正确的教育方法。

3. 向家长传授鼓励孩子刷牙的方法

餐后漱口刷牙是预防幼儿患龋齿的法宝，可是有的孩子在幼儿园听老师的话能认真刷牙，回家后就不这么做了。对于这类孩子，教师可以向家长传授鼓励孩子刷牙的方法。比如，教给家长一首《刷牙》的儿歌："小牙刷，捏得牢，早晚刷牙很重要。刷里边，刷外边，上下左右全刷到，牙膏乐得吐泡泡。"每天晚上，家长和孩子一起边唱儿歌边刷牙。刷完牙后，家长还可以奖励孩子一张小贴画，强化他的好行为，鼓励他养成自觉刷牙的习惯。

4. 家长需要指导孩子正确刷牙

从牙齿保健的角度来说，掌握正确的刷牙方法也非常重要。在幼儿园，虽然教师讲过刷牙的正确方法，但是因为班级孩子多，即使有的孩子没有正确刷牙，教师可能也无法顾及。所以家长手把手地指导并监督孩子刷牙非常关键。首先，引导孩子掌握挤牙膏的量，如黄豆粒般大小即可。其次，教给孩子正确刷牙的方法——"上牙从上往下刷，下牙从下往上刷，刷牙要顺牙缝刷，咬颌面前后来回刷，每个部位刷 10 次，每次刷牙两三分（钟）"。注意不要让孩子像拉锯一样来回横刷，这样不但刷不干净牙，还有损牙齿。此外，在刷牙的过程中，还要提醒孩子不要把牙膏吞进腹中。最后，刷完牙后用水把牙膏漱干净。

三、与好动儿的家长沟通

超超上课容易走神，不遵守纪律。老师讲故事的时候，他会左顾右盼，不专心听讲，有时摸摸旁边的小朋友，有时抠抠自己的衣服，小动作很多。为了提高超超的注意力，也避免影响别的小朋友，老师把超超的座位安排在离自己最近的地方，这样稍微好一点，但他还是管不住自己。教师把情况反映给超超妈妈后，超超妈妈担心孩子是多动症。

（一）了解好动儿童的基本特点

活泼好动是孩子的天性，但是动作的多少取决于活动的需要，不需要的动作太多就属于多动。比如，听讲的时候不停地抠手，坐着的时候不停地晃腿，画画的时候不停地动脚，站立的时候不停地扭动身体，集体活动的时候不听指挥到处乱跑，上课的时候爱插话、说话而不是举手发言……这些伴随的、不必要的动作存在于孩子不自觉的行为习惯之中，对孩子的身体健康、心理素质或者品德修养等方面均会产生不良影响。

对于孩子的好动行为，有的家长像超超妈妈那样认为是多动症。面对这类家长，教师要告诉他们：有的孩子好动属于不良行为习惯，有些则属于多动症[*]。后者是一种心理疾病，需要专业的帮助与治疗。是否患有多动症，诊断依据主要是家长和教师提供的病史、临床表现和心理测验结果。多动的普

---

[*] 多动症，全称注意力缺陷多动障碍，英文名称 Attention Deficit Hyperactivity Disorder，简称 ADHD。

通孩子与患有多动症的孩子主要有以下四个方面的区别。

（1）*注意力方面*。多动的普通孩子对自己感兴趣的事物能聚精会神，并讨厌别人的干扰；而患有多动症的孩子玩什么都心不在焉，并难以有始有终，无目的的动作很多。

（2）*自控力方面*。多动的普通孩子在陌生的环境里和成人的特别要求下能约束自己；而患有多动症的孩子则无视环境，无视要求，坐不住，也静不下来。

（3）*冲动性方面*。普通孩子的好动行为一般是有原因、有目的的；而患有多动症的孩子的行为则具有冲动性，缺乏目的性，让人难以理解。

（4）*生理方面*。好动的普通孩子没有生理方面的障碍，多属不良的行为习惯，加强教育和改善环境就可以取得良好的矫正效果；而患有多动症的孩子，其脑部机能有障碍，所以不易矫治痊愈。

（二）为家长出谋划策

根据好动儿及其家长的特点，教师与这类家长沟通的重点是帮助他们正确地认识好动与孩子年龄特点的关系，并帮助他们培养孩子良好的行为习惯。

1. *根据多动的情况区别对待*

不要轻易地把孩子的多动行为判断为多动症，但也不要忽视孩子的多动现象。如果孩子只是偶尔才有一些小动作，家长不要严加责怪，而要理解和宽容孩子，给孩子指出问题所在，并给孩子改变自己的时间；如果孩子的多动属于不良习惯，家长要有耐心，要持之以恒地提醒和指导孩子；如果家长怀疑孩子患有多动症，可以带孩子到专业机构进行诊断，一旦确诊就要配合专业人士对孩子进行专业的治疗。

2. *逐步延长注意力持续时间*

多动的主要表现是注意力不集中，注意力持续时间比较短。这里的注意力持续时间是指有意注意时间，即孩子不管喜不喜欢注意对象，为了完成任务、遵守要求而控制自己注意的时间，这种时间的长短受身体机能的限制，不能无限延长。一般情况下，5—7岁孩子的有意注意时间为15分钟，7—10岁为20分钟，10—12岁为25分钟，12岁以上可达30分钟。可见，孩子的有效注意时间并不是45分钟。当孩子做自己感兴趣的事情时，他们所调动的是无意注意，无意注意时间要远远超过有意注意时间。因此，家长可以以半分钟或一分钟为进度，延长孩子的有意注意时间，当孩子达到一个目标后需要保持一段时间，再提出新的目标，而不要以为进度越快、时间越长对孩子就越有好处。

3. 让孩子适度做一些体育运动

有的家长认为孩子本来就好动、多动，矫正的办法就是限制孩子的活动，让他练习静坐。实际上，好动、多动不等于体育运动，适度的体育活动恰恰是矫正孩子多动的科学方法。比如，游泳就治好了泳坛名将、奥运冠军菲尔普斯的多动症。体育活动要求孩子集中注意力，在运动中协调身体各个部位之间的关系，锻炼了孩子的视觉、听觉和动觉的统合能力，能有效预防和矫正孩子的多动行为。所以，家长可以带孩子定时定量地做一些体育运动，如拍球、踢球、抛接球、打羽毛球、打乒乓球、游泳等。如果拍球的时候让孩子不出声地数数，更能锻炼孩子集中注意力。

4. 减轻孩子的心理压力

心理压力过大会让孩子多动，如遭到歧视或嘲笑、成人要求过严或期望过高、家长态度粗暴以及家庭关系、师生关系和同学关系紧张等都会造成孩子压力过大。因此，家长要密切观察孩子，并尽量减少孩子的心理压力源。

5. 适度关注孩子

家长过度关注或者过度忽视孩子也易导致孩子好动。过度关注会造成孩子喜欢在家长或者其他人面前过度表现自己，过度忽视造成孩子想方设法、夸大动作来吸引家长或其他人的注意。所以，家长要对孩子关注适度，为孩子创造理性的成长环境。

6. 妥善调节孩子的饮食

多动的普通孩子和患有多动症的孩子应少吃含淀粉、蔗糖较多的食物，如土豆、南瓜、苹果、香蕉等；多吃含蛋白质较多的食物，如牛奶、鸡蛋、豆制品、花生等。此外，含有色素、添加剂、防腐剂、辛辣调味品的食品和油炸食品，都有可能诱发孩子的多动行为，或者加重孩子的多动症状，所以家长需要限制孩子过多食用这些食物。

四、与寄宿儿的家长沟通

作为寄宿班老师，张老师感觉每周一的工作都特别繁忙和劳累。按照常规，除了要做大量与家长沟通的工作以外，还要应对孩子在周一的各种情绪表现。有的孩子不愿意上幼儿园，闷闷不乐地与家长再见后，早餐也吃得不香；有的孩子特别兴奋，说话声音很大，跟小朋友炫耀爸爸妈妈周末带自己去玩的地方；有的孩子从家里回到幼儿园，像换了一个人，生活常规忘得一干二净，不知道自己该做什么。有一段时间，张老师还发现孩子们出现一些不好的现象，他们开始攀比周末家长给自己买的玩具、食品和衣服。张老师感觉，虽然寄宿班家长来幼儿园很少，但是与他们的沟通不能少，否则会影响孩子形成良好的行为习惯与个性特征。

（一）了解寄宿儿童的基本特点

寄宿儿童一周才能回一次家，平时与老师和小朋友在一起生活，这种生活环境对于锻炼孩子的独立生活能力以及与同伴的交往能力有积极的作用。但是，寄宿儿童对家庭和亲情的渴望得不到满足，这对他们的家庭概念、亲子感情和情绪发展是不利的。而且由于寄宿儿童的生活环境单调，每天过着统一的集体生活，所以他们的社会认知能力和自由生活状态远不如日托班儿童。调查还发现，由于寄宿班是三四个教师照顾30多个孩子，导致孩子与教师之间一对一的交流互动频率不高，所以寄宿儿童在词语理解与丰富程度、口头表达能力和思维推理方面不如日托班儿童。另外，寄宿使幼儿园在孩子的卫生、健康和安全等方面也承担较大的责任与风险。

总体来说，寄宿对幼儿的发展弊大于利。那么为什么寄宿制幼儿园在我国深受家长的欢迎呢？问卷调查发现，家长之所以选择让孩子上寄宿制幼儿园，一方面是因为他们工作繁忙，无暇顾及孩子；另一方面是为了培养孩子的独立自理能力。但事实上，这些家长在双休日和节假日都普遍存在溺爱孩子、过度保护孩子和包办代替的现象，这与他们所崇尚的"培养孩子的独立自理能力"是背道而驰的。家长的这些做法削弱了幼儿园的正面教育效果，出现了所谓的"5 + 2 = 0"的现象，即孩子一周 5 天在幼儿园好不容易培养的良好生活习惯，经过周末 2 天家长在家的溺爱和放任，又回到最初的状态。

（二）与家长沟通的策略

根据寄宿儿及其家长的特点，教师与这类家长沟通的重点是帮助他们认识到寄宿对孩子的双重影响，并帮助他们发挥寄宿的积极影响，避免其消极影响。

1. 指导家长与幼儿园教育保持一致

既然寄宿儿童的家长认可寄宿对培养孩子独立生活能力的积极作用，那么就应该与幼儿园的教育要求保持一致。为此，教师可以首先在家长会上向全体家长细致地阐述寄宿生活的一日流程，并告诉家长在每个生活环节孩子应该学习和锻炼的自我服务内容，要求家长在双休日和节假日也要以同样的标准要求孩子，以发挥家园合作共育的积极效果。如果家长对孩子的要求与幼儿园不一致，或者家庭内部对孩子的要求互相矛盾，那么孩子就可能学会因人而异、"见风使舵"的行为方式，这样不但抵消了孩子在幼儿园培养的独立自理意识，而且会对孩子良好性格的形成产生不利影响。

2. 指导家长加强亲子沟通与亲子感情

我们相信每个家长都爱自己的孩子，但不是每个家长都会爱孩子。比如，有的家长把满足孩子的物质需求或者放纵孩子当作对孩子的爱，有的家长为了保持家里整洁而限制孩子的行为。对于上寄宿制幼儿园的孩子来说，家长更要学会爱他们。调查显示，长期寄宿的孩子没有养成主动与家长沟通的习惯，对家长也不够理解，亲情意识比较淡薄，有的孩子甚至以为家长不喜欢自己才让自己寄宿，因此对家长心存误解。所以，教师要引导家长多方面关爱寄宿的孩子，不要仅仅限于生活上的照顾和物质上的满足，还要加强亲子沟通，培养孩子对父母的情感与家庭归属感。

教师可以指导家长每周五接孩子回家的时候，在教室多逗留一会儿，让孩子讲一讲班级环境的变化、介绍自己和其他小朋友的作品。回家以后，家长应多与孩子交流在幼儿园的趣事和烦心事，了解和关心孩子的内心世界。家长应记住孩子的好朋友、同桌以及邻床小朋友的名字，聊聊他们的事情；还可以询问和回顾孩子一周以来学习的故事、儿歌或者舞蹈。此外，家长还要主动与孩子沟通一周以来家人的生活，带孩子出去玩或者走亲戚，以丰富孩子的生活阅历。

3. 提醒家长参加开放日活动

寄宿儿童的家长平时来园次数少，那么家长开放日就是孩子特别盼望的日子。家长的到来让他们很开心，让他们感觉到家长对他们的喜爱与重视。寄宿班应该与日托班一样，每月举行一次家长开放日活动，最好安排在周五下午，以减少家长请假的次数。如果一些特定的活动，如"六一"儿童节活动、父亲节活动、母亲节活动或者中秋节活动等无法安排在周五，那么教师要提前向家长发放正式通知，方便家长提前安排工作，确保参加活动。对于某些不重视或者经常忘记参加开放日活动的家长，教师要单独通知，以满足孩子对家长的情感需求。

4. 鼓励家长参与幼儿的晚间活动

寄宿的孩子特别喜欢班里来客人、来家长，这是他们渴望交往、渴望亲情、渴望生活丰富多彩的心理需求的表现。为此，教师可以征求家长的意见，邀请他们如有时间可以来园参加孩子的晚间活动。在家长来之前，教师要与家长交流活动方案，还要教育孩子欢迎家长的到来以及活动的规则：活动结束后不能跟着家长回家。每次活动以一个小时为宜，鼓励家长抽出时间轮流参与孩子的晚间活动。

五、与随班就读儿童所在班的家长沟通

月月是一个新来的小朋友,患有轻度自闭症。班主任范老师说:"月月有'病',小朋友要关心和照顾她。"可是孩子们并不理解这句话的意思。班里的毛毛小朋友最喜欢模仿奥特曼的造型和动作了,他一做奥特曼的姿势,月月就"啊—啊—啊"地叫,毛毛觉得月月真滑稽,于是偶然的好奇变成了故意的取笑。此外,月月在很多方面都表现得很笨拙。于是有的小朋友就跟家长说:"月月是个傻子。"月月的妈妈听见了,很难过。有些家长对特殊儿童随班就读不理解,要求自己的孩子转班,理由是让孩子跟比自己能力强的孩子在一起才能学得更多。范老师感觉虽然班里只有一个特殊儿童,但是与家长的沟通困难多了。

(一)随班就读是很多家长不太了解的新型教育形式

在家长的印象中,普通儿童在普通学校就读,有特殊需要的儿童就应该到特殊学校就读,难以理解和接受这两类儿童在一起学习与生活的全纳教育。因此,教师要通过多种形式与渠道向家长宣传全纳教育的意义。但是,知识和观念的转变是一个漫长的过程,家长的质疑和拒绝在所难免,所以幼儿教师不要气馁,要持之以恒地与家长进行沟通。

沟通的要点是帮助家长了解到,全纳教育有一系列科学的理论依据和实践操作模式,不但有益于有特殊需要的儿童的发展,也有益于培养普通儿童观察他人、关爱他人、互助合作的能力,使他们从小就接纳和尊重人的多样性,减少歧视,树立平等、公平等文明意识。随班就读是素质教育的体现,随班就读儿童甚至是普通班级所不具备的教育资源。

(二)与家长沟通的策略

教师在与随班就读儿童所在班的家长沟通时,沟通的重点是鼓励他们的教育信心,并帮助他们为孩子提供和创设全纳教育的环境。

1. 向普通儿童的家长发放一系列学习资料

很多普通儿童的家长不接受随班就读，是因为他们不了解有特殊需要的儿童这个群体，较少有机会换位思考。而且从文化传统的角度来说，以往我国对有特殊需求人群的宣传教育不够重视，所以普通儿童的家长难以发现同在一片蓝天下的另一个群体。教师需要整理相关资料，把有特殊需求的儿童的特点及其教育以及世界范围内对弱势群体的人道主义援助精神等内容编辑为系列材料，张贴在教室外面或者发放给家长，以激发人们内心潜藏已久的爱的力量。

在街头的展板、横幅前稍微顿足，对电视、广播、报刊上的信息稍加留意，你就会看到现代文明城市关于爱心的公益宣传。幼儿园也可以专门制作一套供家长阅读的展板，在每年的12月3日，即"国际残疾人日"展现给家长，帮助家长了解残疾儿童与正常儿童的区别、生活状态、治疗条件以及所需要的社会关爱等。教师还可以特别制作涉及本园随班就读的有特殊需要的儿童的相关知识，如视觉障碍、听觉障碍、智力障碍、唐氏综合症、感觉统合失调症、自闭症或者发育迟缓等。

2. 鼓励部分家长配合做宣传

教师可以先与那些特别有爱心的家长沟通，与他们在全纳教育观念方面达成共识，然后为他们提供相关的资料信息，鼓励他们做其他家长的思想工作，发挥家长影响家长的特殊作用。这些家长在配合教师做宣传的时候，需要一些准确的专业知识和具体的实例，所以教师要注意联系本班随班就读儿童的具体情况与家长沟通，丰富家长义务宣传的专业知识。

3. 经常展现普通儿童的进步

如果普通儿童的家长能看到自己的孩子在与有特殊需要的儿童共处的过程中所取得的进步，那么他们会更容易理解和接受全纳教育的理念，所以教师要经常向家长展现普通儿童的成长故事。比如，范老师发现小朋友取笑月月的行为之后，就引导小朋友共同营造班级互爱的氛围："咱们这个班的小朋友是一家人，大家要相亲相爱，特别是月月正在治疗，咱们都不要取笑、欺负她。老师给做得到的小朋友一张爱心小贴画，谁愿意得到爱心贴画？谁愿意当爱心小天使？"全班小朋友都高高地举起了手。后来，毛毛一发现月月在身边，他就不学奥特曼了；不管是在室内还是户外活动期间，看到月月在做危险的动作，小朋友也会及时报告老师；其他小朋友也能在老师的指导下为月月提供力所能及的帮助，小朋友变得会理解别人、关心别人了。教师可以把孩子的这些进步讲述给家长听，或者写成教育笔记贴在教室外面，或者把孩子们的表现编成儿童剧，让孩子们演给家长看。把情感教育与艺术教育有机地结合起来，家长将会被教师的良苦用心和幼儿的精神成长所感动，这也体现出全纳教育理念下有特殊需要的儿童与普通儿童共同成长的教育宗旨。

4. 为有特殊需要的儿童的家长搭建交流平台

有特殊需要的儿童的出现往往会给家长带来巨大的打击，使他们承受普通家庭难以体验到的压力、痛苦、无奈与无助，特别需要别人的理解、尊重、包容、鼓励与帮助。因为有特殊需要的儿童属于少数群体，这些家长沟通的范围是狭窄的，他们不太确定普通人群是否接受他们，所以他们通常不够自信。因此，教师首先要满足有特殊需要的儿童的家长的心理需求，为他们搭建交流的平台。比如，可以组建小范围的座谈会，让有特殊需要的儿童的家长倾诉自己的经历，给其他家长提问和了解的机会，让普通儿童的家长和这些有特殊需要的儿童的家长进行交流和互动。

在征得有特殊需要的儿童的家长同意的前提下，让他们描述随班就读给孩子带来的进步以及自己的欣慰与感激之情，具有良好的宣教效果。比如，月月的妈妈讲道：

一天午睡时间，趁老师转过身的工夫，月月坐起来朝其他没睡着的小朋友笑笑；看到老师要转过身来，她就赶紧躺在床上装睡，这样反复好几次。老师不但没有批评月月，反而由衷地为月月的"调皮"行为感到高兴。当我和月月的爸爸从范老师口中得知女儿"调皮"的故事后，激动得哭了！要知道一个自闭症患儿会"调皮"，也就意味着她偶尔走出了自闭的牢笼，露出了与老师和小朋友主动交流的曙光，这对于月月来说是一次质的飞跃！我们对月月多年的治疗与等待终于有了回应！感谢月月的班主任范老师能如此包容我的孩子，感谢月月的同班小朋友对月月的帮助，也非常感谢诸位家长对我们的体谅！谢谢大家！

月月妈妈声泪俱下的叙述感动了很多在场的家长，感动将会带来行动，因为人人都有"幼吾幼以及人之幼"的爱心。

5. 鼓励普通儿童的家长与有特殊需要的儿童的家长自愿互助结对

普通儿童的家长与有特殊需要的儿童的家长自愿互助结对是更加深入、长效的全纳教育形式。教师鼓励家长自愿报名，轮流在业余时间让有特殊需要的孩子与自己的孩子相处一段时光。这种得到了家长的支持和鼓励的、日常生活中的相处，更有利于将尊重、理解、同情、关心、沟通、帮助等优秀品质注入普通孩子的心中。有特殊需要的儿童因为得到了健康、丰富的刺激和爱心的浇灌，也会在康复之路上加快步伐，其家长的自卑、孤独、无助、无奈、苦闷等消极心理也会得到稀释，他们能从中得到莫大的宽慰和鼓励！

六、与感统失调儿童的家长沟通

文文的父母工作繁忙，平时由奶奶照顾文文，同时奶奶还要照顾生病在床的老伴。文文性情温和，很少哭闹，天天在家里待着，很少出门。晚上爸爸妈妈下班后，他也不黏父母，自己乖乖地、安静地玩。家长都认为文文是一个很省心的孩子。可是上幼儿园以后老师发现了一些问题：在老师讲课的时候，文文总是缓慢地、不停地重复三个动作，即左手拇指依次摸右手的食指、中指、无名指和小指，右手拇指依次摸左手的食指、中指、无名指和小指，然后用下巴蹭左边的肩膀。几乎每过一段时间，他就换一个动作进行重复、缓慢地操作。文文平时的生活自理能力和动手操作能力差，做任何事情都喜欢看老师和小朋友做，自己迟迟不敢动手尝试。爸爸妈妈已经发现文文在很多方面确实落后于其他孩子，教师建议他们带孩子去医院做心理测试，家长不愿意去，他们不相信自己的孩子有问题。

（一）了解感统失调儿童的基本特点

文文的问题出在感觉统合失调（简称感统失调）上，他不能有效地统筹、整合各个感觉器官所接受的各种信息，并及时地做出相应的、适当的反应，因此显得行动笨拙、反应呆板、发展迟缓。由于文文父母讳疾忌医，没有对孩子早发现、早干预、早治疗，错过了感觉统合训练的最佳时期，结果文文入小学一个月后因为不适应被学校劝退了。

调查发现，儿童感觉统合失调检出率较高，而家长对其了解和重视程度却较低。因为感觉统合失调现象在孩子3岁以后才会表现出来，而且有的孩子在某方面还比较聪明，所以家长不易发现孩子存在这个问题。3岁之前大部分小朋友都还没有感觉统合。3—13岁是感觉统合训练的有效时期，而且越早干预越好。教师凭直觉和经验能够察觉出感觉统合小朋友与感觉统合失调小朋友之间的差别，在发现问题之后，要和家长进行沟通。有的家长比较重视，会听从教师的建议，带孩子去医院做检查，继而参加矫正治疗；有的家长则持怀疑和逃避的态度，耽误了孩子的治疗与发展。所以，教师要想办法与感觉统合失调的儿童的家长加强沟通。

（二）与家长沟通的策略

根据感统失调儿童及其家长的特点，与这类家长沟通的重点是帮助他们认识到早发现、早干预的重要性，并指导他们把专业训练与日常练习结合起来。

1. 用通俗的实例向家长阐述概念

很多教师在跟家长沟通"感觉统合"概念的时候，发现有些家长听不懂，给他们发放资料，他们也看不懂。因此，教师可以结合幼儿在日常生活中的表现，用通俗的实例向家长解释这个概念。教师可以参考下面这种解释：

现在市场上有一些用塑料做成的仿真面包、三明治等玩具，3岁左右的宝宝玩着玩着就会禁不住去咬一口，主要不是因为他饿了，而是他的感觉统合能力还没有发展成熟。对于一个发展成熟的人来说，这个仿真面包能不能吃，不是单纯地依靠眼睛看，还要摸摸软不软，闻闻有没有面包味。大脑把视觉、触觉和嗅觉发来的信息进行综合判断，最后再发出能不能吃的指令。我们每天完成吃饭、睡觉、游戏、运动、学习等基本的日常活动也是一样，都不是单纯地依靠某一个感觉器官完成的，而是收集听觉、视觉、触觉、嗅觉、味觉、运动觉和平衡觉等各个感觉器官发来的信息，由大脑对这些信息进行筛选、判断、整理，然后形成一套完整的决策和指令，最后再统合、协调各个感觉器官，完成相应的动作或任务，这就是感觉统合。如果其中任何一个感觉器官出了问题，或者虽然各个感觉器官正常，但是大脑对身体各部分器官不能有效地统合，那么就无法正常完成任务，这就是感统失调。

2. 提醒家长加强亲子沟通与亲子游戏

感觉统合失调的原因既可能是先天因素，也可能是后天因素，其中缺乏交流的养育方式是一个关键因素。很多家长像文文的父母一样因为忙于工作，把孩子交给老人或者保姆照看，与孩子身体接触少，亲子交流和亲子游戏也少，再加上有的孩子像文文一样属于易养型气质的孩子，不爱说话、不爱闹腾，表面上的省心又加剧了家长的大意，让他们没有意识到孩子不哭不闹是危险的征兆。所以，教师要经常提醒工作繁忙的家长关注孩子，要把孩子看得与工作同等重要。不要以为孩子身体不生病就没事了，孩子的心理发展同身体发育一样重要，孩子需要频繁的亲子沟通与亲子游戏。如果有的年轻父母不会做亲子游戏，教师要手把手地指导他们。调查发现，文文的妈妈就不会跟文文玩，很多常见的、简单的亲子游戏都不会做，教师把游戏步骤示范给她看，她才能回家带文文玩。

3. 鼓励家长带孩子参加科学的感觉统合训练

只要幼儿园实施全面发展的启蒙教育，普通儿童就能自然地进入感觉统合状态，而感统失调的孩子则需要进行特殊的训练，教师需要通过沟通引起家长的重视。目前,儿童感统失调的问题已经得到专业机构的广泛关注,专业人员已经研发出效果较好的系列培训课程。他们根据孩子感统失调的具体症状,每星期设计一次、两次或者三次活动,使用专业器械对孩子进行分门别类的训练。大部分感觉统合训练不是实施一系列刻板单调的活动,而是采取生动活泼的游戏形式,调动孩子的活动兴趣,促使孩子在玩中坚持练习。

4. 指导家长在家庭中做感觉统合活动

感觉统合训练虽然很专业,但并不神秘。日常生活环境中处处都有感觉统合练习的机会,关键是家长要敢于放手让孩子尝试。只要家长能顺从孩子的自然发展需要,让他们有充分的摸、爬、滚、打、蹦、跳等经验,经常玩土、玩沙、玩水、玩积木,对孩子减少包办代替,增加他们动手锻炼的机会,就有益于孩子的感觉统合发展。

即使孩子参加专门的感觉统合训练,在家庭中做相应的配合练习也很重要。比如,让孩子趴在床上,为孩子做背部按摩;让孩子仰卧在床上,把一个棉垫放在孩子的肚子上,用适度的力气按压棉垫;在床上把孩子的手脚放平,用一条长浴巾把孩子的手脚裹起来,像滚轮胎一样帮助孩子在床上打滚。家长还可以在孩子洗澡的时候,用稍微粗糙但又不伤害皮肤的毛巾为孩子搓澡。

七、与留守儿童的家长沟通

孩子入园时间,索老师对小峰说:"小峰,和爷爷说再见!"小峰拉着爷爷不肯松手。爷爷问:"你怎么了?"小峰说:"爷爷,我饿了,我要吃煎饼。"索老师说:"幼儿园有鸡蛋,来吃鸡蛋吧。"小峰噘着嘴不愿意,爷爷说:"好吧,我先带他吃完煎饼再来。"结果爷孙俩当天没有再回幼儿园。索老师打电话了解情况,爷爷说:"吃完煎饼,孩子说不想上幼儿园,我们就回家了。"索老师说:"您应该坚持送孩子上幼儿园,不能孩子想干什么就干什么。"爷爷说:"我知道,不过这孩子挺可怜的,一年到头见不到他爸爸妈妈。再说我退休了，也没什么事，就陪着孩子在家玩吧，只要孩子开心就好。老师放心！"

（一）城市和农村一样有大量留守儿童

强国富民的改革开放给中国带来了巨变，也悄然改变着中国的家庭结构和中国幼儿的生活状态。不管是在农村还是在城市，大量幼儿处于留守状态。农村家长外出务工，城市家长穿梭于祖国各地忙于经商、进修，甚至部分家长会出国留学。于是，他们的孩子只能交给老人或者保姆照顾。纵然这些留守儿童的基本生活、安全和健康都有保障，但是他们的亲子教育、父爱和母爱则是缺失的。于是，有些幼儿会缺乏安全感和归属感，有些幼儿会形成一些不好的行为习惯以及消极的情绪情感。

调查发现，留守儿童家长的补偿心理突出。比如，小峰的爷爷觉得孩子可怜，于是对孩子放松要求、娇惯溺爱、包办代替。还有的老人和保姆缺乏科学的养育知识和活泼的教育方法，忽视孩子的情绪情感发展，对孩子的健康成长造成不良影响。因此，指导留守儿童家长提高家庭教育的观念与水平，成为幼儿教师在社会发展新时期需要长期关注的重要内容。

（二）与家长沟通的策略

根据留守儿童及其家长的特点，与这类家长沟通的重点是积极利用社区资源，帮助孩子营造温暖的家庭氛围，加强与祖辈家长和保姆的沟通，并发挥网络资源的优势，与幼儿的父母建立便捷的沟通渠道。

1. 与社区联合推动留守儿童及其家长的沟通交流

目前，留守儿童现象已经引起社会的广泛关注，它已经成为一个社会问题。幼儿教师通过社区推动留守儿童的家长工作是一种创新模式。由于社区的地缘性、组织性和亲民性，它能帮助留守儿童跨越家庭的界限，把他们凝聚在社区的活动中心，让他们获得积极的情绪体验，丰富他们及其家长的生活，增强人们的社区归属感和生活幸福感，发挥幼儿园所不能替代的作用。一般情况下，先由幼儿园领导出面与社区或居委会的负责人联系商榷，达成幼儿园与社区合作共育的共识，并确定活动的时间、场地、形式以及彼此的分工与合作事务，然后由班级教师设计活动方案，组织留守儿童及其家长参加活动。

2. 帮助留守儿童家庭建立自由结对的稳定机制

教师可以通过口头询问或者问卷等方式，了解本班留守儿童的基本情况，如爸爸和妈妈分别在哪里工作、与孩子联系的方式是什么、多长时间联系一次、孩子的生活习惯和情绪情感状态如何、家长认为孩子的最大问题是什么、教育孩子的主要困难是什么以及希望教师提供怎样的帮助等。然后，把收集到的情况做一个简单的统计与分析。之后，专门召开留守儿童的家长座谈会，向家长汇报这些情况，同时向家长宣传留守儿童家庭教育的正确观念与方法，并鼓励留守儿童家庭自由结对，让孩子平时放学回家后或者节假日在一起游戏，为孩子营造温暖的大家庭氛围，丰富孩子的生活和交际范围。家长也可以借此机会交流育儿的经验与困惑，相互帮助解决日常生活中遇到的育儿问题。

最初，可能需要教师出面组织家庭自由结对的形式与方法。之后，教师及时向家长总结、反馈家庭自由结对的良好效果和有益经验，最终帮助留守儿童家庭形成相互联络、结伴育儿的稳定机制。教师还可以在班级发动非留守儿童与留守儿童家庭结伴活动，让小朋友们到彼此家里做客，增强小朋友间的友情。

3. 根据孩子的具体表现有针对性地与个别家长约谈

由于照顾留守儿童的主要是祖辈家长和保姆，他们并不是孩子的第一监护人，他们的知识和文化水平有限，所以教师在与他们沟通的时候，特别要注意晓之以理、动之以情、教之以法；不厌其烦、反复叮嘱、手把手指导；每次交流的内容不宜太多，信息量也不要过大，一次一个小问题，每个问题都举例说明，并根据家长的眼神、表情和态度来判断家长是否重视、是否明白了，然后再根据孩子的表现来判断家长的教育方法是否操作到位。最后，再有针对性地与个别家长进一步沟通，一步一步地帮助家长转变教育观念，掌握科学的育儿方法。

4. 积极利用网络为留守儿童的父母搭建沟通平台

现在网络资源的覆盖面大，不管是农村家长还是城市家长，使用网络的频率都很高，教师可以积极利用网络为留守儿童的父母搭建沟通平台。由于留守儿童的父母均在外地，校园短信通、QQ群、班级校友录、博客、微博或者微信比较适合他们，教师可以选择其中一种方式帮助父母了解孩子在家乡的生活与发展状况，引导他们想办法多与孩子沟通交流，关注和满足孩子的精神需求，尽量减少"留守"给孩子带来的负面影响。教师还可以经常发一些简短的文章，向留守儿童的父母宣传留守儿童教育的误区及正确的教育方法。

八、与单亲儿童的家长沟通

从小班到中班，应老师一直是小艾的班主任，她亲眼目睹了两年来小艾的变化。小班上学期时，小艾乖巧听话，活泼可爱；可在下学期时，小艾的性格变得非常脆弱，动不动就发脾气、哭。当时，小艾妈妈说她正在和丈夫办理离婚手续，因为小艾的抚养权问题争执不下，小艾既不愿意离开爸爸，也不愿意离开妈妈。最终，法庭判决小艾跟着妈妈生活。离婚之后，妈妈尽力关心小艾，但小艾开始变得心事重重、闷闷不乐。现在是中班下学期了，小艾妈妈重新组织了一个家庭，继父对小艾很好，经常给她买玩具和衣服，但是小艾既不排斥继父，也不接受继父。小艾现在的性格很敏感、多疑，与小朋友交往也不够大胆自信，更不敢问自己的亲爸爸在哪里。孩子成为父母离婚的无辜受害者，应老师看在眼里、急在心里。

（一）了解单亲儿童的基本特点

我国的离婚率一直居高不下，造就了成千上万的单亲儿童。家庭破裂给孩子的心灵带来的负面影响不可小觑。人们发现有的单亲儿童情绪不稳定，性格孤僻、封闭、忧郁、自卑、敏感、多疑；也有的单亲儿童变得攻击性强、不合群、敌对、仇视、憎恨、叛逆、任性、放纵等。这是离婚给孩子带来的消极影响，父母漫长、对立的离婚过程给孩子带来的伤害更大。在离婚后，单亲家庭会暂时出现家庭结构与功能缺失的状态，有的单亲家长难以恢复平常心态，对孩子的教育态度与方法变得非理性和情绪化。比如，有的家长带着补偿的心态娇惯、溺爱孩子；有的家长带着仇恨的心态给孩子灌输"爸爸不是好人""妈妈不要你了"等偏激的观念；有的家长则因为忙于应对离婚后的新生活，对孩子疏于关心与管理，使单亲孩子的童年生活陷入混乱无序的状态。这时班级教师伸出援助之手，关怀家长、关爱孩子就显得弥足珍贵。

当然，单亲儿童的遭遇并非千篇一律。单亲家庭所形成的不良环境只是影响孩子心理发展的一个重要因素，其作用的性质和大小还取决于家长是否文明离婚、家长的心理素质如何以及家长与孩子的互动关系等。当然，生活中也不乏单亲家庭中的儿童在某些方面优于完整家庭中的儿童的例子。如果有这样的案例，教师要善于调研、分析与整理，为以后帮助单亲家庭积累正面经验。

（二）与家长沟通的策略

根据单亲儿童及其家长的特点，与这类家长沟通的重点是帮助他们保持健康的心态，鼓励他们多带孩子与他人交往。

1. 开导家长为了孩子的健康成长而文明离婚

充满争执与吵闹的离婚过程对孩子的消极影响很大。教师可以从孩子情绪、行为的突然变化，敏锐地察觉孩子的家庭变化，并以诚恳的态度与家长约谈。约谈的目的不是判断离婚夫妻之间的是非问题，而是开导家长为了孩子的健康成长而文明离婚。首先，夫妻二人要学会在孩子面前克制自己的不良情绪，尽量不要当着孩子的面爆发，要背着孩子解决成人之间的问题。其次，不要拿孩子发泄私愤，比如，在孩子面前诋毁对方的形象，甚至灌输"男人不可靠""女人不可信"等偏激观念。最后，在孩子抚养权的问题上，谁能为孩子创造更好的成长环境，就让孩子跟谁一起生活，并且尊重对方的探视权，让孩子感觉父母不在一起生活，但父母都还是爱自己的。

2. 提醒家长经常对孩子表达爱与关心

孩子从两岁开始能真切地感受到家庭的气氛。因此，影响孩子情绪发展的决定性因素并不是父母离异，而是整个家庭气氛。当父母关系恶化、家庭氛围紧张时，孩子会感到十分困扰，觉得自己是无人关心的、多余的，甚至误以为是自己不好导致父母离婚。因此，教师一方面在班里直接开导幼儿正确地看待自己，把父母之间的争吵看成是小朋友之间的争吵，不让孩子陷入自责；另一方面把孩子的这种心思告知家长，提醒家长经常对孩子表达爱与关心，直接告诉孩子："这不是你的错，是爸爸妈妈之间的事情，爸爸妈妈都很爱你！"

3. 指导家长离婚之后以平常心对待孩子

很多父母离婚之后认为自己亏欠了孩子，从而不能以平常心对待孩子，对孩子过度怜惜与补偿，把孩子特殊化，对孩子的一些不良行为习惯和不礼貌的言行视而不见。其实，单亲家庭并不可怕，可怕的是家长失去一颗平常心。单亲家庭纵然会有一些不利于孩子成长的环境因素，但是双亲健全的家庭，其孩子的问题不见得就比单亲家庭的孩子少。因此，对于家长来说，尊重孩子的心灵成长规律，采取科学有效的教育方法才是最重要的。教师要鼓励单亲家长在精神上站起来，在教育上蹲下去，以一颗平常心对待孩子，该鼓励的时候给予鼓励，该批评的时候进行批评，像对待普通孩子一样把握好教育分寸，培养孩子正确的自我意识和良好的个性品质。

4. 提醒家长多带孩子与他人交往

针对单亲儿童性格内向、孤僻的特点，教师要经常提醒家长多带孩子与他人交往。人际交往既有利于培养孩子开朗的性格，也有利于消除孩子消极的情绪心态。教师一方面在幼儿园要特别关注单亲儿童的交往情况，鼓励他们参加小朋友的游戏，也鼓励其他小朋友主动邀请他们共同游戏；另一方面开导家长放下纠结的心事，主动组织孩子们一起游戏，在孩子的健康成长中寻求宽慰、快乐与价值感。教师还要帮助单亲家长认识到在孩子的成长过程中，父爱和母爱都是必不可少的。因此，满足孩子对亲生父母的情感需求，宽容大度地支持孩子的亲子交往，对单亲儿童的健康成长具有非同寻常的意义。

第九章

与难以沟通的家长沟通

难以沟通的家长，对幼儿教师的情绪反应、职业成就感与幸福感会产生很大的影响，也给幼儿园的管理工作带来很大的挑战，因此，很有必要主动钻研与这类家长沟通的策略。

有些家长，让幼儿教师难以与其沟通。虽然难以沟通的家长数量并不多，但是对幼儿教师的情绪反应、职业成就感与幸福感有很大的影响。据调查，如果班级每学年遇到一个难以沟通的家长，就会大大影响教师的工作情绪，有时甚至成为教师是否在新学年继续带该班幼儿的决定性因素。难以沟通的家长也给园长的管理工作带来很大的挑战：沟通问题的棘手、沟通情绪的紧张以及沟通效率的低下耗费了园长大量的时间与精力。因此，幼儿园很有必要主动钻研与这类家长沟通的策略。

有一所知名幼儿园为了杜绝与这类家长打交道，在招收幼儿时采用了面试制度，不过面试的对象是家长。该幼儿园设计了一些开放性的问题让家长回答，比如，"您送孩子上幼儿园的目的是什么？""您最希望孩子在幼儿园学到什么？""您最喜欢什么样的老师？""您怎样看待幼儿园的意外伤害现象？""您怎样看待小朋友之间的冲突？""孩子受欺负了，您会怎么做？""您的孩子欺负别的小朋友了，您会怎么做？"幼儿园期望通过家长的回答，来判断家长是否具有正确的教育观和容易沟通的性格。最初，这个办法起到一定的"筛选"作用，但是后来由于家长相互传授回答问题的技巧，于是很多家长在面试前相互切磋"正确答案"或者上网查询"最好的答案"，这样对家长的面试就起不到"筛选"作用了。后来，幼儿园发现，有的家长面试的时候回答得头头是道，等孩子入园后出现相应问题时却我行我素、不依不饶。

由此可见，通过面试"筛选"出难以沟通的家长并不可靠，而且因为家长难以沟通就把孩子拒之门外也不符合幼儿教育的普惠性原则。幼儿园是幼儿、家长和教师共同成长的正规教育机构，改善工作方法、提高工作能力才是面对各种性格的家长的根本途径。

有些家长之所以难以沟通，主要有两方面的原因：一方面是家长自身的优越感，另一方面是家长的性格缺陷。有的家长存在地位、权力、金钱或者学历上的优越感，他们自我感觉高人一等，因此待人态度不平和，让教师难以与其沟通。有的家长在人生观、世界观以及待人处世、思维方式和为人父母等方面不够成熟，存在一定的性格缺陷。

根据以上两个主要原因所造成的具体表现，我们把难以沟通的家长分为八种类型：偏执型家长、冷漠型家长、敷衍型家长、易受影响型家长、护短型家长、自私型家长、告状型家长、积怨型家长，教师可以尝试用不同的策略，有针对性地与不同类型的家长进行沟通。

一、与偏执型的家长沟通

为庆祝"六一"儿童节，幼儿园需要临时排练一个节目，舞蹈老师就在各个班级挑选舞蹈小演员，晨晨没被选上。晨晨妈妈得知后就带着孩子一起去找舞蹈老师，问为什么没有选上晨晨。老师认为晨晨的舞蹈基础不如其他孩子，但是为了维护孩子和家长的自尊心，就说："晨晨是挺喜欢跳舞的，跳得也不错，但是这次我们选择的是身高相似的演员。"妈妈说："你是说晨晨不够高，那可以站在前排嘛。"老师跟晨晨的妈妈耐心交流一番之后，最终还是没有同意让晨晨参与跳舞。晨晨妈妈问晨晨："晨晨，老师没选上你跳舞，你难过吗？"孩子点点头，没说话。妈妈接着问孩子："我看你不难过，难过就跟老师说呀！"孩子被妈妈的严厉语气吓哭了。老师见状对晨晨的妈妈说："您不能这样对待孩子。"晨晨妈妈急了："我怎么对待孩子了？你怎么对待孩子的？"接着妈妈就当着孩子的面表达了诸多不满：孩子的自信心受到伤害，谁负责？为什么自己的孩子就不能得到照顾？即使孩子跳得不如别人，也可以回家练习，为什么老师就不给机会……

最后，经过园长出面协调，晨晨参加了儿童节的其他节目，晨晨的妈妈才罢休。晨晨的妈妈一贯很重视孩子的早期教育，但是她的个性很偏执。她与丈夫的婚姻也出现过危机，她不愿意离婚，曾抱着孩子威胁丈夫："你敢跟我离婚，我就抱着晨晨从楼上跳下去。"晨晨的心灵因此受到很大的打击，很长时间都缄默不语、郁郁寡欢。

（一）了解家长的言行表现特点

不言而喻，晨晨的妈妈在人生观、世界观以及待人处世、思维方式和为人父母等方面不够成熟，比较偏执，对孩子造成的消极影响也是显而易见的。

偏执型的家长常常表现为：对已经过去的不良事件记忆深刻、耿耿于怀并得出固执死板的结论；日常生活中敏感多疑、心胸狭隘，对别人的成就与荣誉紧张不安、妒火中烧，甚至出现背后说风凉话、公开抱怨或指责别人的情况；自以为是，惯于把失败和责任归咎于他人和外在原因；同时又很自卑、苛刻，总是过多、过高地要求别人满足自己的意愿；对他人和社会存有偏见，主观片面性大，分析问题缺乏客观性，总认为别人存心不良、故意为难自己。总之，偏执型的家长有主见，但固执己见、偏见严重，通常家庭不和睦，与朋友、同事相处不融洽，周围人只好对其敬而远之。

（二）与家长沟通的策略

根据偏执型家长的行为特点，教师与他们沟通的重点是以他们可接受的方式与他们进行交流，避免激化矛盾。

1. 宽容家长的偏激言行

偏执型家长的性格特点是由其长期获得的负面生活经验造成的。比如，童年时期生活在缺乏母爱、不被信任、常被指责、拒绝和否定的家庭环境中；在成长的过程中连续地遭受打击、挫折、失败、羞辱和委屈的体验非常深刻；自我要求高而力不能及，长期陷入矛盾与自卑的心理困境中。也有的家长为了逃避异常处境带来的痛苦而变得敏感偏执，如单身父母厌恶别人讨论家庭的幸福、收入较低的人产生仇富情绪等，这些因素都会导致家长产生一些根深蒂固的偏激言行。偏执不但给自己带来痛苦，也给别人带来尴尬和不快。教师若遇到这样的家长，要把沟通目标定位在稳定家园关系上，宽容对待家长，息事宁人，不要激化矛盾。

2. 及时征求家长的具体意见

偏执型家长心胸狭隘、爱计较，对自己是否受到特殊关照很在意。如果一些信息比别人知道得晚了，或者得到的机会比别人少了，他们就很容易牢骚满腹、情绪激动。因此，教师要把偏执型家长作为首要的沟通对象，及时告知相关信息，及时征求他们的具体意见，及时化解与他们之间的矛盾。有的教师可能会问："凭什么要对个别家长特殊关照？这不是纵容吗？对其他家长公平吗？"这样的反问有一定道理，但是仅仅通过沟通来促进偏执型家长的人格成熟或者保证家长的公平，是不切实际的。作为幼儿教师，与家长沟通的最终目的是促进幼儿发展。在家长工作和幼儿成长产生矛盾的时候，沟通的策略与目标要让位于幼儿发展。

3. 揭示家长自动化的非理性思维

不同家长的偏执程度不同，不同教师的威信和沟通能力也不同。对于一些偏执程度相对较轻的家长，有威信和经验的教师可以尝试与他们进行深层次的观念沟通。偏执型家长的内心世界都会存在一些自动化的非理性思维。如果家长看待与分析问题的思路有偏颇，就会出现一些非理性思维，而且这些非理性思维会反复、自动地呈现在脑海里，指引人的观念、态度与情绪。比如，"社会上处处充满了危险，我必须带领孩子多加小心""我不能容忍别人的攻击，必须立即给予反击，孩子从小就不能吃亏""我很成功，我的孩子绝对不可以平凡无奇""孩子应该尊重我，不可以拒绝我""孩子必须听我的话，否则长大以后就更加难以管教了""孩子今天竟然没得第一，真是糟糕透顶"等。这些非理性思维的共同特点是：以偏概全、绝对化、完美主义。家长对自己的非理性思维并不自知，教师需要对其进行适时的点拨，提醒这类家长对自己的过激言行进行反思与调整。

二、与冷漠型的家长沟通

自从菁菁升入大班以来，姜老师与菁菁的妈妈总共没有说过几句话。菁菁妈妈每次送孩子的时候，都是把孩子放在班里就走，既不带领孩子一起说"老师好"，也不跟孩子说"再见"。一个月以后，菁菁知道班级位置了，妈妈就把孩子送到楼下，让孩子自己进班。这样，姜老师和菁菁家长见面的机会就更少了。

天气渐渐转凉了，孩子户外活动需要穿棉背心了。姜老师把带棉背心的事情写在教室外面的小黑板上，又逐一告知前来接孩子的家长。她还特意交代菁菁："记着回家提醒妈妈，明天给你带棉背心来！"结果，第二天菁菁没有带。姜老师就找了其他小朋友的一件棉背心先给菁菁穿上。晚上回家的时候，菁菁开始打喷嚏、流鼻涕。于是，家长打电话责怪老师给孩子穿的衣服少了，没有照顾好孩子，导致孩子生病了。姜老师认为早上孩子来园的时候，穿得就很少，并解释说自己已经通知家长给孩子带棉背心了。菁菁的妈妈说自己没听见通知，也没看见黑板上的提醒。姜老师说："您平时不能接送完孩子就走，对班级的事情不闻不问。"菁菁妈妈不接话，生气地把电话挂了。

（一）了解家长的言行表现特点

冷漠像一面没有回音的墙，堵住了教师与家长之间的沟通之门。有些家长性格内向冷漠或者清高孤傲，对周围的事物漠不关心、少言寡语；有些家长则可能粗心大意、不以为然、满不在乎，认为孩子上幼儿园有人看管就可以了，不把烦琐的班级事务当回事；有些家长的冷漠是暂时性的，可能是由于工作不顺心、家庭生活不愉快导致他们对其他事情心不在焉；也有些家长对教师工作不满意，对直接交流又心存顾忌，因而采取冷淡的态度。

冷漠型的家长对孩子的健康成长有不利影响。冷淡的态度和缺乏关注不利于培养孩子的安全感。经常被拒绝或者受冷遇的孩子容易形成否定的、消极的自我意识。冷漠型的家长还加剧了家园共育的难度，导致教师在有些事情和问题上无法及时与之沟通、达成共识，使孩子的健康成长缺少一股合作性的支持力量。所以，为冷漠型家长提供力所能及的帮助，是教师以儿童发展为本的职业体现。

(二) 与家长沟通的策略

根据冷漠型家长的行为特点，教师与这类家长沟通的重点是取得他们的信任，营造轻松交流的氛围。

1. 通过孩子了解家长冷漠的原因

如果家长的冷漠态度是由于工作或者生活中的突发事件导致的，经过一段时间的心理调整，教师就可以与其进行正常沟通了。如果家长性格本身就非常冷漠或者粗枝大叶，教师就要采取相应的策略与其进行沟通。因此，对于一个新班级来说，教师首先要了解家长冷漠的原因。由于这样的家长不愿意直接和教师面谈，教师只能通过孩子迂回与其交流。教师可以主动与孩子聊天，问孩子一些问题，如"回家后是谁陪你玩呀""谁跟你在一起玩的时间长""你最喜欢跟哪个家长一起玩""你们在一起爱玩什么"等。通过这些问题的回答，教师基本上就可以判断出家长的冷漠是一贯性的，还是暂时性的，为进一步尝试沟通奠定基础。

2. 用渐进策略温暖家长的心

长期冷漠的人已经形成习惯，防范和戒备意识强，不但不善于表达自己，而且也羞于甚至畏惧表达自己，所以遇到主动与他们沟通的人时，如果他们还没有做好心理准备，就很可能会退却。因此，教师可以采取渐进的策略与冷漠型的家长沟通。比如，把一些重要的通知或者孩子的个别情况写成简洁的小纸条，温馨提示家长需要关注的地方。可以把这些小纸条直接交给家长，也可以委托孩子交给家长，让孩子起到敦促家长阅读的作用。第二天，幼儿来园后，教师可以问孩子："你把昨天的小纸条给妈妈看了吗？妈妈念给你听了吗？"这种询问可以帮助教师了解书面沟通的效果。冷漠的人表面是冷峻的，但内心体验往往是丰富和深刻的。教师频繁的贴心交流会逐渐温暖家长的心。

3. 营造放松表达的心理氛围

教师尽心尽力照顾孩子，但仍会让某些家长感到不满，但是碍于情面，这些家长不愿意直接表达自己的不满和意见，于是表现出对教师的冷漠。如果经过观察与分析，教师发现有的家长因此产生冷漠，那么就应该找个时间主动与他们沟通。教师要抱着征求意见和建议的谦虚态度，诚恳地邀请家长放松地表达自己的想法。在沟通的过程中，教师的倾听要多于解释，让家长感觉到自己的心声确实得到了教师的关注；而过多的解释会让家长感觉教师是在为自己辩解，置家长的切身感受于不顾。如果不同意家长的意见，教师可以委婉地说："我理解你的看法，从某个角度来说，你的看法是对的，但是换个角度未必如此。"或者"我与你有不同的看法，你愿意听一听吗？"而不宜直接说"你的看法是错误的"或者"我不同意你的看法"。教师要注意，在沟通的过程中要始终让家长感觉是在与教师平等地交流，而不是教师的"一言堂"，否则，冷漠型家长很容易又关闭沟通的大门。

三、与敷衍型的家长沟通

俊超是班里个头最高的小朋友，精力旺盛，活泼好动，喜欢跟其他小朋友玩，但也经常招惹其他小朋友，不高兴了就动手动脚，发泄情绪。教师多次与其家长交流，家长每次都边点头边道歉："俊超给老师添麻烦了，对不起老师，我们回家一定好好教育他。"久而久之，教师发现，家长的态度一直很好，并不为孩子护短，总是代孩子承认错误，但孩子的状况一直没有得到改善。教师频繁的沟通与家长良好的态度并没有改变孩子的行为习惯。教师常想：问题出在哪里呢？还有没有更好的沟通方法呢？

（一）了解家长的言行表现特点

敷衍型家长在沟通的时候会心不在焉、神情不集中，不能及时或者有效地接教师的话题，只是做出"听"的样子，却没有"听进去"。他们有时用看表、跟过路人打招呼或者其他自然的方式打断教师的叙述，并礼貌、谦和地与教师告别。

敷衍型家长对教师反映的问题表面点头答应，不否定也不反驳，但实际上并没有付出行动改变自己的教养方式和孩子的行为习惯。究其原因，一方面可能是家长并不认可教师反映的问题，但又觉得教师的初衷是为了自己的孩子，不愿意与教师争辩，所以就敷衍回应教师；另一方面是因为孩子的不良习惯形成已久，要想改变并非一日之功，而且改变孩子的同时还要改变自己已经习惯的教养方式，这对家长来说是一个挑战，于是有的家长就用敷衍的方式回避问题。此外，还有一种情况是教师的专业水平有限，不能采取多种方式与家长沟通孩子的同一问题，产生了"超限效应"。

（二）与家长沟通的策略

根据敷衍型家长的行为特点，教师与他们沟通的重点是理解他们教育孩子的困难所在，并根据孩子的具体生活环境，提高他们的教育意识与教育方法。

1. 与家长分担、分享孩子在成长中的烦恼与快乐，不宜总是告状与推诿

在孩子的成长过程中，家长希望教师与自己一起分担孩子成长的烦恼，也一起分享孩子成长的快乐。如果教师反馈的信息都是孩子惹的麻烦、做的坏事，会让家长感到非常压抑和无奈，导致他们从心理上不由自主地排斥、回避与教师的沟通。此外，有些教师在言谈中透露出推诿心态，即"我把孩子的问题都告诉你了，你得回家好好教育孩子，否则就是家长的责任"。如果这种心态被家长感受到，而家长又觉得自己无计可施，那就只能对孩子听之任之。

实际上，每个孩子都有天真、聪明、可爱的一面，家长都乐意听教师反馈这样的信息，调皮捣蛋的孩子的家长更渴望听到这样的信息。有些教师虽然也向家长反映孩子聪明、乖巧的一面，但是很快就把话题转移到孩子的不良表现上，这会让家长感觉到教师并没有完全接纳自己的孩子。因此，教师要注意与家长充分交流孩子的优点和长处，与家长分享孩子成长的快乐，从根本上消除家长的抵触心理。

2. 倾听和分析家长的教育体会，选择关键问题做重点沟通

孩子是反映家庭生活的一面镜子，孩子的行为习惯与家庭教养环境密切相关，教师要善于抓住其中的关键问题与家长沟通，面面俱到，反而不利于提高沟通效率。比如，有些孩子攻击性强，不善于交往，不遵守规则，这与家长平时对待孩子过于严厉或者过于迁就有关，但是家长对此并不自知。即使教师直截了当地指出家长的问题所在，家长也未必反省与认可，相反，还容易激起家长的逆反心理。所以，教师不但要抓住关键问题，还要掌握沟通技巧，从关心孩子的家庭生活环境入手，请家长描述孩子的生活细节，再与家长一起分析生活环境对孩子的影响。比如，教师可以像拉家常一样问："放学后谁陪孩子？孩子在家喜欢做些什么事情？如果家长不满足他，他会怎么样？家长怎样对待孩子的任性与发脾气？"这些问题都会反映家长的教育态度与教育体会，教师可以抓住重点与这些家长深入沟通。

3. 为家长提供观察孩子在幼儿园日常表现的机会或者途径

有些家长对自己孩子的调皮捣蛋行为比较宽容，觉得这算不了什么大事，但是它给集体大环境所带来的混乱与麻烦是家长在家庭小环境中难以观察和体验到的。它会导致班级里其他小朋友及其家长的不满，给班主任教师增加工作负担。因此，教师可以尝试请家长来幼儿园观察孩子的一日生活，促进家长反思自己敷衍的态度对自己的孩子、别人的孩子、教师的工作都是不负责任的。如果家长没有时间来幼儿园，教师可以请班里另外一位教师拍摄孩子的生活，使孩子在没有防备的情况下表现出真实的状态，然后把录像交给家长看。

四、与易受影响型的家长沟通

新学年，胡老师被分配到大班做班主任。但是，还没有开学，幼儿园就收到一封家长的联名信，主要意思是听班里的其他家长说，胡老师比较严厉，为了孩子的健康成长，建议园长换一个班主任。园领导经过讨论决定保留现有的分班方案，因为从幼儿园的角度来说，胡老师已经工作15年了，是幼儿园信得过的骨干教师，仅凭一些没有客观依据的"听说"，就随意更换教师，是不尊重、不爱护教师的表现。对胡老师来说，新班家长还没有见过她，就直接否定她，对胡老师也是不公平的。最后，胡老师仍然是这个班的班主任。一年来，胡老师不计前嫌、兢兢业业，对幼儿关心体贴，对家长热情周到。学年末，家长们亲眼看见和感受到了孩子的成长与进步，于是他们又联名写了一封感谢信。

（一）了解家长的言行表现特点

易受影响型家长通常没有主见，容易被其他家长的言行或谣言影响，进而对教师或幼儿园产生偏见。

只要有家长群体存在，易受影响型家长就有可能出现，每个教师在职业生涯中都会或多或少地遇到这样的家长。有经验的教师会事先注意"防患未然"，或者事后善于补救，而缺乏经验的教师则可能手足无措，甚至出现一些冲动的言行，做出让自己后悔、尴尬的事情。

（二）与家长沟通的策略

根据易受影响型家长的行为特点，教师与这类家长沟通的重点是为他们开辟多元的交流途径，同时用自律、优质的保教工作赢得他们的信任与尊重。

1. 与家长理性地探讨谣言出现的规律

如果像案例中的胡老师那样，没开学就听到一些对自己非常不利的谣言，那么开学初的第一次家长会就非常关键。召开家长会的目的既非发泄不满，也非据理力争，而是充分展现教师的理性、宽容与自尊。教师可以事先打好腹稿、组织语言，做到语言简洁、深刻、真诚。比如，在开家长会的时候，教师可以跟家长这样坦诚交流：

尊敬的家长朋友：

你们好！

还没见到各位就收到那封联名信，开始我心里确实非常难过，同时我也意识到它表达了家长对孩子的爱护、对老师的期望。我会用自己15年来积累的工作经验和爱心去对待每一个孩子，请大家放心！另外，我也加强了学习，读了一些心理学方面的专业书籍，认识到并不是所有的谣言都是恶意的，谣言的出现与传播和理解信息的模糊性密切相关。下面与大家一起分享一则无恶意谣言产生的过程：

小张对小李说："小王今天怎么没来？她是不是病了？"

小李对小马说："小张担心小王生病了。"

小马对小赵说："听说小王病了，希望她病得不重。"

小赵对小蔡说："小马说小王病重，我得去看看她。"

小蔡对小金说："我猜小王病得很重，小赵去医院看她了。"

小金对小刘说："听说小王挺危险的，亲戚们都被叫到医院了。"

小刘对小朱说："你去看小王了吗？她怎么样？还能活多久？"

小朱对小杨说："小王快不行了，我得去参加她的葬礼。"

小杨对小韩说："你去参加小王的葬礼了吗？听说她前两天去世了。"

小韩对小王说："我刚听说有关你生病死亡与葬礼的事情，是谁说出来的呢？"

小王："啊……"

可见，一条信息传播的链条越多，就越容易失真。我们一个班有30多个孩子，至少有60位家长，传播信息的链条也很长，希望大家主动关注一手信息，而不是传播二手、三手信息。我们获得真实信息的目的只有一个——齐心协力促进孩子的健康成长。

下面我向大家交流新学年大班的保教工作计划和幼儿发展目标……

教师举例说明谣言产生的过程，能给家长带来深刻的启发与反思，有助于家长重新认识教师的良苦用心和专业性。

2. 用严谨的保教工作为自己"辟谣"

案例中，家长从最初的"更换老师"变为最后的"感谢老师"，这种截然相反的态度转变得益于胡老师一年来扎扎实实的保教工作。可见，做好每天的日常工作是证明自己最有力的证据。事实上，最初很多家长是在完全不知情的情况下签字，属于"随大流"的从众行为，他们对教师并没有成见和恶意，这就意味着教师用认真负责的工作态度，可以很快争取得到大多数家长的信任，进而奠定广泛的家长工作基础。

3. 为家长提供畅所欲言的渠道

对于任何事情，我们都应该一分为二地看待与分析。案例中的胡老师纵然有委屈之处，但是也说明胡老师的个性和带班风格存在一定的问题，需要教师本人加强反思并做出相应的调整。通常，被家长认为比较严厉的教师可能存在脾气急躁、武断、给他人表达空间不够的问题，也可能存在工作严谨但不够灵活的问题，因此教师要培养自己耐心倾听他人意见的温和态度，为家长提供畅所欲言的渠道，不急于下判断，想清楚之后再找时间与家长交流，培养家长与教师之间轻松的沟通氛围。

五、与护短型的家长沟通

夏天，小朋友下午离园的时候，因为离天黑还有很长时间，所以很多孩子会留在幼儿园里玩耍。岁岁玩着玩着就开始拆起一把小椅子，拆掉的一条椅子腿被他随手扔到一边，妈妈则在旁边陪着。这时，老师发现了椅子腿，说："岁岁，这玩具是你拆的吗？幼儿园的玩具能拆吗？拆坏了，小朋友就不能玩了。"岁岁正要点头承认，妈妈马上说："岁岁，这是你拆的吗？妈妈怎么没看见！"岁岁看一眼妈妈，又看一眼老师，慢慢地摇着头。老师接着教育孩子："岁岁，做错了事情没有关系，敢于承认错误的孩子就是好孩子！"妈妈则接上话:"岁岁,别害怕,你跟老师说这不是你拆的。"有妈妈撑腰,岁岁说话有胆量了:"不是我拆的!"

(一)了解家长的言行表现特点

人生有两个阶段容易产生护短心理:一个是恋爱阶段——情人眼里出西施,一个是初为父母阶段——孩子是父母的眼中宝,这两个阶段产生的护短心理都是因为特别深厚的感情遮蔽了理性的眼光。而幼儿家长的护短行为主要有以下两个方面的特点:

1. 护短的目的是维护家长的面子和孩子的自尊

孩子是家长的一面镜子,孩子出现不适宜行为会让家长感觉颜面丧失,特别是优越感比较强的家长,认为孩子就应该像自己一样优秀。他们往往用"放大镜"看待孩子的优点,用"显微镜"看待孩子的缺点。所以为了维护自己的面子,他们对孩子的一些不良行为视而不见。

此外,还有一些孩子已经养成了只愿意听奉迎话、做顺心事,不愿意面对挫折感的习惯,否则就会大哭大闹。为了避免孩子不开心、发脾气,有些家长也会采取护短的方式哄孩子高兴,并误以为这样有利于维护孩子的自信与自尊。

2. 护短的情形出自责任扩散现象

在群体环境中,一旦出事,人们的责任意识会下降,会出现观望、等待、希望别人首先站出来的行为,而自己不主动承担责任;如果事情没做好,会认为这不是自己一个人的错。这种责任扩散的心理会让家长产生护短行为。

离园的时间到了,洋洋老远就看见爸爸往教室方向走来。等到爸爸快到门口的时候,洋洋大叫了一声:"爸爸——"同时把门口的一只垃圾袋当作皮球向爸爸踢去,但是垃圾袋口没有扎紧,结果垃圾散落出来,于是旁边几个小朋友就踢起垃圾来。正好老师走出来,发现地面一片狼藉,问:"这是谁干的?垃圾怎么弄得到处都是?"小朋友就互相"指责"起来,你告发我,我告发你,也揪不出真正的"肇事者"。洋洋爸爸亲眼所见儿子制造的"事端",

但他像没看见一样，拉着洋洋说："跟老师说再见，咱们回家了。"在洋洋的爸爸看来，儿子并不知道垃圾袋没有系紧，再说后来其他孩子也参与制造混乱了，凭什么要单独拎出自己的孩子受教育呢？再说即使当众"供出"自己的孩子，洋洋肯定不服气，因为别的孩子也参与了，洋洋会认为对他不公平。于是，不如大事化小、小事化了，走为上策！

（二）与家长沟通的策略

根据护短型家长的行为特点，教师与这类家长沟通的重点是对孩子加强正面引导，同时避免家长的逆反心理。

1. 用木桶原理向家长传播孩子全面发展的教育理念

护短违背了孩子全面发展的教育理念，但是如果教师直接讲道理，家长们不见得能听进去。现在的家长不喜欢教师生硬的说教和长篇大论，而是喜欢具有启发意义的生动故事和经典实验，因此教师平时应注意多积累这方面的素材，把自己希望传达的教育观念渗透其中。比如木桶原理：即一个木桶由许多块木板组成，如果这些木板长短不一，那么木桶的最大容量不取决于长木板，而取决于那块最短的木板。因此，家长应该从小就注意给孩子"补短"，这有利于积累孩子发展的后劲，真正实现人生的可持续发展。

2. 照顾家长的好面子心理，委婉地教育孩子

大多数人都有"好面子"的心理，注重在自己认为重要的人物面前维护形象，而不太在乎与自己关系不大的人的看法与感受。毫无疑问，在幼儿园里，教师是家长心目中的重要人物，家长很在意教师对自己的看法，因此教师应采取委婉的态度或者单独谈话的方式与家长进行沟通。比如，在岁岁的妈妈看来，承认孩子拆椅子不但影响了孩子在教师心目中的形象，也让教师觉得家长连"爱护公共财物"这么简单的道理都不懂，于是干脆来个"不认账"，一了百了！可见，教师直接教育孩子"岁岁，这玩具是你拆的吗？幼儿园的玩具能拆吗？拆坏了，小朋友就不能玩了"的初衷是好的，但因为没有照顾到家长的好面子心理而效果不佳。如果教师能够蹲下来对孩子说："岁岁

在研究椅子吧，你已经把它拆掉了，现在试试还能不能再把它装好，如果装不好，明天小朋友就没有椅子坐了。你说对吗？"这样效果可能会更好。

3. 避免家长产生教师在告状的抵触心理

有时家长的护短行为与教师和家长沟通时的语气、态度以及方式方法有很大的关系。如果教师总是直接跟家长说他们的孩子今天又闯什么祸了、又出现什么问题了，家长的心情自然不好，他们会本能地产生抵触心理，把教师对孩子的关心与爱护当作告状，甚至嫌弃孩子。为了维护孩子在教师心目中的形象，家长就会对孩子的缺点避而不谈，只强调孩子的优点。事实上，再调皮捣蛋的孩子也有安静、可爱的时候，教师要注意发现孩子的这些良好行为，然后把"告状"变成谈心，先介绍孩子在班级的良好行为，再与家长一起商量孩子问题行为的原因和教育方法。这时家长就会感觉到教师对孩子的观察与了解是全面的、客观的，是在就事论事，而不是在挑孩子的毛病。

六、与自私型的家长沟通

阿辉和阿秋在建筑区搭积木，因为一块长木板争执起来。争执中，阿秋不小心被阿辉推倒在地上，胳膊肘擦破一点儿皮。老师看见后赶紧把阿秋带到医务室进行了护理。下午，阿秋的爸爸来接阿秋时发现儿子受伤了，就问阿秋是怎么回事。阿秋说："是阿辉把我推倒的。"阿秋的爸爸立刻找来阿辉呵斥道："你为什么推我儿子？你以为自己个子高就可以欺负人吗？我一下子就能把你推得远远的，你信不信？以后再敢欺负阿秋，看我怎么收拾你！"阿辉被吓哭了。老师闻声过来，对阿秋的爸爸说，不能这样处理孩子之间的事情。阿秋的爸爸说："你别管，没你的事。"教师对家长的话并不意外，也不生气，因为通过多次与阿秋的爸爸打交道，她知道阿秋的爸爸是一个"以自己的孩子为中心"的家长。在同伴冲突中，阿秋吃亏了，爸爸就会替儿子撑腰；阿秋占了便宜，爸爸就在旁边乐，不去制止。教师看不惯家长把自私自利的言行传给孩子，但是这样的家长又很难沟通，怎么办呢？

（一）了解家长的言行表现特点

家长都会对自己的孩子有所偏爱，这是可以理解的，但是自私的家长会表现出过度偏爱：处处让自己的孩子占上风，忽视对孩子进行等待、分享、公平、宽容、大度等品质的培养。自私型的家长在教育孩子时，主要有以下三种表现：

1. 怂恿孩子占小便宜

这些家长不从正面鼓励孩子为了身体健康要多吃饭，而是从自私自利的角度告诉孩子"不吃白不吃"；遇到集体活动分发小礼物或者纪念品的时候，怂恿孩子在索要礼物时"多多益善"。

2. 要求教师给予孩子额外的关照

有的家长会要求教师在集体教育活动中多给自己的孩子一些机会，这也是一种自私的表现。比如，在教学活动过程中，要求教师把自己的孩子安排在座位中间，多多提问自己的孩子；在名额有限的朗诵、演出、比赛等活动中，要求教师优先安排自己的孩子，让自己的孩子有"出头露面"的机会。

3. 保护自己的孩子"不吃亏"

当孩子之间发生冲突时，自私型家长会不由分说地偏向自己的孩子；当自己的孩子"吃亏"时，会出面为孩子撑腰，甚至兴师问罪。

（二）与家长沟通的策略

根据自私型家长的行为特点，教师与这类家长沟通的重点是引导他们坚持正确的导向，发挥孩子带动他们成长的积极力量。

1. 经常引导家长换位思考

自私的人常常不自知，或者即使自知也不以为然。教师难以完全改变这类家长的观念，但是可以从思维方式上引导家长。自私的家长习惯站在自己的角度衡量是非，较少站在他人的角度分析和思考问题，所以教师需要常常点拨他们换位思考。比如，针对上述案例，教师可以引导阿秋的爸爸思考：

"如果您是阿辉的爸爸,您会怎么想?""如果阿秋打了比他矮小的弟弟阿桐,您希望阿桐的爸爸怎样对待您的孩子?"

调查发现,有些年轻教师不够自信,不敢直接要求家长换位思考,他们可以尝试采取间接影响的方式。比如,在开家长会之前,找一篇杂志上的相关文章念给家长听,借别人的口表达自己的观点。当然,文章不宜过长,以念读时间不超过3分钟为宜,时间过长反而容易分散家长的注意力、降低倾听的效率。

2. 处事公平,学会拒绝家长的不合理要求

自私的家长永远不会知足,所以教师一味地迁就家长的自私要求,并不能换来真正的和谐关系,而且还可能引起其他家长对教师处事不公的不满。所以,教师要坚持待人平等、处事公平,学会拒绝自私型家长的不合理要求。这样可能会导致与这些家长产生矛盾,给工作带来一定的麻烦,但是有些矛盾和麻烦是无法回避的。学会正确地面对和处理矛盾,也是教师专业成长的一个重要方面。为了提高工作效率,教师要及时与其他教师、年级组长或者园长进行沟通,争取得到她们的帮助。

3. 开展"以小带大"的爱心教育活动

教育家长比教育孩子难,但是以孩子为突破口,通常对家长有较好的影响作用。教师可以对全班孩子持续组织爱心教育活动,鼓励小朋友积极参与、相互观察,评选"助人为乐小明星""谦让有礼小明星""团结友爱小明星"等,并把孩子的活动情况拍成照片,张贴在教室外面的墙壁上,发挥小孩带动大人关注美德评比的积极作用。教师还可以直接组织以"爱心教育"为主题的亲子阅读活动,为家长提供关心他人、爱护公物、遵守秩序等方面的故事书,号召家长在家里与孩子一起讲故事,并举办亲子讲故事活动,引导家长注重对孩子的品德培养。

在整个教育过程中,教师要特别关注自私型家长的孩子的进步表现,及时表扬孩子的良好行为,同时有针对性地向其家长反馈孩子的积极变化,用孩子积极成长的力量感化家长。

七、与告状型的家长沟通

魏老师发现自己班级无论发生什么事情，园长很快就能知道。比如，前一天下班的时候发现班级里的坐便马桶坏了，准备第二天抽时间报修。没想到第二天孩子们刚吃完早饭，园长就来查看马桶，并叮嘱一句："以后报修要及时。"户外活动的时候，小朋友滑滑梯玩。前面的小朋友还没有站起来，后面的小朋友就滑下来了，导致后面的小朋友碰到前面的小朋友，头上磕了一个小包，没什么大碍，可以自愈。没想到，当天园长就知道了这件事。虽然没有批评魏老师，但是一句"户外活动注意安全"的提醒让魏老师难受半天。魏老师觉得班里的家长太爱告状了。

（一）了解家长的言行表现特点

告状是指不直接与当事人沟通，而是通过与当事人相关的其他途径，寻求解决问题的方式。家长与教师之间的交流，应以正面沟通为主。但是，有些家长性情冲动，对教师不信任，或者认为教师不能耐心地倾听自己的意见，他们就有可能选择向园长告状，以表达自己沟通的需求；也有的家长认为自己与幼儿园领导关系好，可以直接对话，于是不自觉地养成通过告状来反映问题和解决问题的习惯。

引起家长告状的原因主要有以下五种：
◎没有完全掌握事实真相，性情冲动；
◎不喜欢教师的性格或工作方式；
◎不认同教师教育幼儿的态度与方法；
◎向教师反映问题却不见效果；
◎与幼儿园领导关系密切，经常聊天谈论。

总之，家长的告状现象反映了家园沟通出现了障碍，需要引起教师的高度重视，并采取新的沟通方式调节家园关系。

（二）与家长沟通的策略

根据告状型家长的行为特点，教师与这类家长沟通的重点是勤于解释、坦诚交流，并拓宽沟通渠道。

1. 教师的日常工作要细致严谨，勤于向家长解释

细心的家长会随时关注班级的环境和卫生、孩子在园的生活情况及表现。当他们对教师的做法感到不满时，就可能越过教师直接反映给领导。因此，教师的日常保教工作不但要做得扎实细致，经得起考验，还要勤于向家长解释，耐心地帮助家长进一步了解幼儿园工作的实际情况。

比如，有的孩子回家说老师不让自己把饭吃完，因为自己吃得慢，家长也觉得孩子在家确实吃得慢，于是很容易推断教师没有耐心等待孩子吃饭，于是一气之下把电话打到园长那里告状。事实上是因为天冷了，保育员发现孩子的饭凉了，于是就把孩子的饭倒掉了。可是孩子并不理解老师的想法，误以为老师嫌自己吃饭慢，不让自己吃了。遇到这种情况，教师一方面要指导保育员改进工作方法：倒饭之前应该向孩子解释"吃凉饭会生病"，并征求孩子的意见"还吃吗？如果还想吃，老师给你热一热饭，怎么样"，而不能在孩子毫不知情的情况下生硬地把饭倒掉了事。另一方面，教师还要真诚地向家长道歉，同时勤于向家长解释班级教师平时在孩子饮食、保健、生活上的保教方法。家长了解得越多，对孩子在幼儿园的生活越放心，对教师也越信任，以后再遇到类似情况就愿意直接询问教师，而不是简单地告状了。

2. 与爱告状的家长坦诚交流

如果发现个别家长总是去幼儿园领导那儿告状，教师可以坦率地向家长表达自己内心的想法。首先，肯定家长对班级工作的关注和对孩子的关心与爱护，以及对自己的提醒和促进作用；其次，表明自己的心理压力，建议家长有意见直接反映给班级教师。当然，仅仅一次交流是不够的。教师平时的沟通态度要让家长感觉到建言无妨、交流无碍。如果教师平时让家长感觉急匆匆、没耐心、较武断，家长就会欲言又止，那么告状就会成为他们不得已

3.设立班级意见箱，及时回复

告状实际上反映了家长渴望沟通的需求，但是由于接送孩子的时间有限，很多家长没有机会与教师沟通，所以建议教师在班级教室门口设立一个意见箱，鼓励家长投递匿名便条反映问题。因为"写"便条会留下个人笔迹，达不到"匿名"的效果，可以让家长"打印"便条，免除家长的担忧。有的教师这么做了，家长却不爱用，原因是教师不及时打开意见箱，也不及时回复家长，导致意见箱形同虚设。对于性格比较急躁、容易情绪化、沟通经验有限的教师来说，班级意见箱给教师预留了调查、分析和思考的空间，有助于教师理性地分析、解决问题。

八、与积怨型的家长沟通

上学期有一天，嘉嘉的算术题做错了，马老师以开玩笑的口气对她说："你好笨哦……"嘉嘉把玩笑当真了，回家跟妈妈说了，妈妈很不高兴，找到了马老师，马老师赶紧向家长和孩子道歉。可是，嘉嘉再做算术题时就很不自信，对妈妈说："我的数学很差。"有一次在系溜冰鞋带的时候，她对妈妈说："我真得好笨哦！"妈妈听了心里很难过。下学期有一天，嘉嘉把"10 - 3 = □"算错了，班主任刘老师在她的作业本旁边打了一个叉。晚上回家后，妈妈发现了。第二天，妈妈怒不可遏地到幼儿园质问刘老师："你说10减3等于几？你说10减3等于几？"不给刘老师解释的机会，嘉嘉妈妈就把作业本撕碎了，然后扔到刘老师的脸上，扭头就要走。当时刘老师也非常气愤，但是她忍住了自己的火气，大声对嘉嘉妈妈说："请站住！你作为家长怎么能当着孩子的面这么做事？女孩子本来就很敏感，你这么冲动，以后怎么帮助孩子学会面对问题？你了解真实情况吗？你为什么不给我解释的机会？"嘉嘉妈妈这才停下来听刘老师解释。事后嘉嘉妈妈很后悔，当面向刘老师道了歉。刘老师的忍耐和有理、有力的陈述扭转了教师工作的被动局面。

（一）了解家长的言行表现特点

从上述案例中可以看出，积怨型的家长对幼儿教师的不良印象产生泛化，随时都有可能因为某一事件的刺激而爆发自己的怨气。虽然是马老师的教育失误伤害了孩子，但是家长认为刘老师也在伤害孩子，所以才会既不问孩子是怎么回事，也不听教师的解释就大发雷霆。

家长的积怨源于教师的一次教育失误，如果后续的教育关怀没有做到位，家长和孩子就会留下心结，成为家园共育的隐患。所以，在教育失误发生之后，教师要充分认识到它的潜在不良影响，不但要诚恳地道歉、改正错误，还要在以后的生活中对孩子和家长进行持续的教育关怀，帮助他们及时、彻底地化解心结，重建孩子的自信与家长的信任，不要让孩子和家长把一次不良影响变为持久的不良信念。

（二）与家长沟通的策略

根据积怨型家长的行为特点，教师与这类家长沟通的重点是以持续的关怀和真诚，帮助他们重建对教师的信任。

1. 告诉家长要抚慰孩子但不宜过度关注

面临同样的消极事件，人们的反应是不同的。其中，大约 70% 的人能够自己消化心理创伤，其余 30% 的人则可能或多或少地受到消极影响。性格敏感的人比性格开朗的人更容易受到伤害，嘉嘉就属于敏感内向的孩子。情绪脆弱的孩子受到伤害首先需要成人的接纳和抚慰，但是又不宜过度关注。过度关注会加剧孩子对外在环境的"不安全感"，降低抗挫折能力。因此，班主任刘老师一方面要批评马老师做得不对，另一方面也要联系孩子在日常生活中的表现，跟家长分析嘉嘉的敏感个性，指导家长经常对孩子说"没问题""小事一桩""我不在意""我不生气""我又高兴了"等话语，引导孩子遇事放宽心，不要过度思考。

2. 引导家长在孩子面前保持冷静

家长的情绪、情感和态度是孩子自发模仿学习的重要内容。如果家长在孩子面前总是表现出乐观、开朗、冷静和大度等积极情绪，孩子也会在不知不觉中受到熏陶；如果家长在孩子面前总是表现出紧张、敏感、冲动和愤怒等消极情绪，孩子的情绪反应模式和行为方式就会受到不良影响。嘉嘉的妈妈当着孩子的面爆发情绪，不但没有澄清问题，还向孩子示范了面对问题的错误态度，并进一步强化了孩子的自卑心理，因为孩子会把妈妈和老师之间的矛盾冲突归结为自己的"笨"。正是刘老师的一句质疑"你作为家长怎么能当着孩子的面这么做事"，使家长从冲动中突然清醒，进而表现出正常的家园沟通态度。

3. 教师道歉后应继续跟进关注

做错事应该道歉，但是并不意味着道歉之后自己就与错事无关了，因为错误对当事人的伤害未必因为道歉而消解。马老师没有意识到这一点，以为自己道了歉，孩子和家长就接受了，然后就没事了。事实上，孩子的心理阴影仍然存在。马老师忽视了这一点，没有对孩子进行持续的关怀和鼓舞，才导致家长产生较深的积怨。可见，教师要特别留意自己的教育失误，并在日常工作中注意挽回失误所造成的损失。针对嘉嘉的情况，教师要留心观察她在日常生活、学习和游戏中的点滴进步，及时给予表扬和鼓励，并同时把孩子的进步反馈给家长，与家长共同帮助孩子重新树立自信心。

第十章
与家长沟通的多种途径

教师与家长沟通的渠道多种多样,教师可以根据自己的沟通需求,选择适宜家长接受的沟通渠道,可以最大限度地发挥沟通的积极效果。

教师与家长沟通的渠道多种多样，每一种沟通渠道都有它独特的形式与功能，对传递信息发挥着独特的作用。教师根据自己的沟通需求，选择适宜家长接受的沟通渠道，可以最大限度地发挥沟通的积极效果。

一、家访

鲁老师班上的一个孩子在上厕所时不小心摔倒了，头上磕破了点皮，带班老师请幼儿园的保健医生给孩子处理了伤口。事情发生时，鲁老师正在外面开会。但是当她得知情况后，当天晚上就去孩子家里做了家访，夜里11点才回到自己家。鲁老师的好朋友说："你把别人带班时出事的责任揽了下来，你是怎么想的？是不是因为听说家长来接孩子的时候情绪很激动？"鲁老师解释道："家长的心情我可以理解，我主要考虑的是顺顺当当地把班级工作做好。现在家访并不多，必要的时候，家访有利于提高家园沟通的效果，消除很多矛盾。"

（一）传统家访式微的原因

家访即家庭访问，是教师走进幼儿家庭，与幼儿家长深入交流幼儿生活、沟通教育观念、共商教育策略的方式。在电话、手机和电脑等通信手段尚未普及的年代，家访是幼儿教师经常使用的家园沟通方式。家访一般在开学初进行，教师需要通过家访了解孩子的成长背景。此外，如果发现孩子出现一些成长中的问题需要解决，或者班级出现突发事件，或者需要临时组织家园活动，教师也需要通过家访进行个别沟通。在信息时代之前，家访是制度化的，教师会制订学期或者学年家访计划。家访的发起者主要是教师，也有少数情况是家长主动邀请教师家访。

随着通信手段的迅速普及，以及家庭隐私意识的增强，家访逐渐淡出了人们的视野。此外，现在教师的工作任务比以前更为繁重，占用了教师大量的时间。除了备课、上课以外，教师还要建构园本课程、做教具、布置环境和辅导活动区、做教研、搞研讨、写论文等。还有一个原因是，一般家长对教师的家访很热情，请客、吃饭、送礼的现象时常让教师进退两难。

（二）传统家访的优势不可替代

虽然传统家访在现代社会存在一定的局限性，但是家访的优势是其他沟通方式不可替代的。比如，用电话和手机进行交流，难免出现逻辑不严密、表达不连贯的现象，导致一定程度的言不达意，使沟通效果大打折扣，甚至出现误解；电话和手机可以传达语气、语调，却无法传达表情、姿势和动作所表达的附加信息，无法给人留下视觉印象，在加深教师与幼儿和家长的情感方面不如传统家访效果好。此外，家访还具有以下优势：

1. 家访有利于对孩子进行个别辅导

由于现代独生子女家庭存在一些不科学的养育方式，有些孩子出现了行为习惯不良、感觉统合失调、语言发展迟缓或者轻微自闭症等问题。这些孩子都需要教师进行个别辅导。如果家长对孩子的现状不够重视，意识不到这些问题对孩子长远发展的影响，教师就需要跟这些家长进行深入沟通，帮助他们树立科学的早教观念。有些家长虽然已经意识到孩子的问题，但是苦于找不到符合孩子年龄特点的有效方法，也需要教师手把手、面对面的具体指导。

2. 教育处境不利的家庭更需要家访

在现代社会背景下，家庭的物质条件普遍得到改善，但是家庭生活环境的稳定性则在下降，如父母离婚、父母经常出差、孩子居所不定等，这些都不利于孩子的生活稳定和情绪的健康发展。"幸福的家庭都是相似的，不幸的家庭各有各的不幸。"这些教育处境不利的家庭都需要教师的特别关怀，家访能给孩子及其家长带来鼓舞和力量。此外，教师还需要对这些家庭进行专门的调研，以便为家长提供有针对性的帮助与指导。

3. 家访有助于处理特别事务

孩子在幼儿园里会出现各种各样的突发情况，这在集体生活环境中是难以避免的，但是事情发生后，家长往往难以接受。比如，某一个孩子出现意外伤害以后，教师对家长说："实在对不起，我们在幼儿园没有看好孩子，但是孩子游戏的时候发生碰撞是难以避免的。"家长说："照你这么说，那我家孩子倒霉就是应该的了？"可见，教师的简单解释和道歉在家长看来缺乏诚意。入户家访可以与家长充分交流孩子集体游戏的特点，让这些家长感受到教师的真诚与关怀。事实上，平时只照顾一个孩子的家长，对孩子在集体环境中可能发生的意外事件是缺乏观感、了解和想象力的。教师在家访中展开描述、刻画细节，才能增进家长的理解。

（三）传统家访需要创新

传统家访的形式虽然不可替代，但要随着时代的发展而不断创新，使之符合新的家庭生活方式和新的人际交往特点。

1. 家访密度要适宜

现代人崇尚工作与生活的合理分配，工作的时候敬业、投入，回到家的时候放松、惬意，"80后"家长更是如此。家访耗时长，会透支教师的业余时间与精力；现代家长也很忙，业余时间有很多事情要做，所以家访不应该是现代社会家园沟通的主要方式，应该是一种重要的辅助方式。当电话、手机、短信、网络沟通无法解决问题时，再考虑发挥家访的独特优势。家访也不是越频繁越好，关键是要适度。

2. 家访时间要适度

家访时间需要事先与家长约好，而且不是越长越好。超过一定的限度就会出现低效交流甚至疲劳现象，进而影响彼此的生活与休息。家访需要一方倾述、另一方倾听，这个过程双方都要集中注意力，而人的注意力时间是有限度的。心理学研究发现，成人沟通最有效的时间是45分钟左右，时间太短还没有展开话题，时间太长容易偏离主题。因此，教师入户之后除了一些必要的寒暄和铺垫话题以外，要注意引导话题围绕主题沟通，把家访时间控制在60分钟以内。

3. 家访要有条理

成功的家访需要教师"备课"。在家访前，教师要制订一个家访计划，并列出几个主要问题，把握谈话的思路与重点，做到胸有成竹不乱说、言之有序、言之有理、言之有据、言之有情。比如，这次家访的目的是什么？想收到什么效果？家长对自己的解释和建议不理解怎么办？怎样交流才能引起家长的重视？教师要对诸多的相关问题有准备、想清楚，才能提高沟通效率。另外，虽然是家访，但也是工作的一部分，所以教师要衣着整洁、穿戴大方、仪表文雅、谈吐稳重，不要邋里邋遢、随心所欲。良好的外在形象会让家长感觉到教师很重视这次家访，自然能引起家长的重视和尊重，为成功家访奠定基础。

4. 家访未必要在家里进行

传统家访是教师进入幼儿家庭进行沟通，现代家访的地点未必都在家里。由于很多家长比较注重个人生活的隐私性，再加上现代社会提供了很多谈话聊天的环境，所以教师可以与家长商量一个彼此方便的地点谈话，如简餐店、茶馆、咖啡屋或者某一户外安静的场所等。有些话题不在家里交谈可能效果更好，比如一些不便孩子听到的评论和事件、一些容易引起爷爷奶奶不快的隔代教育话题、一些父亲或者母亲不适宜的教养方式等。教师与家长可能需要反复磨合，才能商量出合情合理的办法。所以，适当地采取回避策略可以让教师与家长放松地沟通，并减少孩子或者另一位家长的误解。

5. 深受孩子及其家长欢迎

孩子开心是家长最愿意看到的事情，而教师最了解孩子的兴趣与爱好，因此在家访的时候带上孩子喜欢的小礼物，能很快缓和沟通气氛。选择的小礼物不宜贵重，要体现教师的关心、细致与鼓励，如开发智力的小玩具、适合孩子的图书、卫生健康的小食品、孩子在园活动的照片等。手巧的教师还可以制作一个手工作品送给孩子。即便如此，孩子也不喜欢教师向家长反映自己在幼儿园的不良行为。如果他发现教师的家访内容以告状、投诉为主，那么就会对教师产生抵触心理，教师以后的保教工作和家长工作就都不好做了。因此家访要以了解、汇报、鼓舞、献策为主，避免告状。与家长交流的时候要注意倾听，态度要诚恳，多用商量语气，与家长共同探讨教育孩子的最佳方法，这样会深受家长的欢迎。

二、家长会

某幼儿园在 8 月底召开了一个新生家长会，该园园长和保教主任全面介绍了幼儿园的性质、级别、办园理念、保教、教研以及课程情况。1 小时以后，家长来到幼儿所在的班级，由班主任教师介绍了本班的三位教师和 20 名幼儿的基本情况、小班保教目标以及本学期的保教内容与方法。会后，有的家长说："第一次开幼儿园的家长会，感觉很新鲜。幼儿园的介绍让人感觉到办园的规范，班级老师的介绍让人觉得班级工作细致周到。把孩子放在这个幼儿园、交给这三位教师，让人很放心！"

（一）家长会的特殊意义

家长会是由幼儿园或班级教师专门面向幼儿家长发起的，以园长或班级教师讲述、介绍和传达为主，以家长提问为辅的常规沟通形式。家长会分为幼儿园家长会和班级家长会两个层次，均具有受众人数多、沟通效率高的特点。此外，召开家长会还在以下三个方面具有特殊意义：

1. 家长会可以显示办园的规范性

孩子上幼儿园是成长中的一件大事，也是家长最牵挂的事。孩子第一次离开家长的视野和怀抱，走进陌生而又丰富多彩的幼儿园，家长对孩子充满了期待，也充满了担忧和困惑。幼儿园是孩子出生之后进入的第一个正规教育机构，如果园长或保教主任在第一次家长会上，全面而简洁地介绍幼儿园的历史、规模、级别、荣誉、办园标准以及幼儿园的组织管理机构，那么会让家长感觉幼儿园的合法性、组织性与规范性，从宏观层面给家长留下良好的第一印象，有利于唤起家长对幼儿园的尊重与信任，为班级教师进一步进行家园沟通打下良好的基础。

2. 家长会可以集中体现幼教的先进理念

现在的家长对幼教比较重视,但是认识水平并不到位。比如,有的家长一方面想为孩子寻觅一个质量好的幼儿园,另一方面,他们又简单地认为幼儿教育没有什么内容。其实,他们并不清楚一个好幼儿园的标准是什么,也不清楚作为家长应该怎样配合教师教育孩子;有的家长一方面认为孩子的学习潜力很大,另一方面,他们却把学习看成是识字、计算、唱歌、跳舞等比较外显的知识与能力,并不知道孩子的心理素质、行为习惯、个性特征、人际交往和良好品德是更重要的学习内容……这些似是而非的观念和态度都会影响孩子的健康成长和全面发展。针对这些情况,班级教师可以在家长会上系统地介绍幼儿的年龄发展特点、本年级的教育目标、全面发展的具体含义以及符合幼儿年龄特点的、丰富的教育形式,集中体现当今幼教的先进理念,对纠正某些家长的错误认识有积极意义。

3. 家长会可以展现教师的优良素质

家长会是一位教师面向全体家长的正规沟通形式,集中体现教师思维的逻辑性、观念的科学性、口才的流畅性以及大方自然的仪表形象,跟平时教师带班与幼儿相处时所体现的思维的发散性,以及开朗、活泼、富有童趣和爱心的行为表现是不同的。当然,两者结合更能展现教师的优良素质。因此,教师要认真对待每一次家长会,大胆表现自己,把自己对工作、对孩子的爱和关心明明白白地在家长面前呈现出来,这样做有助于家长感受幼儿教师的专业性。

(二)家长会的组织形式

家长会有多种组织形式,每种形式各有特色,教师可以根据不同的家长会内容选择不同的形式,还可以发挥多种形式相互补充、相得益彰。

1. 介绍型家长会

介绍型家长会是幼儿园领导或者班级教师向家长介绍班级工作和各种活

动的家长会，如开学初幼儿园举办的接待新生的家长会、班级教师介绍班况和学期工作的家长会、幼儿园兴趣班与特色班报名家长会以及幼儿园举行大型活动前的动员家长会等。这一类型的家长会可以帮助家长清晰地了解幼儿园的工作常规以及家长需要配合的工作。

2. 讲座型家长会

讲座是普及幼教基本知识和基本方法的常用形式。讲座之前，教师要先调查家长的需求，了解家长最感兴趣和最感困惑的专题，或者教师根据自己多年来的工作经验，发现家长应知应会的内容。比如，小班家长怎样帮助幼儿缓解分离焦虑、中班家长怎样培养幼儿良好的行为习惯、大班家长怎样帮助幼儿做好幼小衔接；还可以为家长解读儿童画的秘密、儿童学习的特点与方法，等等。讲座不宜完全是理论灌输和知识讲解，理论联系实际、文字加图片的方式更受家长欢迎。主讲人可以是外请的专家，也可以是班级教师，或者是养育得法的家长。讲座之后常常有一个简短的咨询交流环节，由家长提问，主讲人回答。

3. 分类型家长会

与幼儿和家长相处一段时间之后，教师会发现一部分幼儿和家长存在共性问题。针对这些问题，教师可以组织不同类型的家长会，如超重肥胖儿家长会、龋齿患病幼儿家长会、胆小内向幼儿家长会、不善交往幼儿家长会、留守儿童家长会、流动儿童家长会等。教师还可以针对不同类型的家长，分别召开全职妈妈家长会、父亲家长会、保姆家长会、隔代教育家长会、单亲家庭家长会等。不同类型的家长会内容就是一个相对独立的专题。教师需要查阅和收集资料，了解已有的研究成果，并结合本班幼儿和家长的具体表现，有针对性地提出教育建议，提高分类型家长会的实效性。

4. 视听型家长会

通常，家长不会仅仅满足于"听说"孩子在幼儿园的生活，他们还特别希望能够"看到"孩子的真实表现。为此，许多教师在家长会上呈现大量的照片、录像等视听资料，让家长看到孩子在园的表现，了解孩子在园的一日生活常规和学习游戏情况，并引导家长根据孩子的表现探讨育儿话题。这种组织形式生动、形象，会场气氛轻松、愉快，深受家长欢迎。然而，教师需要注意每个孩子都要在照片或者镜头里出现；一些反映孩子不良行为习惯的视频不宜公开展示。如果教师不能熟练使用拍摄技术，或者缺乏多媒体设备，可以发动家长志愿者提前进班拍摄。

5. 研讨型家长会

现代家长学历水平高、反思能力强，其中不乏热心幼教、钻研幼教、具有真知灼见的家长。他们喜欢参与研讨，发表自己的见解，为此可以举办研讨型家长会。在研讨会之前，教师要收集家长的问题，并对问题进行梳理和归类。在家长会上，教师做主持人，抛出问题，鼓励家长各抒己见。家长在就一个或几个话题展开热烈讨论的过程中，彼此分享了成功或失败的家教实例和经验，发挥了"一言堂"讲座所不具备的家长互相影响、互相教育的作用。最后，教师作为主持人要对研讨结果进行总结或者提升。这种类型的家长会需要家长群体有一定的文化基础，适用于教师与家长已经形成良好沟通关系的班级。

6. 建言型家长会

建言型家长会就是一些幼儿园组织家长参与幼儿园的投资、管理或者课程设置等项目的家长会。有的班级教师也会组织家长参与一些班务活动，家长的建言献策成为幼儿园或班级决策的重要依据之一。建言型家长会民主氛围浓、家长权利大，有利于调动家长的主人翁意识，但是幼儿园和教师需要把握国家的教育方针与法律法规，贯彻执行《幼儿园教育指导纲要（试行）》《幼儿园工作规程》《3—6岁儿童学习与发展指南》以及《幼儿园教师专业标准（试行）》等政策精神与专业引领方向，不宜一味迎合家长急功近利的需求。

7. 参与型家长会

传统的"教师讲、家长听"的家长会模式具有权威发布和信息集中的特点，但也有枯燥说教、呆板被动的局限性。参与型家长会则给家长游戏、操作、体验、思考和发言的机会，教师可以尝试设计与组织召开此类家长会。

比如，针对某些家长经常以严厉批评和指责的态度对待孩子的问题，教师可以把家长分成两组：一组扮演孩子，一组扮演父母，因为"孩子"不小心把饭菜洒落一地，"父母"就用消极、否定、严厉指责的语言批评"孩子"，给家长体会"孩子"心理感受的机会，然后再交换角色，最后让家长自由表达自己所扮演角色的心理感受，从而起到启发家长改变不良教育态度的目的。这类家长会形式生动活泼，发人深思，具有创新性，给常规性的家长会带来新的生机和活力。

三、家长开放日活动

有位大班孩子的妈妈说："接到老师的短信说幼儿园要举办家长开放日活动，虽然工作很忙，我还是向单位请了假。"虽然平时在与教师的交流中，该家长已经对孩子的基本情况有了大概的了解，但她还是特别渴望亲眼看到孩子在幼儿园真实、具体的表现。从幼儿园回来后，该家长觉得果然不虚此行，一方面她亲眼看到孩子在幼儿园过得很快乐、有序和充实，另一方面她也发现自己孩子的独立生活能力不如班里的其他小朋友，看来是自己平时对孩子包办代替太多，以后应该放手锻炼孩子自己做事。很多家长都有与这位妈妈类似的感受。可见，幼儿园的家长开放日活动让家长受益良多。

（一）家长开放日活动的特殊意义

家长开放日是指幼儿园定期或不定期地邀请家长来园参观幼儿活动的情况以及教师保教工作的家园沟通形式。百闻不如一见，家长开放日活动为家长提供了观察的机会，它给予家长的视觉冲击与思维启迪是生动而且深刻的，因而深受家长欢迎。幼儿园实施家长开放日制度，不仅是满足家长需求的表现，而且是执行幼教法规的体现。1996年国家教委在《幼儿园工作规程》中指出："幼儿园可实行对家长开放日的制度。"这一规定在教育部2016年颁布的新版《幼儿园工作规程》中进行了修订，第五十三条明文规定："幼儿园应当建立家长开放日制度。"把"可实行"调整为"应当"。"可实行"意为适宜性与可选择性，也就是说，为了促进幼儿的健康发展，幼儿园建立家长开放日制度是适宜幼儿园工作规律的，可以设计、组织与实施各种内容与形式的家长开放日活动。而"应当"则是突出责任，也就是说，家长开放日工作的制度化是幼儿园在新时期的职责。

1. 有利于帮助家长理解保教结合的含义

保教结合，即保育与教育相结合，是幼儿园教育区别于中小学教育的根本特征。保育就是教师要精心地照看和保护身心稚嫩的孩子，做好安全、卫生、保健等方面的工作；但是还要逐渐教育孩子学会照顾自己，培养孩子的生活自理能力，使孩子在情感、社会性和性格等方面都得到良好的发展。保教结合对应的家庭教育要求就是养育结合，即养育与教育相结合，要求家长既要悉心照顾孩子，还要锻炼孩子独立做事的能力。但是，现在的家庭普遍存在着家长对孩子过度照顾、束缚孩子动手操作的问题。家长开放日活动让家长看到孩子入园以后，在老师的帮助下能够自己的事情自己做，有助于家长减少教养分离、养育多教育少的倾向。

2. 有利于向家长宣传全面发展的教育观

做父母的都希望孩子早日成才。但是对于何为"成才"，家长们存在不同程度的误解。有些家长认为，成才等于学习好，学习好等于知识多，知识多等于记忆和训练。事实上，教育要按照孩子的成长规律和教育规律进行，不能随心所欲地将自己不切实际的主观意志强加于孩子，对孩子采取死记硬背、强行灌输、揠苗助长的错误方法和教育方式。家长开放日活动向家长宣传了：科学的幼儿园教育注重根据幼儿的心理发展特点，采取适合孩子接受的内容与游戏的方法，量力而行，循序渐进，以丰富孩子的生活经验为主，提高孩子的具体形象思维和动作操作能力，使他们在健康、语言、社会、科学、艺术等五大领域得到全面发展。

3. 有利于增进家长对教师工作的了解

很多家园沟通障碍来源于家长对幼教工作缺乏了解，即使有所了解，也因为缺乏细致的观察和深入的体验而改变已有观念。家长容易站在自己的角度看待教师的工作，当教师没有满足自己和孩子的个别需求时，就会对教师产生这样或那样的意见。参加开放日活动，家长就有机会设身处地感受到：在很多情况下，不是教师不愿意照顾孩子的个别需求，而是集体环境本身就决定了孩子应该增强适应能力。比如，教师作为很多孩子而不是一个孩子的"代理妈妈"，她要尽量做到公平对待每个孩子，让孩子在生活中学会等待、在游戏中学会分享、在交往中学会互惠、在锻炼中学会坚强。可见，家长开放日活动有助于家长理解教师工作中的辛苦和良苦用心，即教师的所作所为都是在为孩子的长远发展着想。

（二）家长开放日活动的组织形式

在幼儿园实际工作中，家长开放日的活动形式多种多样，有突出某种类型的开放活动，也有以一种形式为主、其他形式为辅的混合性开放活动，教师可以根据实际情况灵活组织。

1. 半日生活型

家长把孩子送到幼儿园之后，对孩子在园的生活、学习、游戏和锻炼等情况都很好奇，他们很想亲眼看见孩子在幼儿园的一日生活到底是怎样的？孩子真的像教师所说的进步那么大吗？所以，向家长展示孩子的半日活动是家长所期盼的内容。为此，教师平时要注意对孩子的常规培养，如洗手、吃饭、如厕、午睡、收拾玩具、举手发言等常规，使家长看到孩子入园以后养成的良好习惯，尤其是孩子独立生活能力的展示最容易打动家长，让家长真正感受到"孩子长大了"。

2. 能力展示型

在开放日向家长展示孩子最新学习到的知识与本领，是很多教师经常设计的活动内容，因为家长乐意看见孩子在幼儿园学到的具体能力。经过一段时间的积累，教师可以遵照人人都有展示机会的原则，把幼儿在园学习的歌曲、舞蹈、故事、绘画、折纸、游戏以及运动项目等排成一台节目，向家长有序展示。节目排练的过程，教师要注意劳逸结合，保护孩子的健康与兴趣；活动的程序要与幼儿商量，对于能力强的中、大班孩子，教师可以让他们直接参与节目的设计与组织。

3. 游艺制作型

在家长开放日，邀请家长来园做亲子游艺或者亲子制作，是加深家园关系和亲子关系的良好形式。在室外，可以组织亲子运动会、亲子游艺会。在室内，可以让孩子选择活动区，邀请家长一起从事搭建、手工、阅读等区域活动；也可以统一组织亲子绘画、亲子制作、亲子歌唱、亲子表演、亲子游戏等活动；还可以组织亲子一起包饺子、做面点、拌沙拉等。组织游艺制作型家长开放日活动，教师要注意充分准备操作材料，发动家长自备部分材料，更要注意操作的安全与食品的卫生。

4. 亲子采摘型

长久生活在城市的孩子需要走进大自然，观察一些基本生物的生长环境，否则他们会以为花生长在树上、西瓜种在水里，或者面粉天生就是粉末。现在，很多幼儿园都会在秋季组织亲子采摘活动，让幼儿走进田野观察大自然，体验丰收的乐趣，如拔花生、挖红薯、摘樱桃、摘苹果等。活动之前，教师要对幼儿进行相关的知识铺垫。在采摘现场，我们发现很多孩子对采摘活动并不感兴趣，而对田野里的土、草、泥、虫等非常感兴趣，于是有些家长强行要求孩子与自己一起"采摘果实"，这时教师要引导这些家长尊重孩子的兴趣，让他们理解带领孩子采摘的目的实际上是让孩子了解大自然。

5. 庆祝节日型

节日期间，也是幼儿园举办家长开放日活动的好时机。以往，幼儿园通常采取文艺表演的形式，但是因为文艺表演只涉及少数才艺较好的小朋友，而且训练时间较长，所以现在很多幼儿园改成了大型游艺活动。比如，三个班级组织联合游艺，每个班级设计三个游戏，每位教师主持一个游戏，每个游戏占据一个场地。如果一个班级三位教师，那么三个班级的九位老师就可以在九个场地为亲子提供九个游戏，所有的孩子都能轮流参与所有游戏。这样的家长开放活动场面大、气氛热闹，家长和孩子可以玩完一个再玩一个，兴趣盎然。

6. 教学展示型

很多家长的教育方法单一，主要采取解释和灌输等成人学习方式。而幼儿教师的专业性就体现在教育方法的游戏性、丰富性与灵活性，教育内容的选择也尊重幼儿的年龄特点，尤其是在音乐、美术、舞蹈、手工等方面的技能技巧及教学方法都高于普通家长。因此，教师可以在家长开放日向家长展示科学的教学方法，提高家长的教育水平，展现教师的教学风采。

7. 教研观摩型

现在的幼儿园都很重视园本教研，频繁地举行教学观摩与研讨活动，使教师的教研水平不断得到提高。但绝大多数幼儿园都是"关门做专业"，很少向家长开放教研活动，所以家长并不是很清楚原来教师是在如此严谨认真地钻研幼儿教育。因此，教师可以尝试设计教研观摩开放活动，先让家长参观教师对幼儿进行的教学活动，再让家长参观教研组所有教师针对一节教学活动开展的研讨活动，最后请家长谈一谈自己对教学活动和教研活动的感受或者建议。开放教研活动会让家长体会到：如今的幼儿教育不再是以经验为主导的"简单的生活照顾和简单的知识技能教育"，而是以幼儿心理学和幼儿教育学为基础的、科学的、专业的教育。

四、书面沟通

田老师在新学期采用了一种新的家园沟通方式，受到广大家长、领导和同事的普遍认可。她创办了班级《家园共育周报》。每周一，家长都会收到这份班级小报，并从中了解幼儿上一周的生活、学习与发展情况，以及本周保教工作的重点和家园共育建议。每期都会有一个"明星小朋友"展现自己的进步，还有一位"明星家长"介绍自己的教子经验，其他板块的内容更是丰富多彩。小报办得图文并茂、情理交融、生动活泼，深受家长和小朋友的喜爱。班级小朋友都喜欢让家长给自己念这份小报，从中获得满足与快乐，小朋友的书面语言理解水平也因此得到了提高。

（一）书面沟通的特殊意义

书面沟通是一种以文字为媒介的信息传递方式，是人际交往不可缺少的重要途径。这种沟通方式一般不受场地的限制，信息稳定，不易被误传，而且信息是经过深思熟虑、反复斟酌才发布出来的，较为正式，有着口头沟通所不具备的优势。

1. 书面沟通是家长多元化的需要

幼儿园接送孩子的家长以爷爷奶奶、姥姥姥爷等祖辈家长和保姆为主，很多信息都要通过他们传递给年轻家长。虽然教师与他们进行口头沟通具有信息快速传递与反馈的优势，但当信息经历多人传递时容易失真。尤其是当老人记忆力不好、保姆的理解能力有限时，让他们做信息的"二传手"，就可能出现传递不及时或者传递信息有误的现象。书面沟通则是"白纸黑字"，发送者与接收者双方都拥有沟通记录，信息稳定、有形、持久，便于反复翻阅与核实。

2. 书面沟通是一种前阅读教育资源

众所周知，语言教育是幼儿教育的重要内容。《幼儿园教育指导纲要（试行）》在语言教育内容与要求中指出："利用图书、绘画和其他多种方式，引发幼儿对书籍、阅读和书写的兴趣，培养前阅读和前书写技能。"《3—6岁儿童学习与发展指南》也提出了"引导幼儿学会认真倾听"、"多给幼儿提供倾听和交谈的机会"以及"经常和幼儿一起阅读"等教育建议。虽然书面沟通主要是在教师与家长之间进行，但是沟通的内容都是围绕幼儿的生活与需要进行的，所以如果教师和家长经常给幼儿念读书面沟通的相关内容，那么幼儿的语言理解水平、词汇语句的积累量、前阅读兴趣以及对汉字的敏感性都会得到提高，同时也让幼儿感受到教师和家长对自己的关爱。

3. 书面沟通是教师文化素养的体现

应用文写作和文字表达水平是现代幼儿教师必备的基本素质。现代幼儿教育要求教师"会做、会说、会写",其中"会说"与"会写"是对教师口头沟通与书面沟通两种能力兼备的要求。目前,幼教师资状况的基本特点是很多教师的动手操作能力高于口头表达能力,而口头表达能力又高于书面表达能力,三者兼备的教师非常难得。因此,书面沟通既是家园沟通的需要,也是教师锻炼自己书面表达能力的需要。书面沟通的水平不仅体现在措辞得体、语句流畅、思维严谨、言之有物、行文构思有逻辑性等方面,还体现在字体规范和字面整洁上,因为幼儿教师的一言一行、一笔一画都会对幼儿产生潜移默化的影响,也会给家长留下深刻的印象。所以,教师要认真对待书面沟通,拿不准的字词要查字典,写字不规范可以多用打印稿,写完之后要反复读几遍,也可以请同班教师阅读后帮忙纠错,如有错误应马上修改,日积月累,教师就可以锻炼出娴熟的书面表达能力。

(二)书面沟通的主要形式

书面沟通有多种形式,每种形式在传达不同的信息方面具有不同的沟通效果。教师可以根据自己所要传达的内容,选择相应的书面沟通形式。

1. 便条和书信

便条和书信是最为传统的书面沟通方式。便条通常包括通知、假条、请柬、留言、建言等形式,篇幅短小、内容单一;书信则篇幅较长、内容丰富,如致家长的公开信、祝贺信、感谢信、汇报信、答疑信等。致家长的公开信通常是幼儿园或者班级教师在特殊时期给予家长的公告或者倡议,如疾病预防公开信、环保倡议等。汇报信是向家长汇报幼儿园或者班级工作情况,或者向家长转发《幼儿园管理条例》《幼儿园工作规程》《幼儿园教育指导纲要(试行)》《3—6岁儿童学习与发展指南》《幼儿园教师专业标准(试行)》《全国家庭教育指导大纲》等文件或者相关的解读文章,以增强家长对幼教方针政策的掌握和理解。答疑信通常是解答个别家长关于儿童发展、教育方法或者幼儿教育、班级工作等方面的问题。

2. 家园联系栏

家园联系栏是家长了解幼儿园和班级工作的重要窗口，一般设置在班级教室门口左右两侧的墙面。教师可以根据内容需要把它分为若干个小板块，如"保教计划""请您关注""经验分享""亲子游戏""童言稚语""创意摇篮""学习乐园""我在长大"等，板块可以随时增减和调整。因为家园联系栏空间有限，所以教师要精选内容，同时要保证标题醒目、布局合理、版面简洁大方。教师不宜过度装饰栏目，这样既浪费时间和精力，又缩小了可以沟通的实用面积；要注意及时更新内容，经常打扫尘土，保持栏面整洁。尤其是要减少错别字，避免标题冗长，提高家园联系栏的文字表达水平。

3. 家园联系册

家园联系册是幼儿教师与家长进行相互应答的一种书面沟通形式，由教师记录孩子在幼儿园的表现，家长记录孩子在家庭中的表现，然后共同完成对孩子的全面观察。家园联系册的沟通频率要适度，过于频繁比较耗时，最终可能导致流于形式；过于稀疏又会遗漏幼儿的成长足迹，以月为单位比较合适。现在很多幼儿园都采用幼儿成长档案，主要包括以下内容：用文字、作品或者图片记录幼儿成长的精彩瞬间，每月记录一套信息，分别为本月保教计划（统一打印）、幼儿美术作品（粘贴、绘画或手工作品）、幼儿成长一幕（幼儿园和家庭各提供一张有代表性的照片）、老师的话（100字）、家长的话（100字）、我的好朋友（教师或家长记录幼儿所述）、亲子游戏（体现亲子快乐）、我爱读的书（体现幼儿阅读兴趣与收获）等。最后，由教师和家长共同整理、装订，形成幼儿成长档案，为孩子留下珍贵的童年记忆。

4. 班级小报

班级小报是教师面向全体家长编辑、整理和印发的书面资料，可以根据需要灵活设置和随时调整各个栏目，浓厚的班级特色使其具有收藏和保存价值。一般情况下，小报主编是班主任，其他班级教师负责其中的一部分工作；班主任也可以发动家长志愿者，分别承担小报的部分工作。小报的篇幅可长可短，栏目要丰富多样，要充分体现家长和幼儿的参与以及家长、幼儿、教师之间的三方互动，而不是简单地上传下达、粘贴文章资料。班级小报可以定期出版，也可以不定期出版。通常情况下，家长对小报会有期待心理，定期出版更好，可以是周报、半月报、月报或者季报。传统的班级小报是纸质介质，现在也可以做成电子介质。电子文档便于排版、保存、修改和随时上传，还具有低碳环保功能，深受年轻教师和年轻家长的欢迎。

5. 网络留言

在互联网时代，网络留言成为一种新型而特殊的书面沟通方式。很多网络平台都有留言功能。教师通过手机和电脑等设备可以随时接收和发送信息。快速、便捷的网络留言像一道绚丽的彩虹，在家园之间架起了沟通的桥梁，深得年轻家长的青睐。在成长的过程中，孩子每天都会有不同的故事发生。网络留言的优势使得教师可以与家长在最短的时间内进行沟通，既可以分享幼儿成长的乐趣，加深家园关系，也可以快速、有效地探索出适合幼儿的教育方法，进而引导幼儿健康、快乐又富有个性地成长。此外，教师还可以利用网络留言及时传达简短的班务通知，传递祝福、表扬和感谢的内容。当然，网络留言是可以公开浏览的，所以可能会出现一些褒贬不一的评价，教师对之要有诚恳的态度及善于解释和解决问题的能力。

6. 教研论文

大部分教师都把教研论文看成幼儿园内部的工作任务或成绩，很少有教师把自己的教研论文张贴出来与家长分享交流。究其原因，一方面可能是有些教师比较谦虚，不愿意"张扬"自己；另一方面可能是有些教师担心自己写得不够成熟，怕别人挑出毛病；还有一个原因是大多数教师没有意识到教研论文也是与家长沟通的一种途径。教师的这些想法可以理解，但也没必要过于保守。因为现在的园本教研专题细致入微，反映了教师的专业意识和钻研精神，所以张贴出来可以起到让家长深入了解幼教工作的作用。即使有的教师对自己的论文不够自信，其论文一般也不会产生负面作用。当然，如果教师意识到自己应该提高教研论文的水平，那么对教师的专业成长也起到了积极的促进作用。

五、网络沟通

班级微信群的创建在为家园联系提供了方便的同时，也给家长和老师带来了一定的烦恼。开学之初，中班班主任王老师创建了一个微信群，主要用来推送幼儿园和班级的通知。没想到，这个群却给她带来了一些烦恼。一方面，在这个微信群里，不仅有孩子的父母，还有孩子的爷爷、奶奶、姥姥、姥爷。这些老人的时间比较多，经常因为一点小事就讨论来讨论去，而且有的事情与教育孩子无关。此外，还有一些家长经常在群里说一些负能量的话。另一方面，因为群里每天都会有大量信息，阅读与回复信息占用了王老师很多时间。

微信群给家长带来的苦恼也不少。有的家长说自己虽然上班，却始终牵挂着在幼儿园的孩子，所以微信一直开着。但是，家长微信群不断传来信息，手机提示音不断，特别影响工作。如果关了微信，一方面担心自己落下了关键信息，另一方面更担心如果不及时回应老师，会得罪老师，给老师留下不好的印象。

由此可见，只有对微信群等网络沟通方式进行妥善的管理与引导，才能使其更好地为家园共育服务。

（一）网络沟通的特殊意义

随着网络的迅速发展和民众媒介素质的提高，网络沟通越来越成为年轻教师和家长的选择，这是因为网络沟通具有传统沟通方式所不具备的优点。许多家长的工作与生活离不开网络，很多人使用手机、iPad 等介质上网更加方便，使用网络已经成为很多人的习惯。与家长的网络沟通势在必行，这也反映了信息时代家园沟通的新需求、新特点。

1. 网络沟通超越了时空限制

随着现代工作和生活节奏的加快以及工作场所流动性的频繁，人与人之间面对面的交流常常受到时间和空间的限制。与此同时，幼儿的身心发展变化很快，他们的生活、游戏、学习、交往习惯也需要在日常生活中逐渐养成，这就要求教师与家长之间要经常交流，家园共育要突破时间与空间的限制。网络沟通可以让教师和家长在自己方便的时间和地点阅读、发表或者回复班级留言，起到了及时了解、沟通和交流信息的作用。

2. 网络沟通能够实现多方互动

有效的沟通和交流，有赖于丰富的信息来源和积极的互动应答。网络沟通方式使任何一位家长可以对任何一条班级留言进行回复，这样教师和家长发出的邀请或者求助信息就可以实现多方互动，提高了家园共育的效果。比如，有一位妈妈在班级网站上说："大家上传了很多集体活动的照片，让我们看到天真可爱的孩子们。可惜，我没有看到强强是什么样子。当时我怀强强的时候，他在我的肚子里就不爱动，我担心出现什么问题，还专门去医院检查了一次……我想请教老师和各位妈妈，怎样才能锻炼孩子的运动技能？"强强妈妈的这条求助信息发表于9：49，接着从当天的19：33到第二天的9：19，有1位老师和7位家长对这个问题进行了回复。他们从多个角度提出了教育建议和方法，让强强的妈妈受益匪浅。网络沟通使不同的家长在不同的时间和空间实现了信息与交流的多方互动，充分发挥了教师与家长、家长与家长之间教育资源共享的作用。

3. 网络沟通能更好地满足家长对视频与音频信息的需要

幼儿园是幼儿走出家庭、迈向社会的第一个舞台，家长对年幼的孩子有很多牵挂和担心，所以他们特别想知道孩子在幼儿园的生活、学习和交往情况。以往，教师要想满足家长的这个需求，就得把孩子在幼儿园的活动情况拍下来，然后把照片洗出来给家长看；如果是录像，也得在一个时间和地点集中播放给家长，或者把录像内容刻录成光盘发给家长。无论采用哪种方式，都会给老师增加一定的工作量，让家长等待一定的时间。网络沟通可以帮助教师把幼儿在幼儿园活动的照片、录音和录像直接上传到班级网站，让家长可以随时点击收看或者下载这些视频或音频文件。这样一来，教师既避免了重复劳动，又能让家长更快、更多地获得孩子在幼儿园的信息。

4. 网络沟通有利于发挥家长的积极性和主动性

虽然一般情况下，网络沟通方式的管理员是班主任老师，但是每个成员都可以主动发言或者提出倡议。所以，教师要发挥家长的主人翁意识，调动家长的积极性，主动、深入地推进家园共育工作。调查发现，每逢双休日或者节假日，尤其是寒暑假，常常有家长通过网络途径，倡议大家带领孩子逛公园、去游乐场、看儿童剧、采摘、爬山、春游、秋游或者在某个家庭聚会等。这些活动不但为孩子们的节假日生活增添了快乐，而且为他们创造了与同伴共处的机会，有助于他们的社会性发展。家长在家园共育中的这种主动性与积极性，对教师教育幼儿起到了良好的配合与促进作用。

5. 网络沟通增强了班集体的归属感和凝聚力

班级不等于班集体，班级是幼儿园按照一定标准编成固定人数的教学组织形式，因此，有幼儿园就有班级，但是班级不一定就能形成班集体。有共同的奋斗目标和较强凝聚力的班级才是班集体。由于幼儿的班集体意识比较弱，因此教师创建班集体的能力以及家长的班集体意识，对于推动班集体的形成具有重要作用。网络信息传递与交流平台，使教师能够及时为家长提供有关季节性的健康、卫生和安全教育方面的知识，也使家长之间能够经常进行保育和教育经验的交流。尤其是孩子一生病就容易紧张的年轻家长，以及孩子一有行为问题就不知所措的家长，会在网络沟通中感受到班集体的温暖、关怀与帮助，认识到一个相亲相爱的班集体对于孩子的重要意义。所以，网络沟通不仅增强了班集体的归属感，培养了家长在家园共育中的凝聚力，而且为孩子们拓展了教育资源。

此外，社会生活是幼儿教育的天然资源。很多班级家长会通过网络途径主动发起捐助赈灾、疾病防控等系列活动，既展现了一个团结、上进的班集体的面貌，也为幼儿创设了良好的成长环境。

（二）网络沟通的主要形式

网络沟通是基于信息技术的计算机互联网络来实现信息沟通的方式，并因信息技术的不同而形成了不同形式、不同特点的网络沟通平台。十多年前，班级教师主要使用 Email 和班级校友录与家长沟通；最近几年，班级教师主要借助博客、微博、微信等平台与家长沟通。其中，微信群、QQ 群、微博群等互联网群组沟通方式应用得最为广泛。

1. Email 和班级校友录

Email 是指电子邮件，又称电子信箱、电子邮政，是应用得最广的互联网服务。它可以把文字、图像、声音等文件以非常低廉的价格和非常快速的方式，传送给世界上任何一个角落的网络用户。Email 传输的信件内容只有收发双方可以阅读，所以适合交流一些不便让第三者知道的话题。

班级校友录在网络上营造了一个相对封闭的班级氛围，具有多方互动、畅所欲言的优势。如果教师带着一个班级从小班升到中班再到大班，那么这个校友录就可以连续使用三年；如果教师在新学年带了新班级，那么原班的校友录一般就会解散，教师会为新班家长重新建立班级校友录。

2. 校园短信通

校园短信通是一种应用广泛的家园联系方式，具有信息量大、传播速度快、使用灵活的特点，可以作为电话与手机联系方式的补充和拓展。校园短信通具有群发功能，教师可以从自己的计算机上发送短信，一次性通知到所有家长，也能与家长进行个别交流。家长可以即时回复短信给教师，实现家园双向交流，避免出现家长打扰教师带班或者教师找不到家长的尴尬局面。

3. 博客、微博和微信

博客，又叫网络日志，是一种通常由个人管理、不定期张贴新文章的个性化沟通平台，能够简易、迅速、便捷地发布自己的心得，同时它所提供的内容可以用于进行公开的互动交流。很多教师使用博客来发表自己的教育心得、转发别人的好文章、传达班级最新动态、上传班级活动照片等，家长则可以浏览、复制、下载或者留言。很多家长也有博客，这样多个博客之间就可以相互链接，扩大彼此的博客圈。

微博，即微型博客，是当前最受欢迎的博客形式。微博的作者不需要撰写篇幅很长的文章，大部分微博的文字限制在140字以内。大部分人喜欢使用微博来表达心情、发送通知、转发消息。

微信，是腾讯公司于2011年推出的一个为智能终端提供即时通信服务的免费应用程序。经过微信用户认证的微信朋友圈构建了一个熟人社交群组，既满足了人们的生活与社交需要，也满足了工作与沟通需要。

4. 互联网群组

近年来，通过互联网站、移动互联网应用程序等平台建立的微信群、QQ群、微博群等群组聊天工具，因其实时、共享、免费、群组成员多、音频视频文本兼容等优势，成为家园在线交流信息的高效渠道。由于互联网群组的自媒体功能比较强大，因此国家互联网信息办公室于2017年颁布实施了《互联网群组信息服务管理规定》，对互联网群组信息服务提出了规范与要求，以维护国家安全和公共利益，保护公民、法人和其他组织的合法权益。其中，第四条指出："互联网群组信息服务提供者和使用者，应当坚持正确导向，弘扬社会主义核心价值观，培育积极健康的网络文化，维护良好网络生态。"班级所创建的各种互联网群组属于互联网群组信息服务的使用者，因此需要遵守法律法规，承担义务和责任，把班级互联网群组建设成为正能量的聚集地。

（三）网络沟通的关键策略

网络沟通已经成为家园沟通的常规方式之一。掌握网络沟通的策略，同时避免这种沟通方式可能存在的问题，已经成为教师提高家庭教育指导工作效率必须修炼的基本功。

1. 沟通内容要有所选择、及时更新

网络沟通方式本身没有问题，它密切了教师与家长之间的联系，但是教师要注意沟通的内容。教师应该分清幼儿园与家庭的教育责任，有所选择地

将一些有利于促进幼儿发展的信息告知家长，倡导一些需要广而告之的、积极向上的、科学保教的话题，不要事无巨细、罗列堆砌，也不要随意向家长摊派任务、布置作业，间接地把幼儿园的工作转移给家长。比如，班级在开展主题教育活动时，有的教师让家长承担了很多有关资料收集的任务，给家长增加了很大的压力。

网络沟通的生命力在于信息更新速度快。因此，教师要及时上传新的文字、照片或者视频，不断提供新内容，这样家长才愿意上网访问。当然，教师会遇到工作忙、时间紧的情况。为此，班级三位教师可以轮流上网，也可以邀请热心的家长暂时代为管理班级网络，保持网络沟通的活跃状态。

2. 探索幼儿在网络沟通中的主体地位

因为幼儿的年龄小，还不完全具备使用网络的能力，所以网络沟通的用户名一般是幼儿的姓名或者乳名，发言的成员则是幼儿家长。幼儿发言很少，也很少有教师和家长注意到应该调动幼儿发言的积极性，因此网络成了"家长俱乐部"，这是幼儿园区别于小学、中学和大学网络沟通的重要特点。实际上，让幼儿理解老师和家长怎样关心自己，并学会关心老师和家长，以及小朋友之间互相关心，也是幼儿教育的一个重要方面。教师和家长应该进一步发挥幼儿在网络沟通中的地位、意义。

3. 尊重网络媒体语言的风格

众所周知，网络语言以灵活、机智、幽默见长，阅读起来让人感觉轻松、有趣，已经形成风格独特的网络媒体语言。目前存在的问题是，有的教师照搬了比较长的文章，家长阅读起来感觉很累，降低了家长的阅读效率和互动交流。教师要对文章有所选择、有所摘要、有所提示，加强理论知识与实际之间的联系，要注意引发家长的阅读、思考和讨论兴趣，这样才能真正发挥网络论坛的特殊作用。

4. 注重教师形象

教师与家长之间的网络沟通具有介于口语交流和书面语交流两者之间的特点。它既不像正式的书面交流那样，使用过多的术语和过长的句式；又不像口语交流那样，依赖关键词和当时的语境，用不完整的句式就能达到沟通交流的效果。由于教师与家长之间是一种工作关系，因此他们之间的交流也不能过于随意。另外，很多网络平台的留言和回复是公开的，会留下书面记录，而"白纸黑字"的痕迹代表教师的形象，所以教师要严谨认真而又自然放松地完成网络沟通工作。

5. 发送短信注意四个要领

短信内容字数少，编辑简单，可以群发，具有方便使用的特点。然而，调查发现，目前教师发送短信存在以下四个问题，需要尽量避免与克服。

◎措辞不准确，内容模糊，比如，"明天下午四点开家长会，请准时到达。"教师可能以为自己写得很清楚，但是并没有从阅读者的角度考虑问题。教师应该把"明天"改为"几月几日星期几"，并且注明开家长会的具体地点。

◎发号施令，缺乏尊重，比如，"明天幼儿园有客人来参观，家长务必给孩子穿园服，切记！"教师虽然把事情表达得很清楚，但是语气强硬，缺乏对家长的尊重。可以改为："明天幼儿园有客人来参观，孩子们统一穿园服可以显示良好的精神风貌，请您记着为孩子穿园服，谢谢支持！"

◎错别字较多，有语法错误，缺乏文字修养。教师编辑短信的时候应该打好腹稿，发送前再仔细检查几遍。

◎随意发送，经常出现"刚才信息发错了"等现象。还有的教师发送信息时不署名，或者仅写一个姓，这些都是不礼貌的表现。教师发送信息的时候不要着急，应该署上完整的姓名。此外，平时给家长打电话的时候，也应该首先自报家门。

6. 嘘寒问暖聚集人气

没有人气，网络交流平台会不活跃；主动关心家长，多给他们贴心的提示和真诚的祝福，人气必然逐步提高。比如，有一位幼儿教师平时待人热情、富有活力，她的个人微博就体现了这种人格魅力。她除了经常发布班级活动通知和教育心得外，还会发一些温馨的祝福和提醒，表达对孩子的爱和对家长的关心，比如，"今天是妈妈的节日，祝美丽又勤劳的妈妈们节日快乐！""天气寒冷地面湿滑，路上请注意安全。""夏天要多喝白开水，少吃冷饮，老师希望孩子们身体棒棒的！"这位老师深受家长的"追捧"，家长们纷纷成为她的微博"粉丝"。这位老师通过微博发送的信息几乎"一呼百应"，家园关系非常融洽。

7. 尊重隐私和知识产权

网络信息是完全开放或者部分开放的，因此会涉及隐私权和知识产权的问题。教师经常会在班级网站或者微信群里上传一些孩子的照片和视频文件，记录孩子的成长故事，这样就会涉及儿童的肖像权与隐私权。这就要求教师应该首先征求家长的意见，甚至要求家长签署授权书，得到家长同意之后再上传文件。有时教师还会推荐和转发一些比较好的文章，同时自己写文章的时候可能也会引用别人的观点或者研究成果，无论哪种情况，教师都要注明出处，尊重作者的知识产权。

8. 现实的班级氛围决定网络的班级氛围

网络沟通是现实班级的家园关系在网络上的自然延伸，所以现实的班级氛围决定了网络的班级氛围。班级成员之间只有相互尊重、相互关心、团结向上，才能使网络沟通具有活力。班主任在营造平和、温馨的班集体氛围方面，发挥着主导和协调作用。班主任是班集体的主心骨，要主动关心孩子和家长、主动发起论坛话题、主动回复家长的疑问。当孩子过生日、生病时，要主动问候；当孩子取得进步时，要及时表扬；当孩子之间、家长之间、家长与教师之间有什么误会时，要主动调节。总之，网络平台的沟通效果要以日常工作为基础，班主任和班级教师只有营造良好的班集体氛围，才能卓有成效地利用网络平台开展工作。

9. 散播正能量

网络空间是开放的，人们可以自由发表言论。但是，教师与家长之间的网络沟通平台仍然是教育阵地，因此需要维护健康文明的教育与学习氛围。

在日常生活中，当有的家长说一些态度消极的或者不利于团结的话语时，教师可以通过私信提醒家长注意言辞。另外，教师还可以与一些教育观念先进又充满公正之心的家长私下沟通，请他们在 QQ 群或者微信群里主动传递正能量。家长与教师相互配合，对于提倡积极的舆论导向是非常有帮助的。

10. 与传统沟通方式相结合

网络沟通具有特殊的优势，但它也不是万能的，不能完全取代传统的沟通方式。比如，网络信息过于繁杂，分散了家长的注意力，对家长辨别信息的真伪也是一个考验；网络沟通缺乏面对面交谈时表情、动作和情境所传达的丰富语义；网络沟通虽然扩大了人与人之间的横向沟通范围，但是弱化了纵向沟通，难以进行一对一的深度交流。有的班级家长以祖辈和保姆为主，他们的网络媒介素养比较弱，使用网络有困难。因此，教师要根据工作需要，把传统沟通方式与网络沟通方式有机结合起来，把线上交流与线下交流有机结合起来，最大限度地发挥各种沟通方式的综合效果。

（四）互联网群组的管理策略

群组信息是公开的，容易引起围观；大家自由发表意见就会形成舆情，无论是对虚拟的互联网氛围，还是对现实的班级氛围，都会产生一定性质和一定程度的影响，所以班级教师主动学习和加强互联网群组的管理策略，已经成为现代班级管理的重要内容。

1. 时间管理

教师有工作，大部分家长也有工作，所以工作时间过度关注微信是不适宜的。为了确保工作质量，有的公司甚至规定上班时间不能阅读微信。因此，班主任教师应该与家长约定发送消息的时间，提醒家长除了非常重要的紧急信息以外，不要什么时候方便就发送消息，教师和家长之间需要尊重彼此的工作时间。同时，教师还可以在微信群里与家长约定，对于通知类消息，家长要注意阅读，但不必回复"收到"或者其他客套话，这样一方面"通知"不会被"回复"覆盖，以免有的家长频繁刷屏，影响其他家长"爬楼"阅读信息；另一方面也节省了大家的时间，消除了不及时回复给家长带来的心理压力。

2. 内容管理

内容管理既包括家长发送的内容，也包括教师发送的内容。

对于家长而言，家长微信群是为教育孩子服务的。所以，班主任要明确与教育无关的信息不要在本群发送，包括健康、养生、美容、购物、微商等信息。与教育有关的信息也要有所引导。因为现在的教育类公众号很多，各种芜杂的信息和观点充斥其中，对家长明辨是非的能力提出了挑战。教师要对家长们共同关注的敏感话题有所察觉，并做出正确引导。

对于教师而言，家长微信群是为教育工作服务的。但是调查发现，有的教师向家长过度摊派任务，甚至做与工作无关的其他事情。比如，有的教师要开展主题活动，于是号召家长买书、买花、做道具、租衣服等，而家长们不管自己有没有时间，有没有能力，都不甘落后地响应。教师不要以为自己在群里提出"家长自愿参与"就没事了，因为家长不管是出于对教师的尊重，还是出于取悦心理都会参加。有的微信群还出现有广告动机的拉票、投票、点赞或者转发活动，教师都要慎重对待，加强约束与管理。

3. 公正管理

家长群之所以让家长和老师都感到为难，其中一个重要的原因在于，无论家长还是老师，都在一定程度上缺乏安全感与信任感。其实，解决这个问题的主动权仍然掌握在教师手里。如果教师对所有孩子和家长都持有公平之心与公正的态度，那么家长群的氛围自然就比较简单轻松，家长的焦虑情绪自然就能得到缓解。所以，教师平时要本着仁爱之心，平等地爱护每个孩子的身心发展，公平对待每个孩子，不歧视调皮捣蛋的孩子以及家境贫穷等各种处境不利的孩子。

4. 制定公约

教师可以尝试与家长共同制定微信群公约，创建健康文明的微信空间。教师可以初拟一个公约供大家讨论，然后逐步完善公约条款。为发挥公约的指导与约束功能，教师有必要打印出来，在家长会上请家长认真阅读与学习讨论，然后签字承诺，同时请签字的家长也告知家庭其他成员，大家共同学习，共同遵守集体公约。比如，

◎本群只发与幼儿教育和班级管理有关的信息。

◎本群要传递正能量，不发违法违纪信息以及无法考证的负面事件。

◎本群可以发送积极向上的文章与科学的教育经验。

◎本群不攀比、不炫富，不发微信红包、不集赞、不拉票。

◎本群交流时请使用文明礼貌用语，严禁刷屏以及群内争吵。

◎本群要营造团结友爱的氛围，不发涉及人身攻击、八卦、谣言与恐慌等信息。

◎为不影响群内家长及老师的正常生活，个别问题不在群内聊。

◎老师上班时间不能阅读微信，不能接听电话，以免影响教学，请理解老师延迟回复。

◎对于老师发布的通知，请家长认真阅读，以免错过重要信息。

六、家长志愿者

班里正在进行"方便的交通工具"主题教育活动。小朋友们通过活动了解了自行车、汽车、火车、轮船、飞机等多种交通工具，尤其对飞机最感兴趣，提出了一系列有趣的问题，如"飞机这么大，它是怎么飞起来的""飞机很重，驾驶员怎么把飞机开起来"等。正好张晓雨的爸爸是飞机驾驶员，于是老师就邀请他来班上为小朋友答疑解惑。张晓雨的爸爸非常愉快地答应了。他还带来了仿真飞机模型以及视频资料。小朋友们围着张叔叔边听、边看、边摸，提出了很多有趣的问题，浓郁的求知渴望得到了满足。张晓雨特别自豪自己的爸爸能来幼儿园当老师，其他小朋友也希望自己的爸爸妈妈有机会来幼儿园当老师。老师说："张晓雨的爸爸来幼儿园为小朋友们上课，这叫'家长志愿者'。小朋友们不要着急，每一位小朋友的爸爸、妈妈、爷爷、

奶奶都能做'家长志愿者'。"

（一）家长志愿者的特殊意义

志愿者活动在世界上已经存在和发展了100多年，志愿服务最近几年更是成为一种国际潮流。家长志愿者是志愿者的一种，是家长在自身条件许可的情况下，在不谋求任何物质、金钱及相关利益回报的前提下，自愿参加幼儿园提倡或组织的相关活动，合理运用自身的专业、技能或服务等资源，为幼儿园无偿奉献自己力所能及的、切合实际的帮助与服务。

家长志愿者是家长参与幼儿园活动的一种有效形式，是幼儿园和班级教师与家长沟通的一种特殊形式。最大程度地发挥家长志愿者的优势，有助于促进办园质量和教育质量的提升，对于班级工作、幼儿发展和家园沟通都具有特殊意义。

1. 家长志愿者有助于班级开展工作

众所周知，幼儿园班级工作涉及方方面面的内容。对于一个有组织经验的教师来说，可以邀请家长志愿者参与保育、教育、教学、管理等多方面的班级工作。比如，可以邀请托班或小班的家长参与班级幼儿的生活照顾活动，使幼儿享受到更多的关爱；可以邀请中班或大班的家长参与班级主题教育系列活动中的资料收集、材料准备、玩具制作、展板制作、幼儿外出参观的组织、专题教学的辅助等工作；每逢节日大型活动，还可以邀请家长参与幼儿园的安全与保卫工作；有的家长还利用自己的电脑软件技术，帮助班级拍摄和制作DVD、制作电子课件或电子相册等。家长志愿者的参与提高了家长对幼儿园工作、幼儿教育的理解，也加强了家长与教师之间的沟通与交流。

2. 家长志愿者有助于促进幼儿的发展

家长定期或不定期地参与班级幼儿的生活教育或活动区活动，能够提高班级的师生比，为幼儿提供更多的交流机会。家长参与幼儿园活动，使幼儿感知不同职业与性格的家长，丰富了幼儿的交往范围，使幼儿以更宽广的视野了解社会，有利于他们社会性人格的充分发展。家长志愿者使幼儿感受到家长对自己的重视，体会到家长对幼儿园的接纳，调动了幼儿在园生活与学习的积极性。家长的参与还使幼儿用新的眼光来看待家长，感受到爸爸妈妈原来这么能干，增进了幼儿与家长之间的亲密关系。家长的主动参与精神，加深了幼儿对幼儿园集体生活的安全感和积极情感，增强了幼儿的自信心和自豪感。家长志愿者热心公益、不计报酬、承担责任、乐于奉献的行为与志愿精神为幼儿树立了良好的学习榜样。

3. 家长志愿者有助于带动家长群体

在家长群体中，家长志愿者具有热心助人、热爱幼教、尊重教师的特点，对家长群体具有积极的带动作用。他们愿意为幼儿园和班级活动付出时间与精力，是对教师工作的一种肯定与支持，不但对教师是一种鼓舞与帮助，而且对其他家长也会产生积极的影响。家长志愿者在参与活动的过程中，获得了更多的幼儿在园生活与学习的信息，也更能理解教师工作的辛苦与良苦用心，因而在善解人意、宽容待人方面更有可能起到表率作用。尤其是在有些家长对班级工作不理解，甚至出现误解的时候，家长志愿者出面解释或者调解，会收到更好的效果。家长志愿者在号召、带动其他家长参与幼儿园的活动方面也会更有影响力、更有经验，对于增强班级家长的凝聚力、提高教师的家长工作效率起到了重要作用。

（二）组建家长志愿者的策略

组建家长志愿者队伍是班级工作的需要，也是班主任工作能力的体现。教师需要围绕班级核心工作，根据对家长群体的职业、性格与人际关系特点的把握，通过调研、招募、组织、沟通、协调、培训、评价与激励等一系列组建工作，有步骤地培养家长志愿者队伍。

1. 明确家长志愿者的权利和义务

家长志愿者活动开展得是否深入与持久，与教师是否了解家长志愿者的权利与义务密切相关。如果只是以幼儿园和教师为主导，家长总是处于被动、配合的地位，那么难以发挥他们的主人翁意识，就会影响家长志愿者的活动效果。

(1) 家长志愿者的权利。

◎选择权：每个家长担当志愿者的主客观条件是不同的，教师要尊重每个家长的选择，平等对待每个家长及其幼儿。家长志愿者参与幼儿园的服务领域是多种多样的，家长可以按照自身的特点与爱好，选择适合自己的项目。有些未能担当志愿者的家长会担心教师认为自己不支持班级工作，进而影响对待孩子的态度。对于这类家长，教师要以良好的工作态度免除他们的后顾之忧，必要的时候可以与他们坦诚地交流。

◎知情权：教师要向全体家长宣布本学期的保教计划以及家长志愿者活动计划，帮助家长了解和分析本班幼儿的实际情况，与他们协商具体的家长志愿者活动方案。忌讳让家长被动跟从教师参加活动，这样会导致家长对整个活动的目标、主要内容、参与人员和基本流程心中无数；也忌讳教师总是跟少数家长交流，这样会导致大部分家长不知晓信息，这种信息交流的不对称容易引起其他家长的不满。

◎建议权：严格来说，志愿者活动有自上而下的组织形式，也有自下而上的组织形式。虽然幼儿园的家长志愿者活动以幼儿园或教师组织的自上而下的活动形式为主，教师也要尊重家长的主动意识、设计理念以及意见建议。即使有时家长的想法不宜操作，教师也要给予充分的理解，要注意维护家长的积极性、主动性与创造性。

(2) 家长志愿者的义务。

◎遵守幼儿园的各项规章制度和班级工作常规。有些家长很热心，但可能出现由于不了解幼儿园的相关规定而擅自行动的问题，因此教师要及时总结经验，事先告知和善意提醒家长。

◎履行志愿者的基本职责与承诺。志愿者由于特殊情况无法参与活动时，要提前告诉教师，以便教师及时补充相关人力与资源。同时，教师每次组织活动时要有紧急备案意识，以防出现意外时措手不及。

◎接受相关指导与配合任务。家长可能对现代幼教理念不是很熟悉，而且有些幼儿园已经形成自己独特的园本文化，所以教师需要向家长做相应的宣传、解释、指导与培训。此外，还应指导家长正确地对待其他家长的建议与评价，客观地评价自我，最终形成一个团结合作的有序组织。

2. 对家长担任志愿者的意愿做到心中有数

影响家长担任志愿者的因素有很多，比如，是否愿意支持教师的工作、是否能够贡献自己的时间、是否可以提供相应的资源等。访谈发现，时间是家长首先考虑的因素，很多家长都表示非常愿意担任志愿者，但是由于"工作太忙""没有时间"而无法将这种意愿付诸实践。其次，部分家长内向的性格以及较低的自我认同感，也会阻碍他们主动参与幼儿园的活动。此外，家长参与志愿者活动的意愿也与教师的态度与认识密切相关。有的教师对组建家长志愿者队伍热情不高，担心家长参与班级活动会影响正常秩序，或者认为家长没有进班活动的经验与能力，还需要教师进行指导，增加了教师的工作负担。此外，有的教师还会让家长做一些琐碎而繁杂的事情，影响了家长的参与热情。

为此，教师首先要排除自己的保守意识，对组建家长志愿者队伍有积极的认识与态度。同时，发放一份简单的调查问卷，对家长担任志愿者的意愿与条件有一个初步的了解，以便做到心中有数。

家长志愿者调查问卷

尊敬的家长朋友：

您好！

家园共育是幼儿健康成长的有效途径。为丰富幼儿的生活经验、开阔幼儿的交往视野，我们诚恳地邀请您参与班级的保教活动。根据本学期的保教计划，我们列出一些可能需要您协助的项目。在不影响您工作的前提下，请您在愿意参加的项目后面打√，并写下您最合适的参与时间。收到您的回答后，我们会尽快与您联系。

幼儿姓名：　　　　　　家长姓名：

家长职业：　　　　　　业余兴趣与特长：

1. 您是否愿意在合适的时间参与幼儿的班级活动：

　　愿意（　　）　　　　不愿意（　　）

2. 根据您的工作与生活情况，您认为参与活动的频率最好是：

　　任何时候（　　）　　每周一次（　　）

　　每月一次（　　）　　每学期一次（　　）

3. 如果您参与活动，您认为最合适的时间长度是：

　　一个小时（　　）　　一个上午（　　）

　　一个下午（　　）　　其他＿＿＿＿＿＿

4. 您愿意参与的项目是：

　　配合教师的晨间谈话与生活活动（　　）

　　带领幼儿唱歌（　　）

　　给幼儿讲故事（　　）

　　组织幼儿外出参观或郊游（　　）

　　发挥个人专长做助教（　　）

　　收集资料、协助制作教具（　　）

　　拍摄和制作DVD（　　）

　　制作电子课件，创建并管理校友录（　　）

　　大型活动的接待、安全与保卫（　　）

　　其他＿＿＿＿＿＿＿＿＿＿＿＿＿＿

3. 有针对性地指导家长志愿者

家长志愿者毕竟不是专职的幼儿教育工作者，他们对幼儿年龄特点的把握未必准确，对幼儿园工作常规和保教特点也不一定很清楚，所以教师需要对家长进行一定的培训与指导。教师要根据每次活动的具体需要，有针对性、逐步地进行指导与培训，不要无计划、无层次、无主次、无轻重地泛泛而谈。

调查发现，培训家长志愿者主要涉及以下内容：

◎幼儿园和班级的基本工作制度与活动常规，本学期幼儿的发展目标和教师的基本保教任务。

◎本年龄段幼儿的兴趣特点、发展规律与个体差异，本班幼儿的基本特点。

◎幼儿园活动的内容、所需材料、设施与场地、人员配置、组织形式、安全保障、卫生保健要求。

◎家长要把自己当作教师，掌握与幼儿互动的基本语气、语调、姿态、动作、态度以及幼儿感兴趣的交流话题与方式。

◎应对幼儿在集体活动中容易出现的破坏性行为、冲突事件及其他突发情况的基本态度与策略。

4. 通过评价提升家长志愿者的能力

教师组织每个活动都要有始有终，其中评价是不可缺少的一个环节，且具有承上启下的积极作用。一方面，评价要具有激励性。面对家长担任志愿者的行为，教师要及时地表达自己的感谢之情，以激励家长再次参与活动。另一方面，评价要具有指导性。教师要及时总结家长与幼儿互动的成功经验，以实例为基础，提炼家长指导幼儿的科学方法，避免泛泛而谈。

评价内容主要围绕家长进行，帮助家长分析与判断自己的参与是如何有助于班级提高工作效率的、是如何有助于幼儿提升已有的经验和学习效果的、自己与幼儿的互动交流是否符合幼儿的年龄特点、自己所提供的材料与活动形式是否符合幼教特点以及自己获得了哪些教育观念与教育方法的启发等。

评价方式要把家长自评和教师他评相结合。调查发现，现有的家长志愿者评价方式主要是家长写总结或者写感想，然后张贴出来供大家分享。但是，仅仅有家长的自评是不够的，还需要教师的评价。教师的评价既有利于指导家长，也有利自己总结工作，为家长志愿者队伍的可持续发展积累经验。

七、环境沟通

每周一，冯老师所在班的教室门口都会围着一些家长，他们用数码相机拍下教师写的一周保教计划。平时，这些家长也会及时拍下老师教的一些歌曲或故事等。晚上接孩子回家前，有的家长会在班级逗留一会儿，拍下孩子的手工、建筑或者绘画作品。最初，这只是个别家长的行为，后来其他家长也跟着做，成为班级家长们了解教师工作和幼儿学习情况的有效途径。冯老师说："环境与家长之间的'无声的沟通'，使教师创设的环境得到了家长的关注与认可，增强了教师的成就感，也吸引了孩子关注自己的作品与班级环境，真是一举多得的好方法。"

（一）环境沟通的特殊意义

幼儿园强调环境育人，环境创设是幼儿园工作的重要组成部分。但是，在一些教师的心目中，环境创设的主要意义在于张贴通知、美化班级、展示给领导和外来参观者观看，忽略了环境在与家长沟通以及促进幼儿发展方面的意义，没有最大限度地发挥环境创设的积极作用，因此教师需要加强"利用环境与家长进行无声的沟通"的意识。

1. 利用环境展现现代幼教观念

很多幼儿园都很重视利用公共环境，向家长宣传先进的幼教观念。他们会挑选陈鹤琴、蒙台梭利、杜威等国内外幼教专家或者《幼儿园教育指导纲要（试行）》《3—6岁儿童学习与发展指南》《幼儿园教师专业标准（试行）》《幼儿园工作规程》等学前教育权威政策文件中的精华语句，或者自己提炼一些集中体现特色教育的语句,张贴在方便家长观看的显著位置。此外,有些家长的分科教学、知识教育和片面注重特长发展等观念根深蒂固,与现代幼教所提倡的综合教育、习惯养成和全面发展等先进观念是有差距的。对于这些家长,幼儿园和教师可以利用横幅、标语、展板、文章等形式不断向家长宣教。

2. 利用环境引导家长客观地评价幼儿

关注幼儿成长的家长也会对幼儿的年龄特点有所了解,但教师与家长的不同之处在于家长主要了解的是自己的孩子,幼儿之间缺乏横向比较,具有一定的片面性;教师了解的是大多数幼儿,对幼儿年龄特点把握得更加全面。在环境创设中,教师要注意展现所有儿童的作品,给家长进行客观比较的机会,帮助家长了解孩子的长处与短处,有助于提醒个别家长注意对孩子的护短行为,也有助于提醒所有家长注意对孩子实施全面发展的教育。

3. 利用环境丰富家长的教育方法

现在的年轻家长以"80后"、"90后"为主,他们的学历水平普遍较高,也非常重视幼儿教育,但是由于缺乏幼儿教育经验,所以很多家长有理念无方法,或者教育方法单一。比如,有的家长讲故事时语气单调、亲子游戏不丰富、手工制作没技巧,在音乐舞蹈方面更是缺乏专业基础;有的家长对孩子包办代替,缺乏调动孩子自己动手、主动学习的有趣方法。教师可以根据班级家长的实际需要,提供有针对性的小建议、小文章,或者搭建家长育儿经验交流平台,鼓励家长总结撰写自己有效的教育方法,为家长提供相互学习借鉴的机会。

(二)环境沟通的策略

环境传达着丰富的信息,所以教师要重视环境的沟通功能,把班级教育信息、幼儿学习过程与发展成果充分地展现给家长,同时把物质环境与精神环境的创设有机地结合在一起。

1. 环境创设的内容要丰富全面

在重视环境创设美观的同时，教师还要注意环境创设的内容应丰富多样。比如，利用班级的常规展板向家长反映幼儿的生活情况；利用"出勤表（图）"鼓励幼儿和家长每天按时入园，利用"心情表（图）"鼓励幼儿快乐入园，利用"生活习惯表（图）"向家长及时汇报幼儿每天在园的吃饭、如厕、饮水和午睡情况，利用"值日生表（图）"鼓励幼儿积极为班级服务，利用"天气记录表（图）"鼓励幼儿关注天气变化和穿衣变化；还有洗手程序图、折纸程序图、建筑程序图等，为幼儿自主学习提供指导；各个活动区的常规提示语（图）则是为了培养幼儿的规则意识与自律习惯。幼儿作品通常是环境创设的主要内容。教师要注意展现所有儿童的作品，最好为幼儿署名，方便幼儿及其家长参观与分享。如果班级进行主题教育，那么在环境中体现主题教育计划以及主题活动进展过程，则是宣传现代园本课程的最佳形式。

2. 环境创设的形式要灵活多样

环境创设的形式要根据幼儿的年龄特点和教育内容灵活多样。一般情况下，托班和小班以图为主，中班可以图表兼顾，大班可以图、表、字穿插；为幼儿创设的环境以图为主，为家长创设的环境以表和字为主。墙面高处可以张贴家长关心的计划、通知、文章，墙面低处可以张贴或悬挂便于幼儿观看的作品和操作的玩教具；室内环境主要反映保教活动，室外环境主要反映家园共育，过道和走廊主要反映幼儿出勤、入园情绪、值日生、常规等生活内容；衣帽柜的标识要便于孩子掌握，放置方式要便于家长引导孩子整理自己的衣帽。条件好的幼儿园或班级可以设置背投电视，为幼儿和家长创设生动的视频环境。

3. 定期专门介绍班级环境创设

环境创设体现幼教观念，需要人们用幼教的观念进行观看与交流；环境创设还体现教师的特殊用意，不经介绍，别人未必能够看得出来，对于不做幼教专业的家长以及认知水平有限的幼儿来说，更是如此。所以，教师不要只是为了完成工作任务而创设环境，要充分发挥环境育人的作用，专门设计环境解读与互动方案，吸引幼儿及其家长关注环境的变化，引导他们学会欣赏和解读创设的环境，听取他们的意见和建议，并有意引导他们参与环境创设的过程。这种利用环境进行沟通的方式既有助于家长感受教师的教育观念和巧手创意，也有助于幼儿提升自己在园快乐而充实的生活经验，教师也能从中体验到职业成就感。

4. 精神环境比物质环境更加重要

幼儿园的环境创设是一个广义的概念，不仅指墙饰、玩教具、物质材料、空间安排以及生活、学习与游戏设施，还包括科学合理的生活作息常规与和谐愉悦的精神氛围。在幼儿园里，丰富的物质环境固然必不可少，舒畅的精神环境更加重要。因此，教师还要充分利用精神环境进行沟通，为幼儿创设充满理解、尊重、关爱、接纳、有序的心理氛围，为家长提供放心、关怀、合作以及保持良好沟通关系的精神环境。

万千教育 学前教育类书目

书号	书名	著、译者	定价(元)
\multicolumn{4}{c}{幼儿园家长工作指导}			
1934	幼儿教师与家长沟通之道（第二版）	晏 红 著	46.00
0364	幼儿园家长工作技能与艺术	莫源秋 编著	45.00
0806	破解家园沟通的44个难题	胡剑红 主编	35.00
9610	幼儿教师的家长工作技巧	张春炬 主编	34.00
9592	幼儿园家长开放日活动设计与实践指导	卢筱红 主编	25.00
9322	幼儿园家庭教育指导形式与方法	晏 红 著	34.00
幼儿园家长工作指导合计			219.00
\multicolumn{4}{c}{幼儿园教师教育技能与活动指导}			
1707	有力的师幼互动	王连江 译	36.00
9903	幼儿教师与幼儿有效互动策略	莫源秋 等 编著	35.00
1197	幼儿教育中的心理效应	莫源秋 等 编著	32.00
9950	让幼儿都爱听你说——幼儿教师说话的艺术	马希武 等 译	20.00
8953	幼儿教师实用教育教学技能	莫源秋 等 著	30.00

编号	书名	作者	定价
784	幼儿教师必须掌握的教育技巧	莫源秋 著	35.00
193	跟蒙台梭利学做快乐的幼儿教师	刘文 主编	58.00
7511	做幼儿喜爱的魅力教师	莫源秋 著	25.00
7303	老师，你在听吗？ ——幼儿教育活动中的师幼对话	汪寒鹭 等译	28.00
幼儿园教师教育技能与活动指导合计			**299.00**
幼儿园游戏指导			
1305	以游戏为中心的幼儿园课程（第六版）	史明洁 等译	82.00
1261	幼儿教育课程 ——一种创造性游戏模式（第四版）	李敏谊 等译	82.00
0758	幼儿园自主游戏观察与记录 ——从游戏故事中发现儿童（全彩）	董旭花 等著	58.00
1563	幼儿园创造性游戏 ——环境创设与活动指导	王连江 译	32.00
1797	幼儿园游戏指导方法与实例 ——游戏自主性的视角	秦元东 等著	45.00
0676	幼儿园室内外建构游戏指导	邵爱红 主编	36.00
幼儿园游戏指导合计			**335.00**
幼儿心理与发展指导			
9496	透视幼儿心理世界 ——给幼儿教师和家长的心理学建议	冯夏婷 主编	36.00
0783	透视0—3岁婴幼儿心理世界 ——给教师和家长的心理学建议	冯夏婷 主编	38.00
1779	幼儿情绪管理的方法与策略 ——给幼儿教师和家长的教育建议	莫源秋 著	48.00

……

欲了解更多图书信息，请登录：www.wqedu.com
联系地址：北京市西城区三里河路6号2号楼213室　万千教育
咨询电话：010-65181109，65262933

*本目录定价如有错误或变动，以实际出书为准。